書不盡言　言不盡意
有覺聖智
完成人格

辛卯冬 二〇一一年
九四頑童
南懷瑾

宗镜录略讲

（卷一）

南怀瑾 著述

出版说明

《宗镜录》一百卷，唐末五代永明延寿禅师著，是中国佛教传世的经典名著。延寿禅师为禅宗法眼宗第三代法嗣，他有感于当时禅宗信徒因未明佛法而产生的种种流弊及争论，乃邀集天台、华严、唯识三宗知法比丘，互相问难，并以禅宗心要加以折中，著成此书。书中引用佛经及中印圣贤论著达三百本之多，可谓"和会千圣之微言，洞达百家之秘说"，这在佛学的相关论著中，可谓前无古人，后无来者。

《宗镜录》撰成千载以来，以其规模宏大，辞美旨深，在广受好评的同时，也被大众读者视为畏途。南怀瑾有鉴于此，乃就此书精要部分，深入浅出，详加剖析。本卷内容包括《宗镜录》全书序言以及唯识论的部分内容。南怀瑾在章析句解的同时，融会各种佛门要义，并结合中西方文化精髓，使当代学人得以借此进入这部博大精深的佛学著作。

兹经版权方台湾老古文化事业公司授权，将老古公司二〇一三年五月初版校订出版，以供研究。

复旦大学出版社
二〇一七年七月十四日

出版前言

《宗镜录》为中国佛教传世的经典名著,作者永明延寿禅师生于唐末五代,为禅门法眼宗第三代法嗣。他有见于当时禅宗徒众,不看经教,"唯专己见,不合圆诠,或称悟而意解情传,设得定而守愚暗证"的弊端,以及当时天台、贤首、慈恩三门宗徒,未见佛法全貌,不能融通所产生的诤论,乃邀集此三宗知法比丘,互相问难,而由他以禅宗心要加以折衷,著成此书。

作者为使人断除疑惑,书中引据佛经及中印圣贤论著,达三百本之多。这在中印有关佛学论著中,是前所未有,且至今仍未曾有过的。难怪他自许本书"和会千圣之微言,洞达百家之秘说","是千圣入道之门,诸佛证真之路"。而他确实也不负此壮言,千载以下,历宋元明清,以至现代,广受好评。凡通晓中国佛教史者,无不知此书影响之深远。深研禅教之雍正帝,甚至以延寿禅师为"震旦第一导师",并以《宗镜录》为"震旦宗师著述中第一妙典"。即使以今天来看,此赞语仍未为过。

惟《宗镜录》规模宏远,辞美旨深,现代人恐已不易领会。南怀瑾先生有鉴于此,自一九八〇年起,就此书旨要,深入浅出,详加剖示,指点迷津。于台北每周开讲一次，为时两年，圆满结束。不久，南怀瑾先生远赴美国。

后来，南怀瑾先生又从美国移住香港。一九九〇年，我当面请示，希望整理有关唯识的讲述。南怀瑾先生却嘱咐先整理《宗镜录》的讲述，并当场命名为《宗镜录略讲》。

我回台北后，即获诸同学踊跃发心，把录音带整理成初稿。其中大半由王泽萍负责，其余由圆观师、朱信洪、施玉云、余绍光、李茵丽、李燕华分担，非常感谢他们的辛劳。然后，我再以录音带核订文稿，为便于初学，乃酌附编按，以减少查寻之苦。并请叶柏梁老师加上精彩的标题后，于《十方月刊》开始长达八年多的连载，受到海内外广大读者的喜爱。

谁知全文刊登结束后不久，就出现在网络上，既未获授权，擅自改编流传，又校刊殊多失误。有鉴于此，乃重新打字，并请叶老师一起仔细修订。五校稿后，即送呈南怀瑾先生审订。南怀瑾先生认为其中可以补充很多资料，希望我随侍身旁，以便他每天拨冗一起审订三五页。惟我由于诸多因素，深歉未能答应。

后来南怀瑾先生迁往上海，复又移驾太湖大学堂。想起昔日遵嘱在台北编辑《大学征言》后，再携往香港，南怀瑾先生即请诸同学轮流诵读，众无异议，再带回付印的往事。即曾多次前往请示，是否可以比照往例，在需要补充的地方略作提示，让我将文稿带回台北，以便遵示补充资料，但都未获俯允。

而今南怀瑾先生已完成其时代使命，亲近五十年的岁月历历如目，已难酬报师恩。犹忆一九七〇年，南怀瑾先生创立"东西精华协会"之际，即想略尽绵薄，重刊绝版多年的《禅海蠡测》。南怀瑾先生则说：我的书不急，先把我老师的书重印出来。随即出示盐亭老人所著《维摩精舍丛书》木刻版本。再版后，深受识者珍惜。蜀地一脉禅炬，乃得重燃于宝岛。又忆协会成立后，南怀瑾先生首次主持小型禅七,晚上小参时,泫然说道:老师交棒到我手上,却还找不到谁可以接棒。转眼之间,南怀瑾先生多年春风化雨,早已桃李满天下,当可告慰盐亭老人。而在圆寂之前,终于托人找到四处迁移的太老师灵骨,并建宝塔,永志终生系念之情。

窃思南怀瑾先生所留此件讲稿,虽未能如愿补充资料,但如宋代戴侗于《六书故》所说:"欲于待,则书之成未有日也。"此稿虽非完善,但其中充满南怀瑾先生盛年时期所宣露的慧命光芒,仍应出版,使慧光普照,传布久远。为求慎重,再次烦请叶老师一起重新修订。如仍有失误之处,其咎在我,欢迎不吝指正。

为使读者对《宗镜录》作者多所了解,增附多年前所撰《永明延寿禅师传》,以供参考。

周勋男

永明延寿禅师传

周勋男

一、时空背景

永明延寿禅师（公元九〇四至九七五年，下通称永明寿禅师），出生于唐末世局纷乱的时代。在他出生前三年，时局已甚败坏，朝廷内有宦官之祸、朋党之争，外有各拥重兵的藩镇，纷起干戈，以致民不聊生。唐僖宗时，黄巢等人又相继作乱，到了公元九〇七年，也就是永明寿禅师四岁时，朱全忠弑哀帝而篡位，唐朝也就灭亡了。

在唐亡至宋起的五十多年之间，历经后梁、后唐、后晋、后汉、后周相继统治，史称五代。同时并立的，有南吴、南汉、前蜀、闽、吴越、南平、后蜀、南楚、南唐、北汉，号为十国。可见时代的纷乱、朝代兴废的频繁。

从佛教方面来看，前有唐武宗于公元八四五年的灭佛，废弃天下寺院，没收寺产，令僧众还俗。而在五代乱世中，佛教经典与人才更是大量流失。尤其后周世宗又因国库短缺，再行毁佛，凡是没有敕额的寺院一律废毁，严禁建寺与私下剃发出家，度牒统由政府颁发。然而南方较不受影响，尤其是吴越诸王甚为尊崇佛教。例如，武肃王钱镠，即曾遣弟往育王山迎舍利塔，并对天台宗加以护持；忠懿王弘俶更曾仿阿育王造八万四千铜金塔，并以师礼尊崇天台德诏、永明寿等禅师。

而在禅宗方面，于唐末五代数十年间大为兴盛，在南岳怀让禅师系下发展出沩仰宗、临济宗，在青原行思禅师系下发展出云门宗、曹洞宗、法眼宗。这五宗之中，除临济宗盛行于北方之外，其余都在南方弘法。其中，创立法眼宗的清凉文益禅师，即为余杭人，禅门中人所爱读的"理极忘情谓，如何有喻齐。到头霜夜月，任运落前溪。果熟兼猿重，山长似路迷。举头残照在，元是住居西"，就是他写的颂。他的弟子天台德韶禅师，龙泉人，也写下著名的颂："通玄峰顶，不是人间。心外无法，满目青山。"永明寿禅师就是从他那里接受心印，而为法眼宗第三代法嗣。

二、有关史料

关于永明寿禅师的传记，最早的是赞宁所撰的《宋高僧传》，该书成于公元九八八年，距永明寿禅师圆寂，不过十三年。书中依传主的生平、言、论、行，分为十类，依次为译经、义解、习禅、明律、护法、感通、遗身、读诵、兴福、杂科，却将永明寿禅师置于《兴福篇》中，似乎着眼于他的"行方等忏""营造塔像"等事。文又简略，还不到三百字，只能说传记作者，还不够确切了解永明寿禅师及其在佛教发展史中的重要地位与影响。

其次是道原所撰的《景德传灯录》，比《宋高僧传》只晚出十六年，则从青原行思禅师系下第十世法嗣的立场，对永明寿禅师的有关公案着墨较多。至于志磐所撰的《佛祖统纪·净土立教志》，成书于公元一二六九年，则以永明寿禅师为莲社六祖，从他的归趣唯心净土来下笔。除以上三书外，宋代惠洪的《禅林僧宝传》，元代念常的《佛祖历代通载》，以及《东坡志林》《人天宝鉴》等书，也都有永明寿禅师的传记资料。现就以上各项文献，综述如下。

三、出家之前

永明寿禅师生于浙江余杭，俗姓王。他的先祖原为江苏丹阳人，他的父亲因为战乱关系，而归附吴越，迁到临安府余杭县。他于公元九〇四年刚出生时，据说有异于凡童之处，至于如何不同，则未见其详。总之，曾引起父母的口角，直到他从榻上滚落于地，才平息了双亲的诤论。这项记载如果属实，到底有什么意义，写传记的人没说。如果要勉强去附会的话，大概是象征着他的来到人间，就是要平息佛教传入中土后，所衍生出来各宗派之间的诤论。

永明寿禅师七八岁时，即能诵读《妙法莲华经》，而且还一目五行俱下。据说由于他诵读的虔诚，连群羊都感动地跪下来听。这时，他已断荤茹素，而且日仅一食。他在十六岁时，还曾写了篇《齐天赋》呈献给吴越王，而被赞许为奇才。

公元九三一年，二十八岁的永明寿禅师所担任的公职，众说纷纭，有说"时为吏，督纳军需"，有说时任"华亭镇将"，有说时为"税务专知"，等等。也许他是担任华亭镇将这项头衔，而实际上又负责军需、税务等业务，或是前后担任过这些职务。总之，他见到满船鱼虾，就起了恻隐之心，以致挪用公款，买来放生。但终于东窗事发，按律当问斩于市。吴越王却派人去察看，并吩咐说："色变则斩，不变则舍之。"结果，他临刑时，面不改色。据宋洪觉范禅师所说，他还临刑而乐，说："吾活数万命而死，死何憾。"吴越文穆王钱元瓘在知道他欣慕学道的心志后，就特许他出家。

四、精勤修行

于是永明寿禅师乃舍去妻孥，剃发受戒，礼四明翠岩禅师为师。他虽然曾任官职，但一出家后，即放下身段，为供养僧众而操持各项劳务，过着清苦的出家生活。

后来，永明寿禅师来到天台山天柱峰智者岩，专修禅定，功力之深，传记上说他"九旬习定，有鸟类尺鹦巢于衣褶中"。他又在国清寺专修法华忏二十一日，非常精恳。他在禅观中（有说在梦中），见到观音菩萨以甘露灌入他口中，从此辩才无碍。又据说他"夜见神人，持戟而入"，就责备来者："何得擅入？"对方答说："久积善业方得到此。"他于半夜绕行佛像时，"见普贤前莲花在手"，遂又登上智者岩，作了两个阄，一个写"一生禅定"，另一个写"诵经万善庄严净土"，他在虔诚祝祷后，连续七次都得到"诵经万善"这个阄。他于是一意专修净业，在天柱峰诵经三年。

后来，永明寿禅师参谒天台德韶禅师。《景德传灯录》说德韶国师"一见而深器之密授玄旨"，并对他授记："汝与元帅有缘，他日大兴佛事密受记。"而《指月录》说得更简略，只有一句话："暨谒韶国师，受心印。"这种情形，类似永嘉禅师的参谒六祖慧能，但所记载的却比"一宿觉"更为简略了。还好，《肇论新疏游刃》总算有了较清楚的交代，书上说，永明寿在德韶会中，普请次，闻坠薪有声，豁然契悟，乃云："朴落非他物，纵横不是尘；山河及大地，全露法王身。"

五、弘法利生

公元九五二年，四十九岁的永明寿禅师来到明州雪窦山，前来参访的人很多。有一天，他上堂说："雪窦遮里迅瀑千寻不停纤粟，奇岩万仞无立足处。汝等诸人向什么处进步？"有一僧人就发问："雪窦一径如何履践？"他答说："步步寒华结，言言彻底冰。"

公元九六〇年，五十七岁的永明寿禅师，接受忠懿王钱弘俶的敦请，入主新建的杭州灵隐寺，为该寺的第一任住持。次年，复受请入主永明寺，为该寺第二任住持，当时的僧众多达两千人。他驻锡此寺长达十五年，度弟子一千七百人（有说一千五百人）。在这漫长岁月里，《景德传灯录》留下几则公案，略举二则如下：

（一）僧问："如何是永明妙旨？"师曰："更添香着。"曰："谢师指示。"师曰:"且喜勿交涉。"师有偈曰:"欲识永明旨,门前一湖水,日照光明生,风来波浪起。"(《指月录》在"勿交涉"与"师有偈曰"之间,写作"僧礼拜,师曰:听取一偈,……"脉络较完整。)

(二)问:"学人久在永明,为什么不会永明家风?"师曰:"不会处会取。"曰:"不会处如何会?"师曰:"牛胎生象子,碧海起红尘。"

至于《指月录》所载公案,除上述一则同于《景德传灯录》外,其余都不相同。这里只举一则不露机锋的问答如下:

问:"长沙偈曰:'学道之人不识真,只为从前认识神,无始时来生死本,痴人唤作本来人。'岂离识性别有真心耶?"

师曰:"如来世尊,于首楞严会上,为阿难拣别详矣,而汝犹故不信。阿难以推穷寻逐者为心,遭佛呵之。推穷寻逐者识也。若以识法随相行,则烦恼名识,不名心也。意者忆也。忆想前境起于妄,并是妄识,不干心事。心非有无,有无不染;心非垢净,垢净不污;乃至迷悟凡圣,行住坐卧,并是妄识,非心也。心本不生,今亦不灭。若知自心如此,于诸佛亦然。故维摩曰:'直心是道场,无虚假故。'"

六、月圆天台

公元九七四年,七十一岁的永明寿禅师再度入天台山(查诸资料,未见载明寺名,疑是他曾在此修行的国清寺),度戒一万多人。回顾他于国清寺决定专修净业以来,日行一百八件佛事以利众生,未曾暂废。而自于雪窦寺弘法以来,除了应接诸方学者的参问外,日暮时分,还到别峰行道念佛,旁人也都听到螺贝天乐的声音。连忠懿王都为之感叹:"自古求西方者,未有如此之专切也。"而他日诵的《法华经》,此时已多达一万三千遍。他常与众授菩萨戒,不论是白天放生,或夜晚施食鬼神,都回向庄严净土,当时的人称他为"慈氏下生",即视他如同已下生人间、即将成佛的弥勒菩萨。

他是如何专修净业呢？详见宋文冲所重编的《永明智觉禅师自行录》，以下略举数则，以见他精进修行之一斑：

（一）一生随处常建法华堂，庄严净土。

（二）常昼夜六时，普为一切法界众生，代修法华忏。

（三）常修安养净业，所有毫善，悉皆念念普为一切法界有情，同回向往生。

（四）或时坐禅，普愿一切法界众生，同入禅智法明妙性。

（五）每夜上堂说法，普为十方禅众法界有情，同悟心宗一乘妙旨。

（六）每日常念《妙法莲华经》一部七卷逐品，上报四重恩，下为一切法界二十五有含识，愿证二十五种三昧，垂形十界，同化有情。

（七）每日常诵《般若心经》八卷，普为法界八苦众生，离苦解脱。

（八）每日常读《大方广佛华严经·净行品》，依文发一百四十大愿，普令一切法界众生，见闻之中，皆得入道。

（九）常六时诵《千手千眼大悲陀罗尼》，普为一切法界众生，忏六根所造一切障。

（十）常六时诵《加句佛顶尊胜陀罗尼》，普为法界一切众生，忏六根所作一切罪。

公元九七五年，七十二岁的永明寿禅师在十二月即已示疾，到了二十六日，他早晨起来即焚香告众，跏趺而逝。次年正月六日，建塔于大慈山。宋太宗赐额"寿宁禅院"，并赐谥"智觉禅师"。

七、宗镜有录

永明寿禅师自己那么精进修行，又那么为弘法利生而忙碌，却还有余力写了不少书，其总字数按《宋高僧传》为"数千万言"，按《景德传灯录》为"凡千万言",何者为是?经查其著作收入大正藏的有《宗镜录》《万善同归集》《唯心诀》,收入续藏的有《定慧相资歌》《警世》《心赋注》《观心玄枢》等,其中部头最大的《宗镜录》计约八十余万字,即使其著作因未入藏而有所遗失,仍当以《景德传灯录》所载为是。像他如此劳累,身体怎么受得了?宋代洪觉范只因为读到《自行录》上说他日行一百零八件佛事,就以为他的身体一定是"枯瘁尪劣",但等到看到他的画像,却是"凛然丰硕",而认为是由于他"为善阴骘"所致。是否还有其他原因,此处不及细究,但至少与他心量广大而愿行具足有关。

即以《宗镜录》的编撰来说,固然有其时代需要与发展脉络,但若不是永明寿禅师的广大行愿,就不会在他手中完成。简单说来,自佛经陆续在中国翻译以来,各有所取,而有十宗的先后成立。禅宗以外各宗都依教(经律论)而论修证,唯独禅宗标旨为佛之心宗,于是而有宗与教的诤论,而教内诸宗派又互有诤竞。这种宗教思想上的纷争久了,自然有人想加以调和。例如,中唐的宗密禅师,在其《禅源诸诠集都序》中,即已主张宗与教的统一。尤其是后来的文益禅师,即颇留意经教,因僧看经,即有感而成一颂:"今人看古教,不免心中闹;欲免心中闹,但知看古教。"而其《宗门十规论》中,更鼓励禅徒研究教典。至于他的《华严六相义颂》,以六相(总别、同异、成坏)来体会《华严经》的理事关系,以及《三界唯心颂》,则在《宗镜录》中即可看出他对永明寿禅师的影响,如说"若究竟欲免断常边邪之见,须明华严六相义门""一心为万法之性,万法是一心之相",等等。

永明寿禅师对当时禅徒流弊深为痛心,在其《唯心诀》中即说明:"深嗟末世诳说一禅,只学虚头,全无实解。步步行有,口口谈空。自不责业力所牵,更教人拨无因果。便说饮酒食肉,不碍菩提,行盗行淫,无妨般若。"而对于当时教门情况,也很失望,在其《宗镜录》

中，既说："今时学者：既无智眼，又缺多闻……奴郎莫辨，真伪何分。"又在《万善同归集》中，说他们"多执是非，纷然诤竞""但任浅近之情，不探深密之旨"。因此，在其《宗镜录》中，即明确主张参禅与研习佛典应该是相辅相成，缺一不可的，如说：

> 祖标禅理，传默契之正宗；佛演教门，立诠下之大旨。则前贤所禀，后学有归。

> 从上非是一向不许看教，恐虑不详佛语，随文生解，失于佛意，以负初心。或若因诠得旨，不作心境对治，直了佛心，又有何过？只如药山和尚，一生看《大涅槃经》，手不释卷。

> 夫听学人，诵得名相，齐文作解；心眼不开，全无理观；据文者生，无证者死。夫习禅人，唯尚理观，触处心融；暗于名相，一句不识。诵文者守株，情通者妙悟。两家互阙，论评皆失。

关于《宗镜录》的编撰，《雪窦寺志》有此书初稿写于本寺的传说，因为此时已有很多学者前来求道。但此说证据薄弱，只能说此时，永明寿禅师接引既多，感触自深，而有了撰写此书的动机。一般佛教史书，都认为此书撰于永明寺，所根据的是宋慧洪的《林间录》如下记载：

> 予尝游东吴，寓于西湖净慈寺（即永明寺）。寺之寝堂东西庑建两阁，甚崇丽。寺有老衲谓予言：永明和尚以贤首、慈恩、天台三宗互相冰炭，不达大全，心馆其徒之精法义者，于两阁博阅义海，更相质难。和尚则以心宗之衡准平之。又集大乘经论六十部、西天此土圣贤三百家，证成唯心之旨，为书一百卷传于世，

名曰《宗镜录》。

永明寿禅师于《宗镜录自序》中说："今详祖佛大意，经论正宗；削去繁文，唯搜要旨；假申问答，广引证明。举一心为宗，照万法如镜；编联古制之深义，撮略宝藏之圆诠；同此显扬，称之曰录。"由此可知，他透过此一巨著所要传达的，不只是论证宗与教一致的道理，而且要达到"和会千圣之微言，洞达百家之秘说"。

此处所说"举一心为宗"的"一心"，依永明寿禅师的解释，即如来藏的异名，他说："谓真妄、染净一切诸法无二之性，故名为一。此无二处，诸法中实，不同虚空，性自神解，故名为心。"此"一心"又带有《大乘起信论》真如缘起说的色彩，如说："此一心法，理事圆备。……大矣哉，万物资始也。万物虚伪，缘会而生。生法本无，一切唯识；识如幻梦，但是一心；心寂而知，目之圆觉；弥满清净，中不容他。故德用无边，皆同一性；性起为相，境智历然，相得性融，身心廓尔。"

永明寿禅师以华严圆教为上乘，会相归性，如说："问：此《宗镜录》，何教所摄？答：真唯识性，理无偏圆。约见不同，略分五数：一、小乘教：唯说六识，不知第八赖耶。二、初教：说有赖耶生灭，亦不言有如来藏。三、终教：有如来藏，生灭不生灭，和合，为赖耶识。四、顿教：总无六七八识等，何以故？以一心真实，从本已来，无有动念，体用无二，是故无有妄法可显。五、一乘圆教：说普贤圆明之智，不言唯识次第；又言，佛子，三界虚伪，唯一心作，亦摄入故。此宗则圆教所摄，乃是如来所说，法门之根本，以如来依此心，成佛故。"

总之，他站在佛心宗立场，企图整合诸经论，如在其所著《唯心诀》所说："《般若》唯言无二，《法华》但说一乘，《思益》平等如如，《华严》纯真法界，《圆觉》建立一切、《楞严》含裹十方，《大集》染净融通,《宝积》根尘泯合,《涅槃》咸安秘藏,《净名》无非道场。纯摄包含,事无不尽;笼罗该括,理无不归。是以一法千名,应缘立号。"而此目标,就在《宗镜录》巨著中,宏观地具现出来。

《宗镜录》撰成后,据宋元祐年间杨杰的序文:"吴越忠懿王,序之,秘于教藏。"宋昙秀《人天宝鉴》也说:"禅师既寂,丛林多不知名,熙宁中,圆照禅师始出之……于是衲子争诵传之。"元丰年间,魏端献王乃镂板分送当时著名的禅林,只是各地学者还是很难有机会看到。

后来,明末高僧藕益对《宗镜录》极为重视,在《灵峰藕益大师宗论》上说道:"永明大师……辑为《宗镜录》百卷,不异孔子之集大成也。未百年法涌诸公,擅加增益,于是支离杂说,刺人眼目。致袁中郎辈,反疑永明道眼未彻,亦可悲矣……阅此录已经三遍,窃有未安。知过在法涌,绝不在永明也。癸巳新秋,删其芜秽,存厥珍宝。卷仍有百,问答仍有三百四十余段,一一标其起尽。庶几后贤览者,不致望洋之叹,泣歧之苦矣夫。"今天有善本可以诵读,应向藕益大师顶礼感谢。

到了清朝初年,雍正帝又为之重刊,并推崇永明寿禅师为"震旦第一导师"、《宗镜录》为"震旦宗师著述中第一妙典",他说:"若非禅师弘大慈力,纂此妙典,孰能囊括群经之要旨,廓通三乘之圆诠,使人直达宝所乎?"他还亲自"录其纲骨,刊十存二",编为《宗镜大纲》(老古有影印版)一书,加以弘传。

由于《宗镜录》规模大,卷帙多,在社会流通上固然受到了局限,但也由于它内容丰富,广泛引证,而保存了不少现已佚失的资料。例如南岳怀让与青原行思的两段法语,都未载录于《景德传灯录》《古尊宿语录》等禅宗典籍;而《问答章》中所引用的《中论玄枢》《唯识义镜》等书,也幸赖《宗镜录》而得以想见原著的大概面貌。

但《宗镜录》，尤其是其禅教一致的思想，毕竟影响非常深远，永明寿禅师圆寂百余年后，宝觉禅师在看了《宗镜录》后说："吾恨见此书晚。平生所未见之文，功夫所不及之义，备聚其中。"并撮录其中要义，辑成《冥枢会要》。影响所及，如北宋的圆悟克勤禅师，即以华严宗的圆融无碍"四法界"学说，向居士张商英说禅。又如明教嵩、洪觉范、大慧杲、真净文等，都能征引经教而发挥禅旨。南宋儒士薛澄也说："吾佛明心，禅必用教，教必用禅。"元代中峰明本禅师也说："岂佛法果有教、禅之二哉！以其神悟，教即是禅；以存所知，禅即是教。"

到了明代，云栖袾宏禅师更指出："其参禅者，借口教外别传，不知离教而参是邪因也，离教而悟，是邪解也。饶汝参而得悟，必须以教印证；不与教合，悉邪也。"这是从借教悟宗的立场来说。紫柏真可禅师则从以心解教的立场说："若传佛语，不明佛心，非真教也。"又如蕅益智旭、憨山德清诸禅师也都精研教义，加以注释，发明更多；而曾凤仪居士更编著《金刚经宗通》《楞严经宗通》《楞伽经宗通》（此三部宗通，老古都有重排本），以佛经与禅宗公案相互印证，非常精彩。

至于清代雍正帝更标举永明寿禅法，在其上谕中即痛切说道："唯一永明，出兴震旦，而宗徒转谓曹溪门庭，无此法式，实乃罪同谤佛。吾宗无语句，亦无一法与人者，岂可以哑羊为无语句，以顽空为无一法与人邪？既为宗徒，而轻蔑教典，业已堕空，入狂参知见，奚得藉口圆宗耶？"

而到了清末民初，受西方文化，尤其是逻辑、分析哲学及心理学的影响，而开始重视国人久已忽略的唯识论。自玄奘大师编译《成唯识论》而开创慈恩宗以来，国人嫌其繁琐，仅传数代而绝，而有关著作也大都佚失，幸赖《宗镜录》加以引证，而得以略知其立论，弥足珍贵。因此，欧阳竟无的高弟梅光羲居士，即编著《宗镜录法相义节要》一书，以资倡导。一九八〇年，南怀瑾精选《宗镜录》旨要，每周开讲一次，费时两年，而今以《宗镜录略讲》结集成书，实为《宗镜录》成书一千年以来未曾有的盛事。

八、万善同归

至于永明寿禅师另一重要著作《万善同归集》，其中的禅净一致的思想，其影响后世尤其深远。溯自佛教传入中土以来，国人各自依所接触的经教奉持修行。佛教修持法门虽然很多，但依龙树菩萨所判，不外乎易行道与难行道。前者偏重他力，后者偏重自力。以中国大乘佛教来说，禅宗、律宗偏重自力，净土宗、密宗偏重他力。然而即使各有所偏重，也都要精进修行。

在魏晋南北朝期间，慧远法师倡修西方净土，由庐山莲社而风行于南朝，后来，昙鸾法师著《往生论注》，并提倡三经一论以为呼应。此时期的念佛特色，就是修禅观，故有念佛禅之称。如《观无量寿经》约禅观次第共为十六观；《无量寿经》虽重在"临寿终时"，但仍须先见佛，始能往生，而欲见佛，则必须观佛；《般若三昧经》也着重禅观，仍要得念佛三昧，见佛才能决定往生；《除盖障菩萨所问经》也强调禅定为往生净土十法之一。

自唐代善导大师倡说"不必禅观，即可往生"后，四种（观像、观想、实相、称名）念佛，唯倡导一种，即称名念佛，由于方便易行，而传布甚广。而禅宗自六祖慧能以后，也逐渐繁盛起来。禅宗以明心见性为旨要，惟恐门人见异思迁，以致两俱无成，故在方法论上有所遮阻，如慧能大师所说："东方人造罪，念佛求生西方。西方人造罪，念佛求生何国？凡愚不了自性，不识身中净土，愿东愿西。悟人在处一般。"但后来禅、净二宗，互有诤驳，虽或有意气，如批评净土为引导愚人的"方便虚妄说"，或抨击禅宗的空腹高心，但彼此确也有鉴于对方的流弊，并非全然无的放矢。故可以互相刺激，而互相调整，甚至互相融会。就禅宗来说，南阳慧忠禅师即唱说行解兼修，百丈怀海禅师制定《禅林清规》，即明订荼毗时称扬弥陀名号。

永明寿禅师既有见当时禅学末流"指鹿为马，期悟遭迷，执影为真，以病为法"，又阅《大智度论》所载，有一人欲求度为僧，舍利弗以天眼通察其无缘出家，但世尊以定力观此人于无量劫时为一樵夫，于山中被虎追逐之际，躲到树上，口念南无佛，而得脱险，因此今世得度为僧。据元普度《庐山莲宗宝鉴》所载，永明寿禅师因此思惟，世上一切痛苦，唯有念佛得以脱离，遂发愿修净业，并印弥陀经四十万本，劝人礼念。

永明寿禅师对于如阿念佛，并有如下开示："信修行之士端的是要生西方极乐世界。专意一念持一句阿弥陀佛。只此一念是我本师；只此一念即是化佛；只此一念是破地狱之猛将；只此一念是斩群邪之宝剑；只此一念，是开黑暗之明灯；只此一念是渡苦海之大船；只此一念是脱生死之良方；只此一念是出三界之径路；只此一念是本性弥陀；只此一念达唯心净土。但只记得这一句，阿弥陀佛在念莫教失落。念念常现前，念念不离心。无事也如是念，有事也如是念。安乐也如是念，病苦也如是念。生也如是念，死也如是念。如是一念分明不昧，何必问人更觅归程乎？"剀切明彻，实为净宗行者的座右铭。

永明寿禅师把一代时教判为相、空、性三宗，相宗说是，空宗说非，性宗论直指，说见性成佛；然则泯相离缘，空有双亡，就是性宗。但有目无足，就不能到清凉地；得实亡权，尚不能到自在之境，故需勤修万行。

如《万善同归集》所说："谓有计云：万法皆心，任之是佛，驱驰万行，岂不虚劳？今明：心虽即佛，久翳尘劳，故以万行增修，令其莹彻。但说万行由心，不说不修为是；又万法即心，修何阂心？"因此,"应须广行诸度,不可守愚空坐以滞真修。若欲万行齐兴,毕竟须依理事;理事无阂,其道在中。遂得自他兼利,而圆同体之悲;终始该罗,以成无尽之行。"

他从理事无疑,进而申论圆修万事,具有十义:(一)理事无碍;(二)权实双行;(三)二谛并陈;(四)性相融即;(五)体用自在;(六)空有相成;(七)正助兼修;(八)同异一际;(九)修性不二;(十)因果无差。有兴趣研究此十义者,可与《华严经》第七远行地菩萨修十种方便慧之殊胜道一齐参究。

永明寿禅师之所以提倡圆修万事,如《万善同归集》所说"夫万善是菩萨入圣之资粮,众行乃诸佛助道之阶渐",而念佛为万善之一。他念佛之勤,由他朝暮往别峰行道念佛,而感螺贝天乐声之事可见。他主张"唯心净土,心外无法",往生是无生之生。然则如何"托质莲台,寄形安养"?他说:"欣厌之情,背于平等之理。往生之法,如说反于心外无别法,其实不然;此土观浅境强之身,不容易修,所以往生佛国,是由胜缘而成就忍力,达到菩提。"

九、慧日长照

永明寿禅师有见于会昌法难后,参禅风盛,却戒法疏荒,乃再三强调持戒的重要:"大恶病中,戒为良药;大布畏中,戒为守护;死暗冥中,戒为明灯;于恶道中,戒为桥梁;死海水中,戒为大船。"并引《净名经》所说"非净行,非垢行,是菩萨行",而主张"不着持犯二边,是真持戒"。

永明寿禅师更有见于当时禅学末流"谬兴知解,错倒修行"等种种流弊,而作四料简以为救度:

(一)有禅无净土,十人九错路;
　　阴境若现前,瞥尔随他去。

（二）无禅有净土，万修万人去；
　　　但得见弥陀，何愁不开悟。

（三）有禅有净土，犹如带角虎；
　　　现世为人师，当来作佛祖。

（四）无禅无净土，铁床并铜柱；
　　　万劫与千生，没个人依怙。

既然"有禅无净土，十人九错路""无禅有净土，万修万人去"，此四料简自然为后世净土行者，乐引为据。但对禅宗学人，则影响很大，直到近代还有人问起："禅宗、净土是一是二？学人进业，何去何从？永明寿四料简……出已，一时净风尚，禅席衰落。彼永明者，方便言耶？如实谈耶？"太老师袁焕仙先生即示以"学人但自明心，何土非净？何净非禅？何禅非心，何心非自？自心既彻，何事不照？何义不通？为二为一，何去何从，不着问人，洞如观火……彼四料拣者，一期方便，捏怪空拳，原无实法，宁有是处……盖先圣为初机开一方便入德之间耳。"

后来在唱演《中庸》时，又有感而发地说："执一而不通变，嗜歧而不专工，入德之病、障道之愆矣。昔宋有永明寿者，虑学人各封己说，大道失通，于焉启层楼，馆开士，决择微言，去取邪正，一时的向，翕然从风，所谓轨万有之一趋，启众生之德者也。昌明宗旨，如日丽天。而提倡净宗四偈，至今成为极大窠臼。吁！圣如永明，犹罹斯咎。立言之难，为如何乎？近来学人每每以此四偈叩余，余皆不答。或不得已，乃随书数字与之。为窠臼，为醍醐，幸仁者善自检焉。语曰：四偈煌煌耀古今，行人到此每沉吟；万缘非有休狂趁，一物也无何处寻。戏把枯桐收作乐，权将黄叶指为金；等闲透过成亏话，好听清宵昭氏琴。"以上法语，详见一九四四年初版之《维摩精舍丛书》（老古现有重排版）的《榴窗随判》《中庸胜唱》二篇。

永明寿禅师唯心净土、禅净双修的思想，历宋元明清，以至当代，都可见其影响之既深且广，有兴趣研究者可参看各种《中国佛教史》，尤其是望月信亨所著《中国净土教理史》(印海法师译)。此处仅略举一二，如宋代天衣义怀、真歇清了禅师；元代中峰明本、天如惟则、楚石梵琦禅师；明代云栖袾宏、憨山德清、灵峰智旭禅师；清代除道霈、济能禅师外，还有雍正帝，他在《万善同归集》序中，盛赞永明寿禅师所著诸书："其于宗旨，如日月经天，江河行地，至高至明，至广至大，超出历代诸古德之上……诚以六祖以后，永明为古今第一大善知识也。"

总之，自佛教传入中土，历经千年，国人各依经论而宗派繁兴，而以永明寿禅师为集大成者。此后又经千年，其间有关禅教、禅净调和的问题，虽仍有所诤论，但大致仍未超出永明寿禅师所定宗旨的范围。有关这些问题的精密剖析，详见南怀瑾先生一九五五年所著《禅海蠡测》(老古版)中的《禅宗与教理》《禅宗与净土》二章。而今南怀瑾先生《宗镜录略讲》即将出版，对于传入中土已两千年的佛教，在政经社会已剧速变迁的今天，一定产生重大的启示与影响。最后，就以《佛祖道影》书中对永明寿禅师的赞作为结论，词曰：

　　　　　拈玻砂盆　作大圆镜　照耀乾坤　高低普应
　　　　　宗镜弘开　包括贤圣　河目海口　拍拍是令

目 录

出版说明　　1
出版前言　　1
永明延寿禅师传　　1

第一讲　情想搓成捆仙索　　1
　　一部伟大的哲学巨构　　2
　　文字障为中华文化雪上加霜　　2
　　百家争鸣是吉是凶　　3
　　帝王之才好出家　　3
　　事理圆融的实践者　　5
　　佛教的心物一元绝对论——性空缘起　　5
　　众生对宇宙第一因的困惑　　7
　　念动世界起　　8
　　轮回如幻影　　10
　　情想搓成捆仙索　　11

第二讲　坦坦觉路作迷途　　13
　　佛法的形而上学可与《易经》合参　　14

佛曰不可说　　15
　　世上庸人多　　16
　　谁家不发无明火　　17
　　心的分裂　　18
　　祸由人兴　　19
　　性相近　习相远　　19
　　莫落断常见　　23

第三讲　如幻似真情何堪　　25
　　涅槃非断灭　　26
　　科学教育的艺术化　　26
　　佛法"空"与"有"的争论　　27
　　如真似幻　　29
　　即此用　离此用　　30
　　万变不离其宗　　31
　　石头传大法　　32
　　了即业障本来空　　33
　　人我如虎　　34
　　贪静成病　　36

第四讲　莫教纤指误明月　　39
　　动静皆幻　　40
　　背道驰更远　　41
　　观心不可得　　43

学剑向文殊　　44
　　布袋装神仙　　45
　　这个！　　48
　　禅教同一鼻　　49

第五讲　佛有一宝无处藏　　51
　　见地与功夫到了没有　　52
　　我有一宝　藏在那里　　53
　　断惑证真　　55
　　"慢"字非常重要　　56
　　秘密都在你那里　　57
　　明心见性　万派朝宗　　58
　　广告学的祖师爷　　59
　　人到无求心自平　　62
　　百千万劫难遭遇　　62

第六讲　回眸大千在　　65
　　一切具足　　66
　　心海卷起千层浪　　67
　　碧海"情"天夜夜心　　69
　　行六度成正觉　　70
　　一样米养百种人　　70
　　禅宗的女性主义　　72
　　讨厌的"天花"　　74

第七讲　万象森森一眼明　77
　　"缘"来如此　78
　　由济公传到红楼梦　80
　　无我汉称罗汉　81
　　心外求法　生死路遥　81
　　世法千般用　佛道一样收　82
　　法界无界　83
　　真理唯一　84
　　成佛不由坐　85
　　妄动离道远　85
　　你具不具眼　86
　　莫与"空""有"作冤家　86
　　万象森森一眼明　88

第八讲　月色如水人如波　91
　　波水一个　92
　　酒仙知雨心　93
　　信口开河蜚语多　95
　　悟在细行里　97
　　表里不二　98
　　一镜总鉴　98
　　神珠在手　100
　　骑牛觅牛　101
　　幻云满天疑无日　102

第九讲　按部就班五阶学　105

　　唯识史脉　106

　　疑古与实证　107

　　时间主义的历史观　108

　　心物一元　109

　　信、解、行、证　109

　　按部就班五阶学　111

　　阿谁不归一乘道　112

　　大智成大恩　112

　　实修莫空谈　113

　　真布施　无条件　114

　　真慈悲　无你我　114

　　一雨普润　116

　　春江水满　116

第十讲　牛马道上话前因　121

　　归家好安坐　122

　　福慧双修　122

　　袈裟传奇　123

　　一沙一尘皆妙谛　124

　　通玄峰顶不离人间　126

　　心镜　127

　　唯识与因果　128

《易经》的因果观　129
新旧之间　130
因果三式　131
一动不如一静　132
因果同时　134

第十一讲　古镜平平轮回长　137
禅无下手处　138
本体论的迷思　139
罪与罚　141
第一难信之法　142
三世唯心　143
自作自受　144
变男变女　变变变　146
有因有果　千差万别　146
不昧因果　147

第十二讲　狂禅报得一狐身　149
有因有果非自然　150
一了能百了　150
贪绳接欲索　152
为老子喊冤　153
狂禅报得一狐身　155
书毒　157

因果与平等　157

第十三讲　命河推出因果浪　161
　　爱美好学佛　162
　　"爱"字何辜　163
　　佛的好心好报　163
　　梦幻非无　164
　　长在短里　165
　　生灭成因果　165
　　唯心缘起　166
　　往事只能回味　167
　　你相信前生吗　167
　　心的变形　168
　　小动作　大来由　169
　　无明缘行　170
　　生命的惯性作用　171
　　习在定中转　173
　　前因后果须端详　174
　　迷糊常伴善恶行　175

第十四讲　心中自有黄金屋　177
　　灭障得自在　178
　　意解心自开　179
　　大自在心能转物　180

暂时活着的人　181
我们的果报　182
同是天涯沦落人　182
大富法　184
贫富两难　186
一人有庆　兆民赖之　187
一念之间　188

第十五讲　随缘了缘成佛缘　191
成佛因缘　192
隐身法的秘密　194
万事皆休小乘果　195
行善不怕劫数长　196
往生净土爱他乡　197
华严世界随处成　198
道在方便中　199
生命的完成　200
前因接后果　201

第十六讲　恒河只有一粒沙　203
因果成双成对　204
慈悲解脱之辨　205
电脑时代的因果　206
华严法界观行　206

全真的佛法　208
恒河只有一粒沙　209
密法密不透风　210
变与不变是两头话　212
永远的春夏秋冬　213
万法无咎错在你　214
莫将法王变魔王　215
方便在善巧　215
一超直入如来地　216

第十七讲　法尔如是水同云　219
都是因果　220
因果不二　221
离四句、绝百非的中观哲学　222
流变　223
缘起不碍性空　224
无常不是鬼　225
因果无时空间隙　227
绝对唯心论的佛法　228
达摩祖师的留影神功　229
你是谁　230
如何安心　232

第十八讲　不费一字三藏全　235

莫错用心　236

做人要老实　237

神无方　238

心动干戈声即响　239

思与想　239

禅和教　240

万法尽在不言中　242

眼高手低　243

佴侗为病　244

三种心态　245

四种体相　247

因缘果报由识定　248

第十九讲　醒来乾坤是个眼　251

实证的心物一元论　252

一心清净　万法圆融　252

要能空能有　253

须知微细心相　254

小心患上宗教病　255

临终见真章　256

知识也会误人　256

现量生妙智　256

佛眼照大千　257

螺蛳壳里死人无数　258
心明幻灭　259
黄叶止儿啼　260

第二十讲　多闻如烛助道明　263

识身合一　264
即物即识　265
觉受为修道大障　266
精神在肉体中轮回　267
是非圈多幻想狂　268
爱来怨去　死去活来　269
慧舟能渡生死海　269
文殊骂阿难　270
知行合一无心迹　271
虫画符　271
蛤蟆神功　272
智光如日耀大千　273
多闻如烛助道明　274

南怀瑾先生著述目录　277

第一讲
情想搓成捆仙索

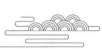

一部伟大的哲学巨构
文字障为中华文化雪上加霜
百家争鸣是吉是凶
帝王之才好出家
事理圆融的实践者
佛教的心物一元绝对论——性空缘起
众生对宇宙第一因的困惑
念动世界起
轮回如幻影
情想搓成捆仙索

一部伟大的哲学巨构

宋代有两部名著在文化上具有卓越的贡献。一部属于史学方面的，即司马光历时十九年所编撰的《资治通鉴》，另一部为哲学的著作，即永明延寿禅师（公元九〇四至九七五）所撰写的《宗镜录》。《资治通鉴》为大众所熟知，《宗镜录》则不然，因此想对它做一番研究，这是我们这次开讲《宗镜录》的第一个原因。另一个原因，大家不管学显、学密，对于佛学理论还是搞不清楚，大多在盲修瞎炼，因此必须加强研究，而《宗镜录》概括了整个大、小乘经典的精华，是六十部大经论与三百多部显密思想论著的结晶，非常应机。

现在一般流通的《佛学概论》，很多都有问题，因此我常建议同学们要看真正的概论。什么是真正的佛学概论？如印度龙树菩萨的《大智度论》、无著菩萨的《瑜伽师地论》；中国智者大师的《摩诃止观》、永明寿禅师的《宗镜录》，和宗喀巴大师的《菩提道次第广论》，这些古典论著，无论在学术思想或修持方面，才是真正的佛学概论，可是现代的人没法子啃它。中国文化的病根到了现代，真是越来越严重了。

文字障为中华文化雪上加霜

研究《宗镜录》，也为了研究中国文化的根，就要懂得如何读古书、写古文。没有办法看古书，就没有办法写作古文；虽然也有人能够看懂，到底不够深入。现在的青年学生写古文，新、旧掺杂，搞不清楚。全新倒可以，全旧也好，可是新旧凑在一起，却凑不好。尤其是研究佛学的同学，古文写的佛经更看不下去，这是非常严重的问题。

我们整个民族文化，再过二三十年，不得了！会没有根了，非常严重。因此，我提倡《宗镜录》，不但对于佛法修证，对于中国佛法如天台宗、华严宗、禅宗、密宗、唯识宗等有个深刻的了解，并且对于中华文化、文字写作与文学境界，都可以有个相当的体会。

《宗镜录》的文字很浅，但它保持了唐代以后文学骈体的风格，差不多都是四六的句子。从书中可看出宋代文学及文化的气韵，平淡之中具有不凡的余味。清朝的雍正皇帝最热心提倡《宗镜录》，认为不懂此书的人，没有资格学佛。还下令出家或学佛者，非读它不可。他也撰过几篇序文，又将原文节录集成《宗镜大纲》，极力推崇。（编按：老古文化事业公司已印行《雍正御录宗镜大纲》）这部书自有它殊胜的价值，我们的研究，不仅在佛学方面，也要遍及文学方面。

百家争鸣是吉是凶

由这部书，我们有个感想，很有趣的。从唐朝中叶到五代，是禅宗最灿烂光辉的时代，有五个宗派都非常兴盛。就思想史来讲，五个宗派一时并立是很了不起的事，但从社会的演变或政治思想史的角度来看，却是桩悲哀的事。一个宗教或一个学术，既然分了宗派，可见其中有意见的相诤；有意见的相诤就警示了一个文化的没落。一个社会、团体或家庭，同一个东西，因意见不同而形成宗派门户之见，这是个悲哀，绝不是好现象。不但学术会混乱，当时的社会也会混乱；于是唐末五代之际，出现了八十年的乱象。

帝王之才好出家

当然，在每个历史变乱的中间，都要产生许多人物。历史上有个皇帝问一位臣子（臣子是谁？不要问。因为我们通常生起的主观观念，易以人废言。以人废言与以言废人，都是人的大毛病）："《禹贡》篇中，只有山川，有些什么人物？"臣子答道："有地理没有风俗，所以古书难读。风俗由当局者领导，形成一个时代的精神，所以风俗是由教化而来。至于人才，由社会慢慢培养来的。这两者都有变动，山川地理是不变动的。"由此看出，此人有大臣之风。学问好的不一定能够为大臣，为大臣的人不一定学问好，但要有见解。

五代时，慢慢培养出人物。宋朝以前，军阀割据，永明寿在浙江一带，就曾在吴越王钱元瓘帐下任一名军需官。欧阳修评《五代史》说，五代这五十年间没有人物。王安石反对这个说法，说五代时人才最多，可以做帝王将相的多得很，但都逃走了，出家当和尚去了。开创禅宗宗派的祖师，都是帝王将相之才。也有人说五代没有文学人才。反驳的人举出两位杰出的文学人才，一为李后主，一为永明寿。李后主的词，成本太大了，一个皇帝亡了国，才写出那么感人的词来。如《破阵子》：

四十年来家国，三千里地山河。
凤阁龙楼连霄汉，玉树琼枝作烟萝，几曾识干戈？
一旦归为臣虏，沉腰潘鬓消磨。
最是仓皇辞庙日，教坊犹奏别离歌，挥泪对宫娥。

又如《相见欢》：

无言独上西楼，月如钩，寂寞梧桐深院，锁清秋。
剪不断，理还乱，是离愁。别是一般滋味，在心头。

以此来发泄他一肚子的牢骚,当然好。至于培养永明寿出家的吴越王钱元瓘,他父亲钱镠,是农民出身,并没有受过什么教育;但他历经征讨,登上王位后,会写出这么美的书信,给回老家省亲的太太:"陌上花开,可缓缓归矣。"信中的这句话,被后世文人评为"艳称千古""资致无限"。钱元瓘也有些气度与眼光,才会让永明寿离开军中去出家。

事理圆融的实践者

永明寿禅师在三十岁左右悟道,未悟道前,在天台山天柱峰下习定九旬;悟道以后,他身兼华严宗、唯识宗、天台宗之长,几十年中对宋代文化影响很大。他每天由早到晚,讲法、说法、做佛事,要做一百零八件事情。洪觉范说,一个人每天要做这么多善事,而且日中一食,一定骨瘦如柴。结果看到他的画像,却是身体壮硕、方面大耳的帝王之相。此中道理何在?

你们不要以为光打坐就是道,就能成佛。他的功夫与德行都是了不起的,活到七十二岁。传记上说,他乘大愿力,为震旦法祖,居永明寺(今净慈寺)。在杭州,度弟子一千五百人,天台山度戒万余人。常与七众授菩萨戒,夜施鬼神食,朝放诸生类,六时散花,旦夕修持百八事,寒暑无替,声被异国,高丽王派特使向其问道,自称门弟子。写《宗镜录》也是他后来的常课之一,受吴越王钱弘俶的供养,圆寂时,焚香告众,即入涅槃。

佛教的心物一元绝对论——性空缘起

他把当时所有佛学意见提出来,邀请各宗派的长老大德们来一起辩论，解决不了的疑难问题，由他以宗门的立场来作总的解答，把这些解答写下来，就成了《宗镜录》。所以说这部书是集中大家的智慧与力量所汇集的佛学精华，但他的重点却在唯识方面。要研究此书，先看序文以明白前因后果，其次再研究唯识部分。看此书时，若想学会做文章，看得懂它，必须朗诵。我们就先从序文讲起。

> 伏以，真源湛寂，觉海澄清，绝名相之端，无能所之迹。最初不觉，忽起动心，成业识之由，为觉明之咎。因明起照，见分俄兴；随照立尘，相分安布；如镜现像，顿起根身。

古汉字，一字代表很多概念。现在汉字受西洋文化影响，好几个字解释一个概念。"顿起根身"谈到了生命之源，人从哪里来？先有鸡还是先有蛋？这段可定名为"性空缘起"，谈宇宙众生在无明中受生的那一下。我们宇宙人生最初那个本有的生命，本来是清净、寂灭。寂灭乃清净到极点，无有色相，无有音声，但也包括一切色相音声，一切功能。它永远清净光明，所以称"真源湛寂"。每一个众生的本性就是佛，我们的本来是澄清湛寂，这就是佛所悟到的本有的生命；找到了这个叫觉。这个东西也叫涅槃，也叫道，也叫佛。

然而这个东西其实无名也无相。思想观念叫名，是精神方面的；相是现象，包括心理、生理。而道体是"绝名相之端"，比如你打坐，觉得自己见到空了，还是落在名相中；空还是个现象，真正的道体不落在观念、现象中，不落在名相之"端"，一点影迹都没有。也没有能所之迹，无"能见到""所见到"之境界，即没有能见之体、所见之境，不留一点迹象。换句话说"绝名相之端，无能所之迹"才到达真正见道，"真源湛寂，觉海澄清"。平常我们有一大堆问题，只要懂得这两句话"绝名相之端，无能所之迹"就没问题了。你只要有一点名相、境界在，都不是，都不是"真源湛寂，觉海澄清"，已经离道远矣。

众生对宇宙第一因的困惑

当玄奘法师到达印度时，佛教在印度已经没落了。戒贤法师已一百多岁，还在等玄奘法师的到来。当时的婆罗门等教派恢复了学术地位，印度的学术辩论非常民主，这些教派辩论得很厉害，还有全国性的公开讨论。当时有人问佛教徒："见道时是什么境界？"答："无所见、无能见，能所双亡，既无所见的境界，也无能见的作用。"但既无所见，也无能见，又如何知道是见道了？因此这一问就胶住了好几年。刚好玄奘法师到了，答以千古名言："如人饮水，冷暖自知"，解决了这一论辩纷争。过后一百多年，在中国又有人问："请问这一知又是什么？"可见一个最高的修道境界要把它变成一个学术论辩，问题则永无穷尽。现在请问，这一知是能知？还是所知？不管能知或所知，皆非见道之境，这要特别注意。

序文的第一段提到，众生的根源本来"真源湛寂"，为什么会生出山河大地来呢？个个都是佛，为什么变众生了？一切皆空的，为什么生起宇宙来？这些话，《楞严经》里富楼那问过佛。普通经典说因无明而生。那无明怎么来？妄想来。妄想又怎么来的？学佛是大科学，要一步一步追问下去。永明寿禅师开头即以《楞严经》的经义，反果为因来答复："最初不觉，忽起动心。"可是"最初不觉"，它怎么来的？其次，如此则承认本体本来是静态的。但以宇宙万法，不论形而上、形而下，无一绝对静态的东西，这是一大问题。所以研究佛学要注意，若说这是佛学不准问，权威性的禁止再问，那佛学就站不住脚了。

念动世界起

全部《宗镜录》皆在对此作答，也就是问题在此——"最初不觉，忽起动心"。换句话，这是佛学了义中之不了义教。了义则生佛平等，明与无明，净觉与妄动之迷不二，迷本非迷，悟亦非悟；而不了义则生佛即有二相之别，必须从净体的作用阐明佛如何变为众生，空何以生有。然后以了义和不了义融通，便圆宗镜之旨了。

说宇宙万有皆是一念无明、妄想而来，试问：妄想怎么来？你们打坐最烦恼的就是妄想断不了，你是否认为妄想断了就是佛的境界？若说是，那你学成木头干什么？若说否，那又何必学佛？本来你也打妄想啊！一般人以为无妄想就差不多成道了，是错误的观念。要不妄想，吃安眠药、打麻醉药都可以达到，那他们成佛了？这是个大问题。学理都没有搞通，你想实证？这只是修腿，不是学佛。

再则，在序文当中还有好几个大问题。人类文化、宗教、哲学、科学的问题先摆开，先看下面一句由形而上至形而下的："成业识之由，为觉明之咎。"说到业，有人嘴巴光挂着造业、造业。什么叫业？做什么事都是作业，无分善恶；作好的称善业，作不好的称恶业，还有不好不坏的无记业。业由心来，由动念来。所以心念一动就是业识的端由。本来都是佛，个个都是佛，本来自性是清净光明的，就是念头一动把明白的、正觉的迷掉了。出了毛病，就是念动的一动。因此有许多人以为打坐学佛，只要念头不动就作佛了。根据这段文句来看，他们根本连道理都没有搞通。

因为这个动还不是指我们普通意识的妄念动，这个动可是大得很的。这两句由形而上而形而下，反正是一念来的，宇宙万有是一念"唯心"所造，以所造为幻为妄，所以叫了义中之不了义。但这个心动不是这个思想之心，而包括心物一元之心。换句话说，我们这个生命，一个念头都没有，脑子一点思想都没有，很清楚的时候，这正是一念，就是念动，绝不是静态，包括生理、心理方面。因为有这一念，"因明起照"，有个照的作用。换言之，动由静来，静极必动，动极也必静。你刚打坐那一刹那时，很静、很舒服，再下去必动，一切事物皆然。那个能动、能静的谁在做主？要找这个，才是本来"真源湛寂"，千万不要以为盘腿一坐，没得念头，这就是佛了。

动念在照的作用上，"因明起照"，才有"见分俄兴"。见分就是代表观念，观念就出来了，思想与观念都属于见分，见道之见也是。再来，第五层来了，"随照立尘，相分安布"。脑子清楚，能够照见一切，现象就出来了。因明立照，因照见了，思想作用就起来了，起来了就有分别，但是最后又全归纳为"如镜现像，顿起根身"，宇宙来源没有先后，一时一切同时来。其程序先后相差几微，几乎没有差别，顿起种种作用。这一段理论从《楞严经》来，引用的文字很美。

> 次则随想，而世界成差。后即因智，而憎爱不等。从此遗真失性，执相徇名。积滞着之情尘，结相续之识浪。锁真觉于梦夜，沉迷三界之中。瞽智眼于昏衢，匍匐九居之内。遂乃縻业系之苦，丧解脱之门。于无身中受身，向无趣中立趣。约依处则分二十五有，论正报则具十二类生。皆从情想根由，遂致依正差别。向不迁境上，虚受轮回。

这里每一个字、每一句子都不浪费而严谨。一篇好文章，不管文言、白话，音韵自然就出来，诗境界会把感情带出来。《宗镜录》朗诵后，文章就会写了。

轮回如幻影

第二段讲，有了念头以后，这个世界就有差别，分出欲界、色界、无色界，千差万别。有了思想、智识以后，这个人可爱就喜欢，这个人讨厌就恨他，憎爱不平等，不能慈悲，还是唯心所造。若不能做到平等慈悲，念头也就平伏不了。外相本来没有千差万别，可是众生不明一切唯心。从此"遗真失性"，把物理现象当成真实，被万象所迷，又被自己思想、观念骗住。"执相""徇名"是两个东西，再进一步，执相、徇名累积久了，就黏住了"情尘"。物质世界使我们对思想、感性抓得牢牢的，称为"尘劳烦恼"。尘，代表物质世界；劳，众生都在"黑"尘中奔忙。尘劳引起了烦恼，但是尘劳烦恼累积久了，你对它还非常有感情，舍不得离呢！妄想心如一个个浪头过来，停不掉的。

这些对句美极了，是多么富有文学韵味的佛学。所以思想要在文化学术界增加分量，文字般若非常重要。"锁真觉于梦夜"，灵明觉性给锁住了，昼夜在长梦中，永远在三界中沉迷，跳不出来。为何跳不出来呢？问题在"积滞着之情尘，结相续之识浪"，因此跳不出来。我们的智眼本来很亮，被人世的知识思想搞瞎了。"于无身中受身"，我们本来是佛，不需要有这个肉身，这个身体是对抗本性最厉害的东西，《西游记》中的孙悟空就是第六意识的心，活动得很，上闹天宫，下闹地府。他还大闹龙宫，龙王的定海针被他拔走，结果完了，天下大乱。他那么大本事，却跳不过如来手掌，被压于五行山下。

我们的肉体就是五行山，陷进去了出不来。我们现在受罪就是为肉体，一辈子忙生活还不是为了照应"它"。死了以后又要来，"于无身中受身，向无趣中立趣"。本来没有到那里、在那里，但是心物一元,一念动来的,所以有世界;一念动以后,第二重宇宙形成了。一有了,万有随着起来,千差万别,六道轮回,在此在彼。

什么是"二十五有""十二类生"?佛学将众生归类为十二种类,分卵生、湿生、胎生、化生、有色、无色、有想、无想、若非有色、若非无色、若非有想、若非无想等生命状态。这十二类众生又归到二十五种领域,三界诸天及人、畜、饿鬼等范围,有偈颂云:"四洲四恶趣(阿修罗、地狱、饿鬼、畜生),**梵王六欲天,无想五那含,四空并四禅。**"依处即是生命业报所依凭处,比如我们的正报是人道,依报是欲界。这世界有很多欲望,一切环境即依报,都是唯心所造,因为有情、有思想而有十二类生、二十五有。简言之,这是在讲因动心不同而产生林林总总的众生世界与自然界。

情想搓成捆仙索

情与想不同,情是不用头脑的,比如闹情绪,《西游记》中,三个师兄弟,孙悟空是第六识,有思想、头脑、最厉害的;猪八戒是情,猪一样哼啊、哈啊,光是闹事情,什么事情都是他闹的,他碰到盘丝洞七姊妹的情丝脱不了;七情六欲都属情。所以要给他八戒,非戒制不可,然情丝还是戒不了,非常可怕。另外"想"也可怕,人类弄出一个又一个的主义和思想,把这世上的人坑了多少?所以一切皆从"情""想"根由来,因此依、正有差别,依、正各个有别,但是本体没有动过。"向不迁境上,虚受轮回。"不迁,源自肇法师《物不迁论》。僧肇法师为东晋人,他认为万物根本没有动过,"**旋岚偃岳而常静,江河竞注而不流。**"要注意的是,这里讲的非唯物的物,乃由唯心论讲至物理世界,在一千多年前,已讲得非常精彩。这篇文章跟其他重要论文都收集在《肇论》这本书里,值得大家好好去研读。

第二讲
坦坦觉路作迷途

佛法的形而上学可与《易经》合参

佛曰不可说

世上庸人多

谁家不发无明火

心的分裂

祸由人兴

性相近　习相远

莫落断常见

佛法的形而上学可与《易经》合参

一切众生、一切佛的本性，就是一切万物的本体，本来是清净、圆明的，以中国文化来讲是"本善"的。不要把它当作普通善恶的善来看，它是超越相对待的善，是至善的。那为什么会动妄念？为什么会有世界？为什么会有万象差别的不同？永明寿禅师以《楞严经》要旨答："最初不觉，忽起动心。"觉与不觉两个问题来了。"不觉"之来，主要是"觉明为咎"。以《易经》的道理来讲，阳极则阴生，阴极则阳生。有人提出来，认为这个答案不够透彻，不能令人满意。这提得很对，是不大令人满意。在学术立场讲，是要绝对客观，好的就是好的，不好的就是不好的，本来佛学这一段话是并不太详细，但也不是敷衍了事。最初动念是"觉明为咎"而忽然不觉来的。

"觉明为咎"是倒果为因的说法，比如已经成道的人，已经还源，证到清净圆明、明心见性以后，太保任清净光明，因太过而生不及，太过了本身就是妄念，这就是"觉明为咎"。比如大家打坐，刚刚上座，眼睛一闭那一刹那，很清净，那是很短暂的一刹那，接着想保持清净，那就完了。由这个理由来说明本体来源，清净光明忽起动心，佛因众生已在妄想中，只好从果来说因，最初万有是这样"觉明为咎"来的。以逻辑道理来讲，这种形而上本体，忽变为形而下万象的道理，只是点到为止，未彻底的说法，需要中国的《易经》、道家思想来补足。不过如用中国的《易经》、道家思想来单独说明形而上的本体，那又差远了。这几样必须综合起来，对形而上到形而下的说明才能清楚。

《易经》讲："一阴一阳之谓道。"阴阳是指动静、善恶、是非、来去、生死等相对的现象。相对是两头，能起相对的那个是不属于相对，勉强可以说是绝对。所以以此道理来讲，"觉明"为咎，"觉明"也并不为咎，换言之，阴暗、昏昧也不足为病，各有立场看法，白天有白天的好处，夜里有夜里的好处。所以《易经》讲"一阴一阳之谓道"，乃指形而下的法则；形而上的本体，则如孔子在《系传》上所说："无思也，无为也，寂然不动，感而遂通。"所以"最初不觉，忽起动心"是"寂然不动，感而遂通"。所谓感应，虽起形而下后天的作用，最后它还是归到本来寂然不动。至于明与不明、动与静、好与坏，则是人为的分别，同形而上、形而下没有关系，这是《易经》的看法，当然《易经》没有说这么明显。研究《易经》，不论在理、象、数方面，都须先通《系传》，把道理先搞通。道家《列子》这本书列举太易、太初、太始、太素，层层下来，也讨论到本体生万有的道理。本体本来清净圆明，忽然一动，生出万有，生命经过了这几个层次。这种次序同五行思想、《易经》思想，同佛法的五蕴都有相关连之处。

佛曰不可说

人类文化号称五千年，其实是很幼稚、很可怜的。人类到现在还在追求最初究竟怎么来的？乃至现在还要到太空去探索这个生命问题。科学文明发展至今，谁也还拿不出一个确定的答案，宗教有宗教的说法，哲学、科学也各有各的说法，莫衷一是。总之一句：都非定论。

若要证到宇宙本体的问题，扼要地说，只有用禅宗的两句话："言语道断，心行处灭"来说明。《楞严经》的"觉明为咎"只是权说而已。要严格研究起来，以佛学本体论来讲，小乘知见与大乘知见的看法各有不同。《宗镜录》是用《楞严经》的本体论来阐释的；《华严经》则无所谓咎与不咎，觉明也不为咎。像《涅槃经》等各种经典，乃于各种宗教哲学对于宇宙大多持悲观的看法，觉得人生悲惨可怜。《华严经》则不然，认为这个世界善善恶恶、是是非非、动动静静，一概都是至真、至善、至美。都是一个本体所发生变相而已，一切都是变相，变相无论春夏秋冬、善的、恶的，各有各的好处，各有各的坏处，以这立场来讲，觉明也不为咎了。这问题讨论起来很复杂，讲到本书后面便可更清楚些。

其次，有人提出见分与相分的问题。见是看见的见，相是现象。比如用眼看花，眼和花是相分，而能看到花，了解那是花，这个精神作用是见分，这是唯识论名词，很多书注解来、注解去，非常难懂。若以现在的名词来理解，"相分"为物理世界，"见分"为精神世界，如从究竟来说，精神世界也是"相分"。

世上庸人多

> 于无脱法中，自生系缚。

用不着解脱，自然解脱，就叫"无脱"，并没有一个东西给你跳出来，只要自己一念清净自然出来，这叫"无脱之脱"。众生认识不到自己本性本来没有束缚，都是自己找烦恼，所以大家打坐想找开悟，实际上只要真懂得两句话："天下本无事，庸人自扰之"就开悟了，你不扰乱就开悟了。拼命修道、打坐也是在自扰，跟自己过不去，这叫"于无脱法中，自生系缚"。

> 如春蚕作茧，似秋蛾赴灯。以二见妄想之丝，缠苦聚之业质。

永明寿禅师把哲学放在文学中表达很高明，春蚕即出自李商隐诗句："春蚕到死丝方尽。"至于"秋蛾赴灯"，也就是大家所熟悉的飞蛾扑火的现象。这里所讲的二见即是我见、法见。前面讲见分是精神；

这里的见是观念，主观的观念有我、有法。先入为主即法见，一切痛苦由我的观念来。

什么叫人生？以小乘佛教观点来看，人生是一切痛苦集中的焦点，所以叫苦聚，我们一般人却在主观观念上，把它当成快乐。这里所讲的业，并不一定是不好。像同卵双胞胎，身体是一样，思想、感情却不同，各有各的业。身体是正报，此身以外，也就是中国人常说的"身外之物"，都是依报。又如西方极乐净土是阿弥陀佛愿力所成的依报，正报是阿弥陀佛的精神。福气容易智慧难，有同学问："智慧不是一种福报？"我说："不错，智慧是由福德而来。"

谁家不发无明火

用无明贪爱之翼，扑生死之火轮。用谷响言音，论四生妍丑。

古人得道而有神通的，要是点破灾祸，有违因果报应；要不点破，又有违慈悲心。这真是互相矛盾而左右为难，有时只好隐约暗示，像济公知道某寺有火灾之难，只好大叫："无明发了！无明发了！"等到大家搞清楚，寺已经烧起来了。无明发了，就等于我们常说的无明火。能够空掉无明，解脱了无明，才真正达到明心见性的"明"，"贪爱"就是无明的帮凶。

古人有两句俗语："谁人背后无人说，那个人前不说人。"完全不说是非，是绝不可能的，而是非正是由言语来的。言语本来是空的，可是我们听了言语是非还是会生气，那是最笨的。听过了就空了，可是我们却配合上观念、分别心而生烦恼。"四生"就是《金刚经》所讲的胎生、卵生、湿生、化生。

心的分裂

以妄想心镜,现三有形仪。

这里用镜子的"镜",而不用"境","镜"比"境"更好,因镜空灵,照得也很清楚。我们人生一切烦恼都是因为妄想来的。都是妄想的"心镜",现出来"三有"——欲界、色界、无色界的形态。

然后,违顺想风,动摇觉海。贪痴爱水,滋润苦芽。

归纳起来,一切痛苦烦恼都是主观观念一念来的,不了解这个,碰到违顺时,就发生烦恼,动摇清净无波的觉海,产生贪、痴、爱、如洪水般的种种烦恼。

一向徇尘,罔知反本。发狂乱之知见,翳于自心;立幻化之色声,认为他法。

因此,一念迷掉了以后,跟着外境物理作用在跑,跟着尘劳跑,不知回光返照,找自己心性的本体。以心理学来说,像犯罪、变态等,心理学可以详尽分析各种不正常的心理,却很难说哪一种心理是正常的。以佛学来说,没有一种人心理是正常的,都是在狂乱中,只有一种人正常:明心见性成佛者。"言语道断、心行处灭"最正常,可是我们看他则是不正常的。

众生都犯"狂乱之知见,翳于自心",物理世界一切声色都是"幻化"的,不是没有,而是"立幻化之色声",如电影一样;但很多人都在看着古书掉泪，替古人担忧。"认为他法"这句话最重要，一般人都认为我本来很好，是外界影响了我；佛法则认为心物是一元的，内外合一，不是外界影响你，是你自己找麻烦，影响了自己。同时把自心所生的种种声色境界，误以为是外在的。

祸由人兴

> 从此，一微涉境，渐成夐汉之高峰；滴水兴波，终起吞舟之巨浪。

这说明了人的思想的情绪是那么可怕。因为认不清一切妄念都是自生烦恼，因此只要丝毫微尘的念头动一下，观念一建立，变成了透天高峰，尤其人我山高，动也动不了。庄子说："飓风起于萍末。"台风怎么起来的？可以从浮萍的波动看出来它的兴起。只有一滴水动，最后可以使大海起任狂浪，天翻地覆。像人世间朋友夫妇，吵起架来、闹到绝交、离婚的地步，而本来都是由一点小事情引起的。

中国道家讲军事、谋略之学的《阴符经》说："天发杀机，移星易宿；地发杀机，龙蛇起陆；人发杀机，天地反覆。"所以还是人最厉害。人的思想、念头最厉害，最可怕，世界大乱就是这么来的。

性相近　习相远

> 尔后将欲反初复本，约根利钝不同，于一真如界中，开三乘五性。

人的根性利钝不同，遇到利根的人，一点就通，真是孟子所谓，

"得天下英才而教育之",一乐也。遇到钝根的,简直没办法。要想学孔子"好学不厌"还做得到,要做到"诲人不倦"那就太难了,碰到钝根的人怎不会火大?所以孔子伟大。这人的根性怎么来的?这里又讲到本体,"于一真如界中,开三乘五性",本体只有一个,比如水:可泡成茶,可制成酒,也可做成毒药,使用很广泛,但它的本体是水。本性是一个,我们修道来返回那个水,回到那个本性去,不是找现象。

接下来讲"三乘五性",三乘即声闻、缘觉、菩萨,五性讲人的根性、根器。五性指定性声闻、定性缘觉、定性菩萨、不定性、无性。怎么叫定性声闻?比如有些学生,想给他菩萨当当,哄他骗他,他就是学小乘的,就是没法接受大乘;爱玩小道——有为法。这是他的根性,要想把他转过来,很难,那要花很大的力气。怎么叫定性缘觉,比如我所接触的一些人,一学佛就变得任何人不理,最好是峰顶上住茅篷,鬼也不见。事实上,鬼会来找他的。有些人属定性菩萨,叫他学小乘,不干,万事都管,忙得不得了。不过不定性的也很多,如墨子讲染丝,碰到红就变红,碰到黑就变黑。再有些是糊里糊涂,比不定性还差一等,搞了半天,就如孔子所说,"民可使由之,不可使知之",碰到无性这种人,就只能"可使由之,不可使知之"。叫愚笨的人上去当第一流智慧的人,他会发抖,会把他吓死,你只有告诉他怎么做,硬是没办法跟他讲道理。

人的禀赋、根性不同,也就是现代心理学所说,人的性向问题。各个性向不同,这还只是人世间的心理研究,不如佛学深,比如古人的诗,"书到今生读已迟",人的聪明智慧不是靠这一生,是前生累积来的。人的禀赋、根性为什么不同呢?从佛学观点讲,人有了贪欲这一念,就变成生命,在六道轮回中越滚越迷。"轮回"这两字翻译得好极了,当时翻译得很新颖,只是一千多年来用旧了。《易经》上说"循环往复",讲的是原理;轮回讲的是现象。为什么人在轮回中转不出去?就像电风扇转动中的苍蝇,你看转得多快!转昏了头,硬是转不出去。我们为什么要打坐?打坐就是要把电风扇慢慢关,慢慢停下来,就可以姑且说"跳出三界外,不在五行中"。只是现在大家打坐,反而转得更快,所以不得解脱。所以要找到开关,本书即在帮助我们找到开关,知道怎么使用,帮助我们从轮回中返回本来那个样子。

在东西文化哲学中,首先提出人性平等的是释迦牟尼佛。但注意啊,佛所提出来的不是政治性,而是形而上本性的平等;形而下,一切作用起后就不平等了,三乘五性有所不同了。众生在世间的不平等,唯有从形而上本性的平等去悟,才能彻底调和。

或见空而证果。

什么是空?这是个大问题,一般人认为没有妄想,没有念头,叫作空,这错误到极点。如果硬要把思想、妄念压下去,这样叫空,不到三个月,脑筋便迟钝了,心理就干枯了,搞得一切都讨厌,没感情。所以真正见空而证果的这个空还难见呢!即使证到了,也不过小乘而已。我曾特别提出来修白骨观,要证身空、人空,还非修这条路子不可,不然,就进不去那个空的境界。千万不要以为把念头压下不动那叫空。我再三提过的,宗喀巴大师说,如果这样叫无念的话,果报是堕畜生道,很严重的。

或了缘而入真。

这是缘觉,比如净土宗莲池大师,在家时与太太感情很好,有一天太太端来了茶,他却一不小心把最喜爱的玉杯打破了。这一下他忽然感觉到,什么妻子、玉杯,再好也要分手,因此毅然出家了,后来成为一代大师,像这一类即因缘觉而来。

或三祇熏炼,渐具行门。

大乘道修持法,一个人修行要经过三大阿僧祇劫,无量劫熏炼,才慢慢形成菩萨心肠,一般讲行愿,其实愿容易想,行却是个大问题。处处为我、为己,行门还差得太远,没有一点行为够得上学菩萨行。世上凡是讲修行的人往往是第一等自私的人。我们就常听到这样的话:"我在打坐修道,不要吵!"或"我在修道,你要供养啊!等我修好了,再来度你"。真正的大愿谈何容易?

我们要随时检查自己的心理行为,像我们琅琅上口的四弘誓愿,真正从内而外,言行合一做到的,又有多少?绝大部分人还舍不得断烦恼啊!佛道嘛,有些心而已,还要玩一下。发愿谁都会吹的,什么济世利人,自己都济不了,不要变成"挤"人就好了。学佛就是行门最难,佛经上说要三大阿僧祇劫,慢慢熏炼自己,改变自己的心理行为,才渐具行门,有一点像。

或一念圆修,顿成佛道。

有上根利器者,一念之间圆满修成,即禅家所说的顿悟。现在全世界都在讲禅学,以为打打坐,说几句幽默的话就是禅学:"春天到了,池塘里,青蛙噗通一声跳下去。"就是这样,这就是外国人讲禅,顿悟了!不是这个,顿悟要行到、理到。功夫到,也是行持之一。大菩萨慈悲利世行为也要到,这是真正顿悟的境界。

达摩祖师讲禅宗二入：理入与行入，而且行入最重要。达摩祖师对后世的预言："明道者多，行道者少；说理者多，通理者少。"顿悟不是耍嘴巴，要注重事行。

> 斯则克证有异，一性非殊，因成凡圣之名，似分真俗之相。

三乘五性分别清楚了，重点在所证到的有异，但形而上本体是一样，只有作用、方便上有差别，凡、圣在形而上道体则无不同。

莫落断常见

> 若欲穷微洞本，究旨通宗，则根本性离，毕竟寂灭。

严重问题来了，前面讲，人人都有道，为什么我们凡夫见不到呢？因一念迷掉了，而产生三乘五性不同根器，虽不同，形而上本体一样。现在由本体来，所谓言下顿悟，悟道是什么样呢？真正的佛法"穷微"，追究它根本的所在，研究到佛法的宗旨，完全搞通了，是空的——"根本性离，毕竟寂灭"。唯识讲诸法无自性，心、物皆属"法"之观念中，一切法都是因缘所生，没有各自的自性。

这个无自性与明心见性之性不同，但有些人搞错了，一看"诸法无自性"，认为佛法讲无自性，还讲明心见性是真常唯心论，错了，是外道之见。将诸法无自性落入断见，认为人死了就死了，人死如灯灭。诸法无自性嘛，还去求个什么自性呢！这个见解非常严重。今天，在学术界中，这个思想非常有力在流行，毛病大家都看不到，走入了偏见中，把佛法解释错了。

永明寿禅师就不用"无自性"，而用"性离"，在逻辑上，更显无自性之义，太妙了。"无自性"是主观的，在逻辑辩证法上是破法。"性离"是有性，而此性自己离开的，客观的。这些道理，同大家修证的关键非常大。

第三讲
如幻似真情何堪

涅槃非断灭

科学教育的艺术化

佛法「空」与「有」的争论

如真似幻

即此用　离此用

万变不离其宗

石头传大法

了即业障本来空

人我如虎

贪静成病

涅槃非断灭

继续讲到形而上道体的问题，也就是我们平常所讲的"明心见性"。什么叫如来本性？即一切众生自己的本性。

最高的道体是什么样子？是"**根本性离，毕竟寂灭**"。寂灭是中国文字，梵文原意是涅槃，用中文翻译叫寂灭，另有一种翻译是圆寂，圆满的寂灭。这些翻译是不是完全是涅槃的本意呢？不是的，因为翻成寂灭与圆寂，在中国文化，尤其在佛学观点上，形成一个很大的误解，好像寂灭、圆寂是死的东西，什么都没有了。一般人学佛，认为什么都没有、什么都空才是究竟，这在观念上犯了绝大的错误。但是为什么要那么翻译？在中国文字中，也只有这几个字最好，最能代表它清净的一面。实际上，"涅槃"包括了常（经常）、乐（快乐）、我（真我）、净（清净），所以它是圆满、清净的，是乐的，不是悲的，但一翻译成圆寂、寂灭，易使人走上错误的路线。后世即以消极代表涅槃，太离谱了。

科学教育的艺术化

这个问题解决了，我们再回转来看《宗镜录》，讲到形而上道体——"**根本性离，毕竟寂灭**"，真是一字千金。中国文字若要以文学技巧写绝对逻辑、科学性的东西，很难写得美，写不出好东西来。把科学的书文学化很难。过去有学科学、化学、物理学的，大学毕业后出去教书，我告诉他们想办法把科学变为趣味化、文学化，不要刻板地记公式，把公式配一个很艺术的故事，学生一定容易记的，培养科学人才也方便得多。

只有一个同学做到了，清华毕业后教化学，很叫座，他就是采用了我这个办法，他用李后主的词，或者用某些东西凑拢来讲，结果学生欢迎之至。我本来不相信，问他："真做到啦？上课我去听听看。"他说拿录音给我听，一听果然教得好。这就说明一个非常严肃的问题，要把思想用文学的方式写出来真难，可是这八个字用得很好。

佛法"空"与"有"的争论

唯识讲"诸法无自性"，这是唯识宗（法相学）的重点。通常般若宗讲一切皆空（中国南北朝以前的翻译），也有流弊，一般人往往把"空"跟"绝对没有"连在一起。假定把纸烧了，没有了，这个空即属佛学上所说的"断见"，人死如灯灭，一切过去，像灯熄了，没有了，把佛学的空与断见配合，观念错误。因此后世唯识学家有鉴于"空"这个名词易引起错误的偏差，不用空的观念说明，而用另一个名词——"诸法无自性"，但这并非说"空"字本身用的是错误。

然而，到了唐代玄奘法师译经这么一翻译后，在中国又引出一个偏差。因为禅宗以中国文化的观念标榜"明心见性"，为什么有这个观念呢？因为性与情这两个字，在中国文化的根基非常久，譬如三代以后，周代文化在《礼记》上提到"性"与"情"，佛法传来中国后，很多译本都采用中国文化本有的名词，像"众生"一词出于《庄子》；"功德"出于《书经》；"居士"则出于《礼记》，佛经翻译采诸子百家之名词者非常多。此乃因翻译不同的文字，必用其原有文化使用惯了的名词，才易使人了解。

所以禅宗提出"明心见性"，是根据中国文化本身的道理来说明的。然而，以后世整个佛学来讲，用这四个字毛病也出得很大。譬如佛经上经常讲到"心"，界线分不清楚。有时将思想、现在讲话的情绪、脑子在想的也叫心，实则非也。有时佛经上讲心，是代表超越思想、分别、意识、情绪以外的那个本体的作用，全体的心物一元，也用"心"作代表。因此佛经中，上下两句或一句中有两个地方用到"心"字，可能就有两个不同的涵义，但是没有在这上面下功夫，后世就很容易把它混淆，混淆就产生很大的毛病。

由这个道理，我们知道禅宗讲"明心见性"是一个代号，然而自玄奘法师翻译唯识学"诸法无自性"以后，中国佛学思想也发生一个争论的问题，"一切无自性"，禅宗却讲可以"明心见性"，那，不是这个错了，就是那个错了，究竟错在哪一面？

有人认为，禅宗所讲的"明心见性"是有个东西可见，有个心可明，这个已经不是佛法，这与印度婆罗门教传统的真常唯心论一派相同。因而，种种错误观念就出来了。

仔细研究唯识法相后，即可了解玄奘法师所翻译的**"诸法无自性"**，是指一切形而下、宇宙间的万事万物，没有一个单独存在的根本性质，过去曾讲，现在再提出来注意，比如粉笔、纸币、手帕，都是诸法中的一法（法是代号），它无自性，将之分析，是棉纱、化学纤维、人工、颜色等综合体，每样把它分开来，毛巾并没有自己的自体存在，它是各种元素因缘凑合，偶然的、暂时的构成了这么一个东西；而名词也是假的，我们叫它毛巾就变成手巾，当时取名叫阿狗，现在就叫阿狗，名字无自性，粉笔也是如此。

形而下诸法没有独立存在的性能，不会永恒存在，一切无常，都要变去，所以说**"诸法无自性"**并没有错。可是后世有一帮研究唯识学的，抓到鸡毛当令箭，谈空说有，都用错了！唯识讲诸法无自性，哪里还有个"明心见性"的性可见呢？认为这些都是假的而斥为外道。所谓外道、内道是代表分界的分号，错了的，钉个牌子归到一个范围，叫外道；在这个范围对的，叫内道，内外就是那么一个界线的分辨。

如真似幻

那么，实际上对不对呢？我们晓得，诸法无自性对形而下的事物而言是不错的，然而对形而上，唯识又建立一个什么呢？就是阿赖耶识转入真如，另定名称叫"真如"。八识心王转完了，绝对的净化，净化到刚才所言涅槃的清净，那个东西也叫真如。不过，严格研究又分两派：一派唯识学者不用真如这个名词；一派则主张必须建立另一个做代表。

现在，我们先岔开来解释一下名称，中文翻译佛经非常妙，很美！注意这个名称哦！见了道叫"真如"，翻得很好，其他都是假的，只有这个东西是真的。但是倒过来念呢？"如真"，好像是真的。我经常提醒大家注意，佛法有一句话："如如不动"，一般人看到都认为不要动就是佛了！根本连文字都读错了！"如如不动"，好像、好像、好像没有动，对不对？中文翻得很好。实际上，动而不动、不动之动谓之如如不动。

这又讲到翻译的问题，现在有很多英文翻译，我感到本事好大，也好大胆。中国佛经从印度翻译过来，每一位大师不但懂得中国诸子百家的文化，而且要懂得各种各样的方言。像我们只晓得把外文弄好，在外国蹲了十几年，对某地的方言都不知，这就无法翻译，哪些地方用哪个字才恰当，很难！

回转来我们说到建立真如，见道的道体叫"真如"；唯识有一派学者根本不建立真如，把第八阿赖耶识净化了就是道。

现在讲的十之八九是将就初学者，对佛学没有基础的，不懂佛学名词，所以我们拖得很慢；如果不为初学者，这篇很快可以带过。

即此用　离此用

《宗镜录》谈到道体，它的自性根本是离开你，不是你离开它。换句话说，大家要求空，一般人打坐都想空念头，很多人问我怎么空？唉！我说"天下本无事，庸人自扰之"，是念头来空你，不是你空它。"根本性离"是自性离开你，不是你离开它。比方我们八点钟坐在这里，大家检查第一次的念头、思想现在还有没有？它早就跑掉了！你想空它干嘛！"根本性离"是它离开你；空是它来空你，不是你空它啊！佛法叫你认到自性空，是认清根本性离你，不是你在离它。也就是《楞严经》所说的："离一切相，即一切法"，两句话说完了，自性本体，由体起用，摄用归体。我手里拿的一根写黑板的，叫粉笔也好，钢笔也好，反正是一个东西，你第一眼看到了，再研究脑子第二眼想永远停留在上面，不可能，它早就过了。"离一切相"，这是一个现象；"即一切法"，自性本来如此。离一切相就是摄用归体；即一切法即是由体起用。所以这里告诉我们根本自性离，自性是本空的，不是你去空它。

"应无所住而生其心"是《金刚经》讲的方法，"应该"这样做。佛弟子须菩提问佛，妄念太多如何空？他问的是方法，佛告诉他："应无所住而生其心"，有个"应"字，鸠摩罗什翻译得也好。如果讲本体，此字应换为"本"无所住而生其心，离一切相，即一切法，自性本空，不需要你去空它。我们求修养心性之学，自己有一个很空的境界，你晓得那个空的境界是不是一念？那就是一念。你觉得现在很好，很坦然、很清净，你早就在意念上了。这也是心理造成的现状，亦即相的境界。有一境界就是相，当然境界也是它变的，没有错，但是要即用即空，离一切相，即一切法。

所以我们再三赞叹《宗镜录》一句话"根本性离，毕竟寂灭"，把我们点清楚了。永明寿禅师把唯识、般若谈空说有，两方面佛法最高的道体宗旨，用"根本性离"四个字点出来。

"毕竟寂灭"，不是你去寂灭它，自性本来寂灭，彻底的寂灭。如果你把毕竟寂灭当成方法来用，打坐时，拼命把自己的念头寂灭，那你是吃饱了饭没事做。"不作无聊之事，何以遣此有涯之生"？当然你叫它是修道、盘腿，实际上是无聊。它"根本性离，毕竟寂灭"，不是你空得了，不盘腿也空，盘腿也空，要把这个道理弄清楚，才能够谈学佛。

万变不离其宗

下面就是根据这个而演绎，文字写得非常美！

> 绝升沉之异，无缚脱之殊。既无在世之人，亦无灭度之者。二际平等，一道清虚。识智俱空，名体咸寂。迥无所有，唯一真心。达之名见道之人，昧之号生死之始。

"根本性离，毕竟寂灭"八个字统统跟我们说完了，下面的文辞都是形容这个本体。

"绝升沉之异"，无所谓升华、堕落。修道悟了道，谓之超升；没有悟道，堕落在三界六道谓之沉。无升沉，自性无差别。宇宙间的现象，生命有六道轮回，上三道：天、阿修罗、人道；下三道：畜牲、地狱、饿鬼。下地狱你的本性到哪里去了？下地狱的人没得本性啦？譬如我假使下了地狱，我的本性带到哪里去了？带到地狱里头去了，在地狱里受苦的也是我那个东西。升沉、超脱同堕落是两个不同的现象，但自性圆满，它没有离开你。

因此地狱中人突然悟道，一样可以成佛，一切众生皆可成佛，一切也包括了地狱。如果诸位怀疑我讲的这个道理，可以去看《涅槃经》，这部经就讲到一切内道、外道、天堂、地狱毫无分别，每个众生都会成佛，什么时间？长短的问题，有人一下成功了，有人过三大阿僧祇劫慢慢来而已。

石头传大法

关于这个问题，中国文化有一个有趣的典故："生公说法，顽石点头"。生公即是道生法师，廿几岁时，佛学已研究得很好。当时《涅槃经》只翻译了六卷，开头讲"一阐提"人不能成佛。"一阐提"指罪大恶极之人，没有一点善心、善念。

有同学昨天跟我讲一件人吃人的事，问我听过没有？他说在海上逃难，报馆记者采访证实确有此事，在海上艰困挣扎的情况下，把老婆孩子烤来吃了。我说这有什么稀奇！孟子说，"人之异于禽兽者几希"，几希，其实连几希都不希。到那个时候，我要活着，管你什么孩子老婆，都吃，历史上多得很。这就是"一阐提"人，坏到极点，从头顶上坏到脚趾尖，没有一样好。佛说这样的人不会成佛，只有善心能成佛。

南北朝时，中国文化在长江以北，中原地带，南方谈不上文化。结果年轻的道生法师提出一个论点："一阐提人皆得成佛"，罪大恶极的人最后还是会善心发现而成佛。噢！不得了！这个论文一提出，当时有道的老和尚、高僧有多少啊！鸠摩罗什的译经院几千人，都是第一流的前辈学者。这个年轻人有这样的思想，赶出去！佛经上讲犯戒有个名词叫"摈"，翻得好听而已，什么摈啊摈！赶出去就是，不准他留在佛教团体、文化中心。道生只好跑到南方，江苏的虎丘山。那时南方文化还很落后，道生等于被赶出国，自己越研究越觉得有道理，最后没得办法，南方和尚看他是被北方赶出来的，是外道之见，他在南方也很可怜，没事打坐把石头排好，跟石头讲经说法，讲到"一阐提"人最后也可以成佛，问石头："你们说对不对？"石头都摇起来。所以叫"生公说法，顽石点头"。

道生当时被认为大逆不道、思想错误，被赶出北方时说："若我所说反于经义，请于现身即表疠疾；若于实相不相违背者，愿舍寿之时据狮子座。"后来他去庐山，得以读到新译的《大涅槃经》，果然跟他所说的相符。大家都非常地敬服，他也接受大家的启请，升座说法，讲得精彩极了。最后果如他所誓言的，端坐正容，好像入定般走了。

所以说自性在任何地方都存在，下地狱，自性被乌云障碍住了，若一散开，大恶人把一点曙光露出来，善心一发现，他也成功了。"绝升沉之异"，自性本体无差异。

了即业障本来空

"无缚脱之殊"，学佛是学解脱，讲修道则言逍遥，不过大家注意，包括我在内，学了佛，结果既不逍遥又不解脱，一切拘束得要命，这个很苦。本来人世间烦恼层层束缚，把我们捆绑起来，我觉得学佛修道后又加了两层，把自己绑得更厉害，蛮可怜！不晓得是智慧还是笨蛋？我到现在还搞不通。

照道理讲，永明寿禅师告诉我们："无缚脱之殊"，解脱个什么？没有解脱，本来也没有绑你。禅宗三祖僧璨大师见二祖之前，一身是病，风瘫麻痹，痛苦得很。根据佛法，病是怎么来的？由恶业来的；业怎么来的？心造的，当然不是现在心，我们生下来没有造业，怎么带来病？这包括过去心。三祖求师父为他解脱，二祖叫他把业找出来就给解脱，找了半天，没有，那好嘛！谁绑你？本来没有人绑你。这段跟二祖见达摩，请求安心的故事差不多。所以绑与解脱都是你自己造的，本来就是"无缚脱之殊"。

"既无在世之人，亦无灭度之者"，拿本体言，我们这些在世的人根本没有在，只是偶然的、暂时的，几十年一下过去了，本来没有。人类自有历史到现在，不晓得过了多少人，大家都上台唱一唱，唱完了下去，没有了，看不见，本来也没有一个在世的人，在世的人都是傀儡，后面有个东西牵着玩，玩几十年就没有了。

那么，成了佛就灭度了？也没有灭度的人，没有说哪个涅槃去了。所以我常说涅槃是捏一个盘子，不知是江西瓷盘还是化学盘？捏了什么盘？《楞伽经》告诉你，"无有涅槃佛，无有佛涅槃"，自性本来在涅槃中，"毕竟寂灭"，涅槃就在自己现前、自己身心上，你没有找到而已，找到以后，无所谓在世之人，也无所谓涅槃者。所以"二际平等"，过去未来都是空，一切相对的都是毕竟没有，是现象。本体不是没有，"一道清虚"。为什么唯识学讲转识成智，其他宗派讲去掉妄念才能成道？妄与真没有差别，"识智俱空"，真妄不二，是一个东西。

"名体咸寂，迥无所有"，名代表相，一切观念、妄想；体代表本体，本来清净，本无所有，本空，它空你，不是你空它。

"唯一真心，达之名见道之人，昧之号生死之始"，悟了道，见了这个，假定这个名称叫"真心"，证到这个境界叫见道之人；不懂这个，就在生死中轮回旋转，自己被自己捆起来玩。

人我如虎

大家注意这篇文章，先是提出三乘五性，然后一转切入究竟本自解脱处,当然被我们这样一讲,等于狗啃骨头,啃得支离破碎。如果诸位自己回去念,在灯前点一支香,不是为了信佛,只是自心的诚敬,灯太亮了,味道不好,不如点一支蜡烛,若隐若现,两腿一盘,泡一杯茶,然后高声朗诵一番,不涅一个槃,那个槃都来涅你,啊!那非常清净!一读就到了,这文章就有这样好。我们现在不是涅槃,是狗啃骨头,盘子都啃翻了!味道不好了!这个文章要注意!回去还要研究。

这里讨论到人的修道根器有"三乘五性"的不同,他首先把根本提出来,本来没有不同,本体是一个,等于太空是一个,为什么这边下雨那边天晴?这里高山那里平地?为什么来的?下面开始了。我把它另起一段,取个题目叫"内证自觉",在家出家拼命学佛求道,到底求个什么东西?这一段有说明。

复有邪根外种,小智权机,不了生死之病原,周知人我之见本。唯欲厌喧斥动,破相析尘。虽云味静冥空,不知埋真拒觉。

他说有些人讲修道,看起来是修道,站在另一大乘根器、真正道体的立场上看,这些人叫"邪根外种"。这是名词,外道内道之分,外道也是道啊!道乃路也,本来是一条直路,他硬要转来转去,转不通开个山洞,最后也到了,这叫外道。内道的人直接悟道好不好?也有不好之处,坐飞机一下到达目的地,哈!一路上有许多东西你没看见;那些走岔路来的,有坏处,很辛苦,走了很多冤枉路,但他也可比直接来的人高明得多,冤枉路旁的风景他都知道,你却不知道。所以讲外道、内道是假定名称。不过,这里说有些人是邪根外道,走错了路。

"小智权机",智慧太浅;"权机",本体大机大用,小智的机关脑子灵光少了一点。我经常跟年轻朋友说笑:"怎么你出生的时候,脑筋不多拿一条，而且投胎也不选个好的脑子装，匆匆忙忙把生了锈的装进来，干嘛？"这是笑话，但可以说明"权机"两个字。机变不够灵巧的人，"不了生死之病原"，不晓得生命生死的根本是什么东西？这个开关在哪里？没有找到。也不晓得"人我"这个东西。

"人我"不一定你跟我相对，你是人，我不是人；也不是说站在你的立场，你变成我，我变成你。这是相对的解释，实际上也可以说绝对，我就是我，我是个人，人就是我，我就是人。我们一切烦恼都是人我来的。像刚才所举人吃人的例子，人到了必要时只有我，不但烤儿子吃，连父母也照样烤来吃，这些资料历史记载很多。其实吃菩萨的也很多。一家人逃难，父母老了，要儿女先逃，儿女怎么做得到？父母把自己弄死要儿女烤来吃，吃了好求生逃路，这是菩萨境界。至于你不肯给我吃，我把你弄死了吃也多得很。人到了最后只有"我"第一，非到患难看不出真正的道德。那位讲吃人故事的同学结论："人坏起来比禽兽还坏。"他说这个话也蛮有道理。

这些人不晓得人我，我们这个人，这个东西是什么？它的根在哪里？"周知人我之见本"，一个观念，就是这一念，见地之见，一念就有人我出来，一念就是人我的见本起处，结果他们搞错道理，不懂本体的道理却想修道。

贪静成病

"厌喧斥动"，讨厌！赶快出家，或到山里清净、打坐，认为只有那样才是修道，啊哟！你看那么多人，吵死了！烦死了！"厌喧"怕吵闹。"斥动"，骂人一天到晚乱跑修什么道！不对！认为修道的人应该坐在那里，讲好听是如如不动，实际上是变个死东西，就像我们骂人："看你那个死相"，那才好像真是修道！

"破相析尘",把一切外相离开,分析尘世间的事,一概要不得。

"虽云昧静冥空",一味贪图打坐、清净,认为那才是道;"冥空",这个空是脑子什么都不想,啊!这个是道,不这样就不是道。

"不知埋真拒觉",实际上外道也这样,把真如本性活埋掉,把活泼泼的本性埋到死东西里头,埋到清净里去,"埋真拒觉"很讨厌妄念,我这么坐怎么还什么都知道?可是本来自性都知道,也都不着痕迹的嘛!所以大乘佛法说:一切无著、无性,本空嘛!物来则用,过去不留,自性本来是本觉灵明,所以搞错的人是"昧静冥空","埋真拒觉",以为清净才是道,只要你妨碍我一点,不管太太也好,父亲、儿子也好,走开!我修道嘛,要清净!这完全是偏差的观念。

第四讲
莫教纤指误明月

动静皆幻

背道驰更远

观心不可得

学剑向文殊

布袋装神仙

这个！

禅教同一鼻

动静皆幻

以下是申述理由：

>如不辩眼中之赤眚，但灭灯上之重光；罔穷识内之幻身，空避日中之虚影。

这段重点在告诉我们动静二相都是道体（本体）变的，它不在动相、也不在静相上面。认为静相就是道的人犯了什么大错误呢？"如不辩眼中之赤眚，但灭灯上之重光"，好比眼睛有毛病，看一个灯光变成两个光圈，那是眼睛的病态，并非真有两个光圈或真有黑点。要使光圈的幻影消失，只要把眼病治好即可，然而一般人搞错了！只想把眼前看到的东西灭掉。这当中问题很大。

总而言之，修各种宗派做功夫的人，经常在打坐时看到各种影像，你说我眼闭着，没有拿肉眼看，那是真的，不是假的。实际上，眼睛张开是白天一看再"看"，我们能够看得习惯，闭着眼睛睡觉都在看。做梦时，眼睛没张开也看到东西，虽然看到假相，也是看。所以，打坐时看到的东西是真是假？这是心理上的病态，但有时则是生理上产生的，比如身体有虚火、发炎，会看到红光；肾、肝有毛病，胃消化不良，看到的是黑气；火太大，太用心紧张，看到红光、紫光；有时看到白光是肺气引起的。这些与五脏六腑生理变化都有关，都是幻相，不是真的。

当然啦！有许多人把这些当作道，抓得很厉害。你告诉他这是幻相，他不信，只好对他笑笑，没有话讲，有什么办法？他非把病眼当成真眼不可！

"罔穷识内之幻身，空避日中之虚影"，同样的道理，以佛学本体来看，我们的身体也是假的，幻有之身，唯心唯识所变。由于不研究、不透彻了解此身即幻的道理，因此站在太阳底下照，有个影子、有个我。庄子说了一个故事很妙！人在太阳下一照有个影子，影子外还有个迷迷糊糊的光圈，庄子称它为"罔两"，有一天罔两对影子说，你这个人真是荒唐，一下坐，一下站起来走，怎么这样不定呢？影子说："唉！老兄啊，谈何容易，我后面还有个老板，要我动，我就要动。"这个故事说得很好，但是庄子只说了一半，老板后面还有个大老板，等于保险公司后面还有个再保公司。

一般人不晓得识内的幻身，只想避开太阳下的幻影，打坐就怕妄念空不掉，妄念不过是识心的幻景之一。妄念并不可怕，妄念从哪里来？你要找到起妄念的机关。去妄念太容易，不过"日中之虚影"而已。一般人不晓得这个道理，专求打坐、求清净，到山里住茅篷、住山洞，叫他做一点事，说累死了，要修苦行、修菩萨道。唔！萝卜道！什么叫菩萨道？真正的菩萨道在世间，世间每一个人都很忙碌、都很辛苦，为他的即是菩萨道，为己的是"萨菩"。不要以为清净即是道，不要见解错误了，清净是享福。

背道驰更远

> 斯则劳形役思，丧力捐功。

你以为在山里打坐是修道？永明寿禅师给你八个字评论："劳形役思，丧力捐功"。"劳形"，庄子谓打坐的人是"坐驰"，打起坐来妄念奔驰，坐着开运动会，里头热闹得很，所以你坐一坐会累、会腿麻，又要观想，又要念咒子、又要求功德，名堂可多了！法没修，好像少了一样东西，没本钱投资，赶快补资一下，你看多忙！把形体搞得劳苦死了！"役思"，思想服劳役。替老板做劳役还有钱领，替自己做一天劳役，钱又拿不到，在那里不晓得搞什么？下面四个字更惨："丧力捐功"，你白费了你的气力，"捐"就是丢掉，你以为坐几天就有功夫？一点功夫都没有，"捐功"，白白牺牲了。

不异足水助冰，投薪益火。

等于冰上加水，使冰冻得更厚；柴丢到火中，使火更大。打坐求清净，妄念愈来愈大，怎么说？本来一个人还好的，坐起来又想成佛，又想成道，念了咒子要加被我，家里人好，爸爸妈妈好，出门消灾免难，要顺利，买个车子又要发财，又不要出车祸，反正好的都归你。每个学佛修道的人都如此。你到关帝庙看，买几块钱香蕉、红粿，烧香拜了，求样样好，求完了香蕉带回去给孙子吃、红粿蒸了吃。

我是海边的人，我们家乡有位太太真好，先生驾驶帆船出海做生意，她烧香求菩萨，那求的真好，后来地方上把她求的话变成名言："菩萨啊！我给你烧了香，你要保佑我先生这一趟出门做生意，向南南风、向北北风、向东东风、向西西风，路路都顺风。"求得太好了；每一路都倒风，这样船还开得动啊？我们小时候看见她就想笑，可是她并不觉得可笑，一直很诚恳。我们这些庙子上拜拜的，我看都是向南南风、向北北风……每次到庙子我就想起这件事，那真是"是无上咒，是无等等咒，能除一切苦，真实不虚"。一般修道也是如此。

观心不可得

  岂知重光在眚，虚影随身？除病眼而重光自消，息幻质而虚影当灭。

  这四句话反过来告诉我们，光影是眼睛出毛病。打坐前面有境界来问老师，你问我干什么？意识不动眼睛会看得见？我问："睡着了看得见吗？"是看不见，他却不懂，这句话比打他还重。打坐看见，可见你在玩看见；睡着了看不见，不是很明白！心休息就没有了，当然睡着并不一定是道，可是他还要问，再问我就给他一个"向南南风，向北北风"，让他迷糊去算了。不给他迷糊，他不感谢你："老师又传我一个。"早就上了老师的当！"丧力捐功"有什么用？

  所以，要想眼睛不看见幻相，只要清净眼睛；要想身体没有影子，无心即无影。如何能做到？

  若能回光就己，反境观心，佛眼明而业影空，法身现而尘迹绝。

  告诉你们方法。一切"回光"返照，回转来找自己，"观心"。怎么知道有境界？念头动了；念动也不错，念动也空嘛！不要另外找个空，回光就是，回转来找自己，管外面境界干什么？境界皆幻相，不要管幻相，一切反过来，亦即儒家孟子所言："反求诸己"就到了。佛眼明，业影就空了。

  大家念佛、念咒子，一天念一万遍。有些老太太念佛，拿纸画圈，功利主义，好像攒钱一样，攒到死的时候带走。真的假的？真的，她那业力硬是累积成善业带走，这是人天乘佛法的现象，从应用的角度来讲。讲道体则全要空，善也空、恶也空、业也空，所以要"反境观心"。反境观心以后，佛眼明，业影空，那么，法身自然呈现。

什么是"法身"？法身是代名，"本体自性"，不生不灭。法身呈现，你以为真有个法身啊？你们诸位少见，这些我看得多了，譬如最近有位青年，打坐忽然看到自己在打坐，那是常有的，为什么看到自己打坐？"精神飞越"，用功紧切，把自己生命逼出体外，或者体质衰弱，而产生这种现象。那时才晓得自己面孔原来如此，原来鼻子向下面。许多人把此种现象当成法身，错了！那个是法身上面的妄影，法身是"无相""无念""无住"。"法身现而尘迹绝"，心里没有尘世间一切烦恼。

学剑向文殊

> 以自觉之智刃，剖开缠内之心珠；用一念之慧锋，斩断尘中之见网。

到达法身无相境界，始叫见道、明心见性。永明寿禅师把硬性的佛学名词，变成软性的文学之美。他说这是怎么达到成佛的？完全靠自觉自悟。

学佛成道，不管净土、禅宗、密宗、天台宗……都要靠自悟自觉。什么"自觉"？智慧的成就。"智刃"，智慧像一把利刀，"剖开缠内之心珠"。缠是佛学名词，一切众生被烦恼所缠缚。佛学上常引用唯识学玄奘法师翻译的一个名词"缠眠"，不是文学上的"缠绵"。烦恼的作用叫"缠眠"，也叫"随眠"，称"随眠烦恼"。这些佛学名词用到中文，真是高明绝顶。翻译得好极了！人的烦恼是"随眠"，它跟着你一步不离，连睡觉都跟着你，比夫妇关系还厉害。经常有人对我说，某人夫妻感情不好，同床异梦。我说世界上有哪一对夫妻是同床又做同一个梦的。人本来同床异梦。只有一个东西不跟你同床异梦，你的业力烦恼，你睡着了，它就睡在你那个睡着里；你醒来它已经跟在你旁边，你脱不掉。

《八识规矩颂》讲烦恼是"俱生犹自现缠眠"，从你生命来的时候，它就跟来了，缠住你，你有本事用自觉之智刃，把缚解除了，那就解脱成佛成道，"以自觉之智刃，剖开缠内之心珠"。

"用一念之慧锋"，慧剑斩情丝，中国文学常用。这一把剑是什么剑？（有同学答："慧剑。"）好聪明！可见你有这把剑，我都没看到这把剑，只看过日本武士刀。这把剑看不见，却最利，在哪里？在你一念之间，"一念之慧锋"。文殊菩萨为什么手里拿一把剑？要杀人吗？那是表法，文殊菩萨代表智慧，智慧就是那一把慧剑。

"一念之慧锋，斩断尘中之见网"。什么见网？由身见、我见、邪见、见取见、戒禁取见所构成的各种错误的观念网路。这些都是佛学专有名词，"见"代表一切观念。我们许多烦恼都是"见网"把我们网住了，只有用智慧的刀锋才割断得了。

> 此穷心之旨，达识之诠。

我们跟着永明寿禅师这么美的文字般若兜了一圈，受他的骗，最后归纳所有佛经的道理！一念不生。他骗走的是什么？就是叫你回转来找自己这一点，很简单。他说，能够懂得这个道理，就是"穷心之旨"。学佛修道、明心见性的宗旨就在这里。"达识之诠"，诠即解释，你对唯识道理都通达了。

布袋装神仙

> 言约义丰，文质理诣。揭疑关于正智之户，薙妄草于真觉之

原，愈入髓之沉疴，截盘根之固执，则物我遇智火之焰，融唯心之炉，名相临慧日之光，释一真之海。斯乃内证之法，岂在文诠？知解莫穷，见闻不及。

这段文字气势连贯，明白这些道理才好修行。

"言约"，真正讲道理，用言语文字表达非常简单，譬如中国讲修道——"放下"，这句话多简单！怎么样放得下？实在放不下，电梯还好办，按一下就下去了，我们不是电梯。

传说永明寿禅师是阿弥陀佛的化身，另也有说，是弥勒菩萨化身写这部书。现在的大肚子弥勒菩萨像是依布袋和尚的造型，布袋和尚光着膀子，大个肚子，一天到晚背个布袋到处走，人家请和尚传道，他把布袋一放，看着你；你不懂，他布袋一背又走了，一句话不说。本来是嘛！只要把我们这个布袋放下就行了。

其实我们不但放不下这个布袋，布袋上的口袋更多。四十年前有位朋友告诉我，我们这一代不管是谁都要钱，过去中国人穿"大袖"只有两个口袋，现在我们中山装有十三个口袋。我说你瞎扯，他说你看嘛！一个、二个……六个，还有个小包包，七个、八个……十三个。现代人一身都是口袋，怎么放得下？放下布袋就到了，但是做不到。

二十多年前，我有个湖北的朋友，很妙，是北大学生，我们叫他北大三朝元老，大学读了十年，因为家里有钱，读一读休学，回家玩个一两年又来，十年当中，北大学生没有一个不认识他，福气有这样好。这个人啰嗦到极点。前一辈公子少爷，穿西装像穿长袍，走路悠哉悠哉，慢慢晃过来："在——家——吧！""在！"他就进来。有一次他指着空的酱油瓶子问："这是什么？""瓶子。""酱油瓶啊？酒瓶？""酱油瓶。""你吃哪一种酱油？"就那么啰嗦！平常我们搞惯了，不在乎这位好朋友。有一次他来我家：

"唉哟！这里又挂了一张画。"

我说："对啊！"

"谁画的？"

"某某法师画的。"

"画的什么人啊？"

"弥勒菩萨你不认得？"

"噢！是，弥勒，画得不错，这是背的布袋噢！"

"是啊！"

"那么，我问你，他这个布袋里装的什么东西？"

这一下我把桌子一拍说："你去问他去！"

他听我这么一吼，也哈哈大笑起来。我说你这个人啰嗦到这种程度！假使我写回忆录写上这一段。那笑话真够多，他每次来，有时把你气得肚子痛；有时把你笑得肚子痛。他是人，我也是人，这个脑袋就装那么多放不掉的啰嗦。其实不只他，我们每个人都如此。

"言约"，佛学的道理很简单；如果真要研究、辩论，道理说不完，"义丰"得很，义理丰富，等于北大那位三朝元老，他问得也对，学唯识讲逻辑的人要像他一样，就够得上资格学了。瓶子是总称，什么瓶子？酱油瓶子也是总称，吃哪种酱油？他很有逻辑，一一求证，没有错，这样下去，就"义丰"，越来越多。

"文质理诣"，真到了家，言下顿悟，"放下"一句话包括三藏十二部道理。"文质"到了，道理也就到了，理与事一样。真悟道，理到、见地到，功夫也到。大家研究佛学，真讲得好吗？实际上，理并没有通。"文质理诣"，文到、理到、事也到。这个时候就"揭疑关于正智之户"，揭开疑关，永远不疑。禅宗彻悟，是直到不疑之地，永远不疑。

这 个！

"薙妄草于真觉之原"，把妄心剃掉。

"愈入髓之沉疴"，一切众生无始以来，骨髓里都是毛病。

"截盘根之固执"，执着离开了，此时不仅我空、物空，一切都空。

"则物我遇智火之焰，融唯心之炉"，物我的假相被智火化掉，一切唯心的道理便证到了。

"名相临慧日之光"，名是名，相是相，综合叫名相。名相遇慧日之光，便知道它们都是"释一真之海"。一真法界是《华严经》境界，一真法界还是名词，禅宗祖师不用什么教理名词，而直言"就是这个"。宋朝以后，许多禅宗祖师悟道，悟个什么？"就是这个"。后来很多人打坐就去找"这个"，真没有办法。

禅宗祖师有位"一指禅"叫俱胝和尚，住的庙子供准提菩萨，叫俱胝寺。俱胝和尚悟道后，人家来问道，他的教育法很怪，手指一伸"就是这个"，很多人经此一点，悟道了，所以人称"一指禅"。有一天师父不在，有人来问道，小徒弟如法炮制，来人果真悟道。师父回来，小徒弟一五一十向师父报告，重复说到"就是这个"，指头一伸，师父冷不防一刀把他的指头削断，血一冒，唉哟！悟道了，小和尚"就是这个"悟道了！不过大家回去不要乱砍。

禅宗丢开一切名词，那么要怎么办到？佛法叫"内证"，回转来反照自己。

"内证之法，岂在文诠"，文字上找不到的，文字语言只是表达了"这个"给你看，你懂了文字，要丢开文字。我经常说一般人学佛，别的没学到，满口佛话，一脸佛气。哎呀！那个味道真难受，变得每一根神经、肌肉都跳出来佛法，你看那怎么受得了！搞久了变成什么？

佛油子，把佛法当口头禅就完了！真正的佛法不在"文诠"。

"知解莫穷，见闻不及"，如何证道？放下就对了！拿知解研究，越研究越被网住。这一段就以这八个字做结论。

禅教同一鼻

下一段题目是："纲宗标旨"。写《宗镜录》的大纲、宗旨。

> 今为未见者，演无见之妙见；未闻者，入不闻之圆闻；未知者，说无知之真知；未解者，成无解之大解。所冀因指见月，得兔忘蹄。

一气呵成的文章，姑且在此切断。

既然道（佛法）不需要一切文字，永明寿禅师写这部书岂不多余？刚骂了人家，自己又写书。他说明写这部书的原因，注意这几句话："为未见者，演无见之妙见。"你以为明心见性真有个东西看见啊？那叫明心见鬼。无见之见，是谓真见。有些人问观音圆通法门，听耳朵、耳朵闻，闻到哪里去？"未闻者，入不闻之圆闻"，有个闻就不对了。"未知者，说无知之真知"，"未解者，成无解之大解"，这是解脱知见。

注意！不管大乘、小乘，学佛有五个程序：戒、定、慧、解脱、解脱知见。譬如学净土、密宗、禅宗、天台宗……你说没有受戒，何必受戒？不敢乱动妄念，一心不乱念佛，已经是戒了；由戒生定；而智慧解脱，非经过定不可，否则便是狂慧。真的大智慧来了，一定在定境界上，定慧不可分，讲程序则分开，由戒得定、由定得慧，得了慧然后才得真解脱。真解脱以后呢？大觉之用，"了万物由我，明妙觉在身"，所知所见，知万法唯心，见万法本自解脱之道，所以称"解脱知见"。

常有同学问我，打坐看光，定了以后又怎么样？真想甩他两个耳光。唉！真是没办法！耳光硬是甩不出去，也不敢甩，他也没有资格让我甩。那怎么办？只好说：嗳！你到了那个时候再说嘛！

你说得了定以后怎么样？成佛以后怎么样？肚子饿了吃饭，吃饱了怎么样？还有人问我这样的问题！

解脱以后如何呢？我只好告诉你：解脱以后再来问我，当然我有办法给你，很简单，把你绑起来，再去解脱。现在把我的秘密告诉你，解脱以后千万别再来了，再来就把你绑起来，再让你去慢慢解脱。

永明寿禅师说他为什么写这部书？不得已的事，为那些没有到达的人，未解脱的讲解脱。"所冀"的目的是"因指见月，得兔忘罤"。禅宗有部《指月录》，书名是根据《楞严经》取的；月亮在哪里？指给你看，如果把指头当作月亮，那就糟了！这部书就是用指头指月亮给你看，你要去找月亮，不要找指头、文字。等猎人网到兔子后就要丢开兔网。

雪窦禅师有一首形容打坐的诗：

一兔横身当古路，苍鹰才见便生擒，
后来猎犬无灵性，空向枯桩旧处寻。

一只兔子横睡路中，鹰看见自空中飞下，一转眼就把兔子叼走，可怜猎狗没有灵性，只会向枯桩里头寻找。大家打起坐来拼命想去妄念，妄念像路上的兔子，本来跑掉（本空），懂得的人就晓得兔子早跑掉了，像被鹰叼走了一样没有了。可是一般用功夫的人都像猎犬用鼻子找妄念，妄念动，妄念早跑掉了！不要去找妄念，反掉在那个枯桩空洞里！

第五讲

佛有一宝无处藏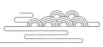

见地与功夫到了没有
我有一宝 藏在那里
断惑证真
「慢」字非常重要
秘密都在你那里
明心见性 万派朝宗
广告学的祖师爷
人到无求心自平
百千万劫难遭遇

见地与功夫到了没有

为了初学同学,有些不必解释的,我们也加以解释。因此进度缓慢,这对多年学佛或多年研究学问的人来说,是很难受的。但是为了照应初学者,虽有高深的学问也不忘本,我们当年也是这样一点一滴累积上来的,因此,只好慢一点。不过,我个人也感觉太慢了!现在要稍稍加快一点,年轻同学有不懂的地方,尽管举手发问,不要因为不好意思而耽误了自己。

> 抱一冥宗,舍诠检理。了万物由我,明妙觉在身。

文字非常简单,可是大家注意!我们都晓得佛法专门谈空的多,其实讲到佛法的宗旨,是"空有双融,非空非有"。如果认定佛法全是讲空,那是有偏见的。当然偏有不对,偏空也不对。

这里由"抱一冥宗,舍诠检理",也就是在消化了一切文字的解释,真厘清了道理而合于法界一体的冥悟,便入了佛法真正的见地、宗旨:"了万物由我,明妙觉在身。"特别注意!了万物完全由我,并没有讲无我。佛最初开始说法传道时,讲"无常、苦、空、无我",诸行无常,一切世间法无常,都会过去,不会永恒存在;一切皆苦,没有一个我。这是佛法的基本理论,几乎每一本佛经不离此理。但是,依《大涅槃经》所说,佛将涅槃时却宣布:"常、乐、我、净。"佛性(自性)是常的,与无常相对;非苦,是乐的;是真我,不是无我;是净的,空即是净。

要注意一个"了"字,"了"了以后才知道万物由我。

这里发现几个大问题,文字看起来很简单,好像很容易了解,但我们的思想，经常被这些好句子及其丰美的文采覆盖住，如果不帮大家深思细读，很容易忽略过去！

第一个大问题：佛法的本性。

第二个问题：自老庄以下，道家思想，综合僧肇法师的观念，归纳出两句话："天地与我同根，万物与我一体。"此为"心物一元"。这个观念同"了万物由我，明妙觉在身"，大家研究看看，拿一句禅宗古代术语来讲："是同是别？"

一般人喜欢学禅，说这个悟了，那个悟了，理上到达，但境界是否到达"天地与我同根，万物与我一体"是个大问题。换句话说，见地与功夫一起到了没有？没有到，那是"误"了！你说心里空空洞洞，没有念头，那很简单，稍稍吃一点带麻醉性、放松精神的药，马上没有念头，那也得道悟了？

第三个问题：后世称专谈修证做功夫的道家为丹道家（炼丹成仙）。丹道家偏重形而下功夫的求证；儒家偏重形而上的精神。真证了道，是"宇宙在手，万化由心"，宇宙掌握在人的手里，万有的变化由于心念。

我们提出"了万物由我，明妙觉在身""天地与我同根，万物与我一体""宇宙在手，万化由心"三个观念，大家研究一下，是同是异？最后可说都是一样。

我有一宝　藏在那里

《宗镜录》以禅宗为根本，以般若唯识来陪衬其他诸宗。谈到修证，也就是如何达到明心见性境界。真了的人，注意这个"了"字，不能随便了了。真正明了，道理上悟到，烦恼、妄念、业力也真了了。这"了"真难了，这一了，了不了？怎么了？通常我们跟人吵架，说这件事算了，回头仍说讨厌，还是算不了。此了真难了！真了了之后，你才能证到"万物由我"。永明寿禅师写这个文章不是玩弄文字，他是清净的人。

第二句话更严重。明白、真悟了的人，是"妙觉在身"，就在你这个身上。

去年在佛光别院上课，也提到云门禅师的话："乾坤之内，宇宙之间，中有一宝，秘在形山。"中有一宝，藏在哪里？就藏在你身上。每一个细胞，上自头发，下至脚趾，到处都有它，无所不在，所以，不要以为佛家所谈的空，是断见的空。有许多学佛的人讲空，不错，佛法初步是谈空，但是生老病死来了，今天感冒头痛，学佛的空嘛！空掉好了！不要痛，空不掉，那都是瞎吹。

为什么空不掉？心物是连在一起的，你真能把身心分开，那差不多已经修成了一半，分开还要把它组合拢来，由分而合，进而超脱，才达得到"了万物由我，明妙觉在身"。换句话说，任何佛法，包括禅宗修证，最后皆以此为标准。达到这个标准，然后才能谈如何求解脱。

> 可谓搜抉玄根，磨砻理窟。剔禅宗之骨髓，标教网之纪纲。

他说《宗镜录》的著作，是集中了所有经典的骨髓、要点。我们不多讲，但是要注意每一个字，文字太美了！往往文学气韵盖过了思想。

"磨砻"是农业社会碾米、麦的工具。"磨"，磨的米麦粉细一点；"砻"，磨的粗一点。"理窟"是道理的窟窿，一点一滴雕刻得很精细。

这部著作，挖的是禅宗的骨髓："教网"是形容三藏十二部经典像个网一样，《宗镜录》说明、标出了这三藏十二部所有佛经道理的纲要。

断惑证真

余惑微瑕，应手圆净。玄宗妙旨，举意全彰。

四六文章对仗，文字一看就懂，讲佛学，每一个字都是佛学，它的妙处在于，那么一个需要逻辑思考和佛学专有名词的东西，他不着痕迹地把它变成文学，美极了！

"余惑"就是八十八种结使，一切烦恼、妄想、习气的根本叫惑。小乘佛法"断惑证真"，把断除烦恼，证到空的一面叫道，那是小乘境界。诸位注意！看大家修持的日记，大部分思想还停留在这个境界，烦恼一来怕得不得了，都想去妄念，"断惑证真"，这是声闻缘觉的思想。

然而真要断惑也很不容易。出家人常讲：忙一点就感觉到在忙中用功之难，这就是"余惑"未断。平常给你清净，在山里住茅篷，盘腿打坐，尤其现代人住茅篷，一会儿念头空了、一会儿烦恼来了，一下欢喜、一下烦躁起来，还是在那里搞运动会。假使心里真的达到空，一定七天、八天、一个月，就算不错了！下山到人世间一忙，定境就没有了。所有的功夫是石头压草，压到的地方不长草，草却从旁边冒出来。烦恼的根没有断，即是余惑未断，有一点余惑的根没有撇掉，等于白玉有瑕疵，不圆满、不清净。

这些话这么一讲，大家听起来很明白，都觉得对，其实全错了！用我刚才所讲的话来表达佛法，会产生一个很大的流弊，认为烦恼可以断，断了惑才能证真。错了！烦恼、妄念本身同般若本身一样，是"非断非常""非空非有"，这个道理很深刻，我们暂时不介绍，留到后面讲到唯识时再说明，此书对这一点批判得很厉害，说明得很清楚。

"应手圆净",余惑当下就圆满清净。

"玄宗妙旨,举意全彰",这又是要注意的地方,佛法要我们断妄念,去掉第六意识,妄想意念空了,才能证到真如。但这里并没有叫你空念,"举意全彰":必须懂得真正的意之用,体用皆知,完全清楚,不需要放下,当下即证真如。

"慢"字非常重要

能摧七慢之山,永塞六衰之路。

什么叫"七慢""六衰"?讲义上都有,不再解释,请自行查阅。①

世界上的人,包括我在内,个个有慢心。佛学把慢分成好几种慢,很难讲,通常叫"骄傲",好听的名词叫"自尊心"。自尊也罢,骄傲也罢,反正都是我慢,都从"我"来的。你说某人好谦虚、好内向、好害羞,没有我慢,没有骄傲,如深入观察,他的骄傲可能比表面骄傲的人还要厉害。

许多人学佛出了毛病,功夫不进步,智慧不开,都因为"贪、瞋、痴、慢、疑"的"慢、疑"来的。譬如我经常告诉许多同学:"为什么不来问呢?""我怕老师忙,不好意思麻烦老师。"假的!此为我慢,总以为自己会摸索得过去,为什么要专靠老师?非冲过去不可。你"慢慢"冲吧!冲个三万年再来找我,没有关系,我再等你。我说你那么笨啊!有一把老骨头还在,已经吃了几十年苦头,你来问一下,我帮忙你一下,不要走冤枉路,多占便宜呢!

再不然翻翻古人的书,古书上都是经验,你偏要我慢。"没有啦!"我慢又不承认,就是七慢。这些都是比方。我慢很容易犯,越是自卑的人越傲慢,凡是傲慢的人必定自卑。没有东西才傲慢,充实的人不会傲慢。口袋带个五十万出门，你敢装成有钱人的样子引人来抢？你一定装得穷兮兮，因为充实，自然不敢暴露；越没钱越装有钱，那一定有问题。

人真到了不慢就真无我，真无我差不多入道了！这个要自己检查自己。有许多好的表现、好的行为都是我慢。比方说"算了，人老了没得进步，也没得希望，就是这个样子！"这正是我慢，也正是由"我"来，因为"我"认为没有希望，你怎么晓得你没有希望？假使你对你真清楚了，"了万物由我"，你已经成功了。

慢字非常重要。为什么永明寿禅师在此特别提到慢？他不是为了做文章凑数，我们读书要多一只眼睛注意这些地方。

"能摧七慢之山，永塞六衰之路"，六根衰败、生老病死之苦永远不会有。

秘密都在你那里

尘劳外道，尽赴指呼；生死魔军，全消影响。

什么叫外道？什么叫魔道？魔也好，外道也好，都变成你的，随你指挥，运用自在；生死了了，无所谓邪魔外道，一点影响都没有。

现自在力，阐大威光。示真宝珠，利用无尽。

这些文字都懂了，可以念过去。

倾秘密藏，周济何穷？

一讲到密宗，大家都喜欢修，以为另有法门可传，口袋摸一下，不要给人家看到，拿去修，明天就成功。没那回事。秘密在哪里？都在你那里，你自己"了万物由我，明妙觉在身"，这才是真秘密。有个法门、咒子给你叫密法，那才是笑话！那我可以编一万个密法给你。秘密藏在你那里。下面都是形容词：

> 可谓香中爇其牛头。

青年同学注意！别以为佛经说牛头最香，到中央市场买个牛头来烧，看香或臭？包你臭得要命！牛头香是植物名，是檀香中最好的香。

> 宝中探其骊颔。

在座很多中文系高材生都懂，"骊颔"，骊龙项下之珠，是龙的生命中最宝贵的东西，也是一切珠宝中最好的宝，宝中之宝。

> 华中采其灵瑞，照中耀其神光，食中啜其乳糜，水中饮其甘露，药中服其九转，主中遇其圣王。

以上皆明其妙用，比如其中道家的九转还丹可以起死回生，这些都懂得，不要再解释。②

明心见性　万派朝宗

> 故得法性山高，顿落群峰之峻；醍醐海阔，横吞众派之波。

好句子又来了！高潮迭起，文章气势壮阔。

"法性山高"是形容词，最高的佛法求明心见性，真达到明心见性，像高山一样，高到极点，这是形容真的懂了《宗镜录》的真髓，悟了道以后，达到明心见性的境界。"顿落群峰之峻"，站在高山顶上，如喜马拉雅山，看天下群山都矮下来；平常在平地仰头望高山，帽子都要掉下来，到了世界高峰一看群山如小馒头。这是形容真正悟了道的人，到达明心见性最高处时的境界。

"醍醐海阔"，这个海不是咸水的海，也不是太平洋，此处以牛奶经四次提炼出来的醍醐来容海。"横吞众派之波"，万派朝宗，都归到这里来，其中包含了外道、内道、魔道。真的到达明心见性，智慧一通百通，没有哪种学问不懂，没有哪个不清楚的。

> 似夕魄之腾辉，夺小乘之星宿；如朝阳之孕彩，破外道之昏蒙。

这些都是永明寿禅师的文字般若，文采风流。夕魄即月亮，月亮一出来，夜空中星辰的光都看不见，等于早晨太阳出来，一放五彩光芒，一切外道知见，如同昏暗烛光皆消逝无影。

广告学的祖师爷

> 犹贫法财之人，值大宝聚；若渴甘露之者，遇清凉池。

像大穷人捡到法财，挖到石油矿一样；也如同在沙漠无水可喝的人，一下看到了沁人心脾的清澈水池。

> 为众生所敬之天，作菩萨真慈之父。

悟了道的人，真正明心见性，到达佛境界成就了，为众生所敬之天，天中之天此即是佛；作菩萨的大慈悲之父，就是佛境界。

> 抱膏肓之疾，逢善见之药王；迷险难之途，偶明达之良导。

人的背脊骨有两个穴道名"膏肓穴"，中国文化称不可救之病为"病入膏肓"，这在历史上有典故，诸位可自查《辞海》。"逢善见之药王"是佛经上讲到一位大医王名叫善见，碰到他的病人没有一个不得救的。"迷险难之途，偶明达之良导"，譬如在高山中迷路，结果被识途者救出来。

> 久居暗室，忽临宝炬之光明。常处裸形，顿受天衣之妙服。不求而自得，无功而顿成。

上二句不用解释，大家都懂。"常处裸形，顿受天衣之妙服"，一件衣服都没有，等于刚生下来的婴儿一样，光光的来；却忽然间穿到了最轻妙的天人衣服，而这都因明了"万物由我""妙觉在身"而"不求而自得，无功而顿成"。谚云："人到无求品自高。"我们改两个字："人到无求心自平。"

有人问：

"坐在这里干什么？"

"盘腿。"

"修道啊？"

"没有。"

"干什么？"

"休息。"

"休息，为什么坐着？"

"躺着可以休息，坐着不可以休息啊？"

真休息下来，不求而自得。何以不求而自得？"明妙觉在身"哪！你向哪里去找？两腿一盘，本来就在你那里。"不求而自得，无功而顿成"，你还去求个功用，做个功夫，修个方法，那早跑了，目标越离越远。你有个求静之心，更动得厉害，此谓"背道而驰"。

密宗的最高境界，所谓不传之密，真的哟！既不念咒也不讲观想，告诉你就是这么一个东西，看你自己进不进得来，这就是秘密。譬如到一个空房间找东西，门是敞开的。东西就在屋中，绝没有藏起来；找到了有命，找不到完蛋。找了半天实在没有，你说宝贝在哪里？空气嘛！如果把房间的空气都抽走，非死不可，空气在屋里，你天天呼吸都找不到，对不对？

把这一段和上面所讲的统统连贯起来，说个笑话。现代广告都要拜永明寿禅师为广告学祖师爷，他打广告，把自己的著作吹盖得这样大。现在我们不觉得这些古文怎么样，当年在宋代，这个广告登出来，呵！家家户户都要买，所有好的广告宣传词都被他搜罗无遗，而且经过他这么一编导、一组织，美得真是天衣无缝，读了真是拍案惊奇，嗨！永明寿禅师是广告学大师，非看这本书不可！

当然，加上诸位一字一读，深思每个字的意义，如古人高声朗诵一番，是很好。不过，这还不够味道，如果天气好，带着《宗镜录》，坐在阳明山高山顶上，旁边泡一杯好茶，前面点一根牛头檀香，四顾无人，高声朗诵一番，那包你不悟道也"误"了，耽误了时间，起码得弄半天下山。像我们这样看没有味道，体会不出它的文字境界之美和内义之深。

人到无求心自平

"不求而自得,无功而顿成"是这一段的结论,也是精华。就是说,真把《宗镜录》的精华学进去、悟进去,证到了明心见性。见性怎么见?许多学佛的人打起坐来,拼命求明心见性,早就告诉你"有求皆苦"。

所以,自性本来在这里,最高的性理和最高的用功方法都告诉你了,就是这两句:"不求而自得,无功而顿成。"

我们翻到前面一段:"今为未见者,演无见之妙见;未闻者,入不闻之圆闻;未知者,说无知之真知;未解者,成无解之大解。"怎么样才能做到?喏!告诉你了,"不求而自得,无功而顿成",多好!

百千万劫难遭遇

"纲宗标旨"这一段讲完了。下面又是另一段,我们把它订个标题:"镜心海印"。海印是佛学名词,像大海那么大。《华严经》讲海印放光三昧,自性光明呈现叫海印放光。

> 故知无量国中,难闻名字;尘沙劫内,罕遇传持。

这些文字都懂了,只有一句"尘沙劫内"年轻同学要注意!这是引用佛经文字变为中国文学化。佛经经常说"劫数",宇宙生成到现在究竟经过多少年?当代科学家有很多的推算方法与结果,但都还不是最后的定论。就古代人来说,真是不可知、不可数。佛说经过"尘沙劫",乃形容时间之极其久远。佛经常以恒河沙来比方,其实用印度的恒河、中国的黄河比方都太大了；就以台中大肚溪两岸的沙子来说，究竟有多少颗？谁知道？活一百年，天天昼夜的数，不晓得数不数得完？一粒沙子代表一百年或一年，一沙一个数字，宇宙开始到现在如恒河沙数，无量无边，数目算不清，所以叫"尘沙劫"。

"尘沙劫内，罕遇传持"，千万不要轻视真正的佛法，从宇宙开辟到现在，难得碰上一次有这样高明的东西给你，所以碰到要珍惜！

编　案：

① 所谓六衰，即指色、声、香、味、触、法等六尘，因为这六尘能损害到善法，故称六衰。

至于七慢，《大毗婆沙论》及《俱舍论》有所列举：

一、慢：即同类相傲。如于相似中，执己相似；于下劣中执己为胜。

二、过慢：于同类相似法中，执己为胜；他人胜于己处，执为相似。

三、慢过慢：即他人本胜于己，而执己为胜。

四、我慢：即倚持己之所能，欺凌他人。

五、增上慢：即未得谓得，未证谓证。

六、卑慢：即以劣自夸，自己但有下劣少分之能，反自矜夸，别人虽有多分之能，反不如自己。

七、邪慢：即实无德，妄为有德，执着邪见，不礼塔庙，不敬三宝，不诵经典。

②《秘传还丹诀》云："以五脏真气、三田真气，合和神水下丹田而曰九转。"又《九转金丹秘诀》云："内丹之功，起于一而成于九……转而成于九者，九为阳数之极，数至于九，则道果成矣。"又据五代陈朴所传《九转内丹诀》，九转还丹为：一转降丹；二转交媾丹；三转养阳丹；四转养阴丹；五转

换骨丹；六转换肉丹；七转五脏六腑丹；八转育火丹；九转飞升丹。功至九转，无法无诀，任其逍遥，为大圆满。陈朴诗曰："九转逍遥道果全，三千功行作神仙。金丹玉简宣皇诏，足蹑祥云谒九天。"

第六讲
回眸大千在

一切具足
心海卷起千层浪
碧海「情」天夜夜心
行六度成正觉
一样米养百种人
禅宗的女性主义
讨厌的「天花」

一切具足

> 以如上之因缘，目为心镜，现一道而清虚可鉴，辟群邪而毫发不容。妙体无私，圆光匪外。

这段文字不需解释。接下来：

> 无边义海，咸归顾盼之中；万像形容，尽入照临之内。

又是好句子，学古代文学，这些句子一字不可动摇，又美又好，尤其是文字的气象。

在座认为自己有所悟的，也就是七慢山高的人也不少，不管你怎么慢，自己拿秤称量一下，真正悟道的人到达什么境界？"无边义海，咸归顾盼之中"，无量无边的道理、世界上的智慧，眼睛一眨、眉毛一动，统统明白了。说我悟了，后面什么东西没有看见，那悟个什么？悟了这样，不晓得那样；懂了显教，不懂得密教。其实，真懂了显教，密教就懂了嘛！真懂了净土，什么禅啊密啊，三藏十二部全懂了。佛法是"不二法门"，所以它的气象是"无边义海，咸归顾盼之中"。

"万像形容"，一切宇宙万有"尽入照临之内"。唯识宗讲阿赖耶识、大圆镜智，整个宇宙在我的心照耀之中，宇宙在此心体中，不过如灰尘，如水泡一样漂浮。

这样大的境界，大到无量无边，好像已经够大了，但是用这四句文学化的句子一形容，那个"无量无边"摆在里头还满小的。用无量无边形容，很容易把观念带入一个死的、寂寞的、冷静的意境中。然而被永明寿禅师笔下这四句话："无边义海，咸归顾盼之中；万像形容,尽入照临之内"一形容,变得活活泼泼地,而且气象万千。

注意啊!尤其出家的道友们,佛法将来靠你们提此正印,不但要修证到学术文字般若,此属声明,五明之学非通不可。由这点可以看出,唐宋时候,为什么一位佛教高僧,影响一个时代的思想和社会风气那么大,那是因为他本身文学知识的修养气势实在不凡。这些句子,拿当时或后代如苏东坡等辈与之相比,未见得能超过他,有许多还学习他,他的气势就是大。可是诸位要注意,我们这位大师是军人出身,文武全才。许多人怀疑军人也懂得文字,我还不是做过军人?你有这位军人大师的文章!专写文章的到他面前一站,那等于柔道一级到九段面前一样,脚一摆就把人甩出去了。

心海卷起千层浪

斯乃曹溪一味之旨,诸祖同传;鹄林不二之宗,群经共述。

曹溪是六祖住的地方。鹄林,汉语翻译叫娑罗双树林,中国后来也把这种树移植过来;有些佛经称"双林",佛最后在这两棵树中间躺着涅槃。"双林"在中国佛学里有两个观念:一是佛涅槃之处叫双林;一是中国三教皆通的傅大士盖庙子的地方也叫双林。所以,鹄林山就是讲佛"不二之宗"。

我们到庙子一看"不二法门",很舒服,又是文字技巧,佛法是不二法门。离开文字技巧,什么叫不二法门?就是这一个,一个就是不二,没有两样。"不二法门",唔!味道无穷!这个就是文字般若,"鹄林不二之宗,群经共述"。

可谓万善之渊府,众哲之玄源,一字之宝王,群灵之元祖。

遂使离心之境，文理俱虚；即识之尘，诠量有据。

又是形容词，这是做广告，这个广告不得了！要怎么修持才能达到此境界？"离心之境"，一切妄心没有了，不是压下去，是离开。怎么离开？上次我们提到"诸法本自性离"，是空来空你，不是你空它，自性本来空。到了自性本空，你不要用离，不要去妄心，妄心不起来；也不是不起来，都知道，知而不知。到了这个时候，"离心之境"，谈什么妄念不妄念，没有了，不要考虑，此时一切经典、一切佛学的道理一切法都不需要了。"文理俱虚"，全空，这是真空，真空就是妙有。

谈到"即识之尘，诠量有据"，"离心之境，文理俱虚"是它的体，由体必须起用。假定把大海当作"体"，大海波浪当作"起用"，起用时是"即识之尘"，依识而起用，意识一动，起用就生尘。佛学常用"尘"这个字，青年同学注意，尘不作灰尘解释，以现代观念而言，尘即代表了所有物质、物理世界，亦即代表了作用。要起用的时候，"即识之尘，诠量有据"，什么叫诠量？佛学名词，诠即解释，换句话说，即是逻辑思考、推理，宇宙本体究竟是空啊是有？像希腊哲学家几千年前追究宇宙物质世界来源，究竟是土做还是水做？

我们讲个笑话，希腊哲学还不如我们的《红楼梦》。贾宝玉讲男人是土做的，女人是水做的，所以，土碰到水就化了。比希腊哲学讲得还好，这是个笑话。

那么，究竟是土做水做？印度当年跟希腊一样，世界各国哲学家都没有碰头，认为水是世界最初的来源，也有人认为火是最初来源，甚至有人认为地、水、火、风四大是地球最初来源。假使要比较研究世界哲学或东西方思想比较史，中国人几千年前认为是什么呢？既非水也非火，"炁"是最初的来源。这个"炁"能化水、能变火、能化地，这种事很妙。研究中国道家这个炁字最初来源，则又是从火来的，下面四点是火。这些问题追问下去没有穷尽,所以有人说,哲学学久了是疯子,尽在那个里头摸,摸下去没有底子的。由尘字,我们引用牵扯到这里。

诠量是推理,推理到最后,空与有之间是有据的。千万注意!你说悟道了,有什么证明?拿得出证明,绝对有证明,等于你自己有没有心得,如人饮水,冷暖自知,绝对有据的。

碧海"情"天夜夜心

一心之海印,揩定圆宗;八识之智灯,照开邪暗。

一心,明心见性以后心打开了,《华严经》形容为"海印放光"。海印放光的境界可以拿一件事形容,譬如在清风明月之夜,站在台东或野柳的海边,当然要深夜,万籁无声,在那个境界一站,妄念大概就空了。当然,心中有一个妄念就不得了,假如有个悲观的妄念就想跳下去,悲观就是妄念。没有任何妄念,那你才能体会到海印放光,大地心物分不开,这叫"海印三昧"。

明朝有位大禅师——憨山大师,在山东崂山修行时(崂山在一个海岛上),夜里起来经行。所谓经行,即打坐坐累了起来走走,但还是在做功夫。他忽然面对大海、月亮,一照自己,自己与海打成一片,没得我,完全忘了,这个宇宙、海、我全无了,就是一片光明,忽然证到一心海印放光三昧。换了我们,到这个境界多好!结果他碰到一位老前辈、老修行,还被骂一顿:"这有什么稀奇,三十年来我是夜夜经行此境。"即使每天夜里都在这个境界,还只是初步,离目标还早得很。

依《楞严经》言,此乃色阴区宇,属于生理变化境界。是真的,所以上面告诉你"即识之尘,诠量有据"。一步有一步的功夫,一步有一步的境界；不是你道理懂了就叫悟道，那有什么用？"一心之海印""八识之智灯"，这个时候，你智慧悟过来，转识成智，八识都转成大般若智慧，而"照开邪暗"。

行六度成正觉

实谓：含生灵府，万法义宗。转变无方，卷舒自在。应缘现迹，任物成名。

含生即众生。"转变无方，卷舒自在"就是形容心之体、作用、功能。

"应缘现迹"：即是讲缘起性空、性空缘起的道理。

"任物成名"：任物即是碰到外境；成名不是知名度，名是名理，也就是观念构成的理念。

诸佛体之号三菩提；菩萨修之称六度行。

他说这个东西大彻大悟了，诸佛最高大彻大悟成就境界；"体之"：体会到；什么叫体会？身心投进去，融化了叫体会。"三"是正；"菩提"是觉；诸佛体会到了叫三菩提。菩萨比佛差一点，没有完全证进去，还在修持当中，菩萨所修之行叫六度行。

一样米养百种人

海慧变之为水，龙女献之为珠，天女散之为无著华，善友求之为如意宝。

这就是说，宇宙的真理就是一个，比方啦！不是绝对论。拿我们普通的观念来说，一切世界上的道就是一个道，乃至以佛或真正佛法的胸襟来看，各个宗教、各种学问理论，都懂得一点道，只是名词用得不同。佛经有一句比方："众盲摸象"，瞎子摸象，各执一端，都叫象。所以一切学问、一切宗教都相同，讲的都是这个东西。

所以，真正佛法的精神，不但不排斥任何相反的名词、观念，反而辅助融会，使它归之于正。如果以排斥的性质讲佛法，则是我慢山高，犯了贪、瞋、痴、慢、疑的大戒。

这一段文字的大概意思，你们都懂，可以抛过去，但是年轻朋友要注意，你不要认为懂得文字就好。他每一句话，如果像我们一个礼拜讲两个钟头的课，那要讲一年半年。为什么？每一句话都是某一部经的精华，譬如"海慧变之为水"出于何处？出于《楞伽经》。《楞伽经》是禅宗、唯识宗的大经典，经典中请问佛法的主角就是大慧菩萨，他问唯心、唯识的道理。佛在楞伽山顶上开示。楞伽山在一个海岛上，四面环海，后来的人考证此岛在斯里兰卡。不过，小乘南传佛学怀疑释迦牟尼佛有没有到过南印度都是个问题。也许是受教育的影响，我的观念比较偏向于孔子的"信而好古"，"敏而好学"，不大喜欢疑古，如果实在有许多疑惑，持保留态度则可。

现在新的资料慢慢发现，疑古罪过之大，影响了这个时代社会思想之乱！因为疑古，把自己道德文化连根挖掉。不但佛学，儒释道三家文化，现在越看问题越大。这些问题牵涉考古，不谈了，谈起来又是个学术上的专题，资料又多又长。

禅宗的女性主义

现在我们回转来看"海慧变之为水"这句话，当时佛在楞伽山上，用大海比方人类自性本身，第八阿赖耶识本身即是大海。至于"龙女献之为珠"则是《法华经》上的典故。

古代文化素来重男轻女，女性要想成佛非先转成男身不可，男身转了才能成佛，女性不转男身不能成佛，据说如此，佛经也如此讲。不过，有些彻底的大乘佛经一来，又不一样了，佛经上记载有许多悟了道的女性质问佛，佛说对的对的，用不着转，本来就是佛。我们年轻时看经，释迦牟尼佛吃瘪，蛮有意思。这个本身有什么分别？等于我们前两天跟尼师们谈的中国禅宗的故事：有位比丘尼开悟后开堂说法，在大丛林当方丈。根据佛教的戒律规矩，女性不可以当方丈，方丈就是大和尚，和尚两字代表活佛。我们照佛教的规矩，几十年前到庙里看到和尚，我们叫"和尚"，那在观念、感情上恭敬得很，视为现在佛，叫法师不一定恭敬，法师只是个会讲经的教师而已。到台湾这卅多年来，一切都变得很大，"和尚"二字有点变成骂人的意思。

这位悟道的尼师叫末山尼，尤其年轻女同学没有听过的，给你们女性出出气！

"尼"是梵文翻译，即是女性的大师。在古代，尼字是尊称，"尼姑"，即尊称她为我们的姑妈、姑姑。和尚、尼姑、阿弥陀佛本来是好话，现在都带骂人、蔑视的意思。看到别人出了毛病，"阿——弥陀佛"，变成咒人的话，时代变了，有什么办法！

末山尼悟道后开堂说法。临济宗有个弟子叫灌溪和尚，不相信女人能悟道，认为尼姑够不上资格当方丈，要去称量称量末山尼究竟开悟没有。如果悟了道，就给她当三年园头，做三年苦工，换句话说，要他变狗就得变狗。那真是苦，挑粪种菜，供养庙上数百大众，是大苦事。大和尚到末山尼处，态度傲慢。末山尼到底有两下，敢于开堂说法的人并不简单。小尼姑向她报告：

"听说这位和尚是临济禅师的徒孙喔！"好像学禅的人要较量、比划一下的味道。

末山尼一听，说："你先问他，为游山玩水而来？为佛法而来？"你是来爬山游玩观光的呢？还是真正要问我佛法？

灌溪和尚说："为佛法而来！"那个味道真看不起人。一报进去，末山尼说："开堂。"

和尚升堂，那严重了！现在看不到，我小时候看过。虽然是民国，县长称知事，还坐在衙门管司法问案，上来一叫："传……某某人！"那一叫吓死人！和尚上堂就是那一套，钟鼓齐鸣也要命，法台又高，一阶一阶，上去一坐，就是佛的样子，问法的人要磕三个头站着，这是佛留下来的威仪规矩。末山尼上了座，和尚一肚子气，很不服气。上面末山尼开了口："你今天从哪里来？"她第一句闲话家常。

"路口。"灌溪的回答好像不可测，其实颇有怕人抓到把柄的味道。

因此末山尼马上告诉他："何不盖却！"怎么手脚这么不利落，你没有隐藏好啊！这是笑他把遮遮掩掩当作鬼神莫测。

经这一过招，灌溪没话说，心中不再小看眼前的尼师，才礼拜下去。又问："如何是末山？"那你末山又是什么境界呢？

"不露顶。"末山尼说你看不到，以灌溪答话的路子来回应他，迅雷不及掩耳般，可见她的智刃之快利。

"那，如何是末山的主？"主人公、本身，你真彻底大彻大悟啦！如何作得了主？这一下把尼姑问火了：

"非男女相。"她比他还凶。男人发脾气要命，女人真发脾气比男人可怕得多，那真是"狮吼千山"，苏东坡说："拄杖落手心茫然。"末山尼说非男女相，这话答得多好啊！这下把柄被和尚抓到了，她答得那么高明，可是明明是个女的嘛！

"那你何不变去？"尽管出家，穿着和尚衣，你还是女人嘛！怎么不变成男的？他们当时一句接一句，机锋快得很、厉害得很，不像我们接人家的口水。你看她怎么答？

"不是神、不是鬼，变个什么？"

又不是神鬼、又不是妖怪，我是人，人就是人，道是平平实实的，变个什么？反问他：你以为神通变化才是道？那全错了！

这下灌溪两个膝盖头只好跪下，服气了，做三年园头。

这一段同"龙女献之为珠"有何关系？灌溪与末山尼的对答有没有根据？有根据。佛经上，讲女性不能成佛，女性要即身成佛非转男身不可。不过这里有个差别，她说不是神、不是鬼变个什么？不错，禅宗悟了，不是神、不是鬼变个什么？如果要严格的分别，这叫"即身成就"。以法、报、化三身而言，即身成佛倒非变去不可，所以《法华经》讲，龙女七岁就献吉祥的龙珠，注意哟！头顶上的一颗明珠——生命的根根，亦即般若智慧，供养法界如来，立刻转成男身，到南方无垢世界成佛。要注意她只有七岁，女性以七岁为中心，男性则以八为重要数字。这叫"即身成佛"，这是一个秘密，并不是别的秘密，就是说即身成就与即身成佛道理的差别。《法华经》讲的是即身成佛。

讨厌的"天花"

"天女散之为无着华"，《维摩诘经》的故事，又是个女的。这在中国文学中用得最多，唐朝把《维摩诘经》编成剧本，这种把佛经编成剧本的写法在文学史上叫变文。研究白话、小说要晓得其根源，唐代早已有变文。数十年前,梅兰芳的拿手好戏之一就有《天女散花》,《天女散花》是关于维摩居士的戏。居士与和尚二词是相对的,不过出家人借用许多居士的名词,譬如"方丈"二字也是居士的,维摩居士住的房间叫方丈,方方一丈,十方八面,八万四千无量无数的菩萨、罗汉都坐得下来,那一定是个松紧房间。因为是居士嘛!天女在空中散花供养,这是印度最高的礼貌。天花不是街上买的、纸做的,也不是结婚用的红纸、绿纸那么撒。那是真的、最好的花。花掉下来,大菩萨衣服都不沾住。

大阿罗汉定力比菩萨高,菩萨吊儿郎当说笑话、动啊都有。你们诸位都是菩萨,不要谦虚,我同你们一样,是因地上的菩萨,只要修持,都有成为菩萨的可能。一切众生皆是因地菩萨,别人称呼你菩萨别害怕,等于某人叫你委员、参议员,是因地上的参议员,都有候选资格,只是不竞选而已!

菩萨是随意的。罗汉不同,打起坐来一念不生,心里什么妄想都没有,一坐好久。可是天女散的花统统沾到罗汉身上。这些罗汉一看,犯戒,不好,赶快用神通、气功、三脉七轮、宝瓶气、九节佛风,都用上了,越弄花沾得越牢。这下惨了,就问文殊菩萨什么理由?他说:"余习未断。"刚才讲"余惑",也就是这个东西。你用功用死了,打坐、念佛、修行、吃素,功夫好到极点,一念不生,真的不动吗?到某一个时候,那个根根还在动。所谓罗汉一切声色都不着,天花代表声色,他是没有动念,但是余习的力量还在。

有些人不好色,我说真的啊?年纪大了不好色是无能,有本事而不好色才是真功夫。说无能不好听,我就承认你不好色,那你看那朵花好看吧?"好啊!"已经着了。有色相一分别,你就栽进去了。

我很爱干净,每过一段时间同学就来帮我整理打扫房间,有一天我问他们:"晓得我为什么爱干净?""不知道。老师,是什么原因?"

我说:"余习未断。"爱清洁也是好色,好清洁之色。

所以"余习未断"就天花着身。菩萨境界看起来吊儿郎当,根本没得习。

下面这些公案都是佛经典故。我们看《宗镜录》被他太美的文字幌过去,好像一看都懂,但是没有研究过那本经的道理,里头的文字连粗浅的都不懂,你认为自己懂,那变成日本禅——青蛙跳到池塘里,噗通(不通)!噗通(不通)!

第七讲
万象森森一眼明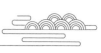

「缘」来如此
由济公传到红楼梦
无我汉称罗汉
心外求法　生死路遥
世法千般用　佛道一样收
法界无界
真理唯一
成佛不由坐
妄动离道远
你具不具眼
莫与「空」「有」作冤家
万象森森一眼明

"缘"来如此

前面讲到一切众生的本心本性，悟了道的，它的体与用。其中"菩萨修之称六度行，海慧变之为水，龙女献之为珠，天女散之为无着华，善友求之为如意宝"，每一句都有一段佛经上的典故，而每一个典故都与修法、修证的功夫有关，都代表了实际的修持。

接下来是由大乘到小乘：

缘觉悟之为十二缘起，声闻证之为四谛人空。

缘起的种类繁多，"十二缘起"即是：无明缘行，行缘识，识缘名色，名色缘六入，六入缘触，触缘受，受缘爱，爱缘取，取缘有，有缘生，生缘老死等，这些都是佛学专有名词。实际上，扩大范围来看缘起，儒家、道家的一些读书人，或西方哲学家，于此或多或少都有相当成就的境界。当他们悟了道，看透了人生，就是悟到了缘起，用佛学名词来说就是"缘起性空"。有许多人看到落花落叶，觉得人生空虚，悟到因缘空了，也就是在缘起法的范围。

像前天看了一本古人的笔记，有一对修道的夫妇，太太快死了，告诉一起相处廿年的先生，她死后没人做饭给他吃，得自己烧饭；先生素来文学造诣高，太太又喜欢听音乐，要求先生作支曲唱首歌，她听了好死。夫妇俩都很洒脱。先生写道：

二十年前我共伊，只因彼此太痴迷，
忽然四大相离后，你是何人我是谁？

大家死了，将来变成什么谁也不知道，两人再见面时互不相识，也许在路上碰到还吵一架呢！后面还有很长一段，都作得很好，最后两句更值得欣赏：

　　孝顺歌终无孝顺，逍遥乐永遂逍遥。

我们死了，孝顺的儿女悲哭一场，像唱歌一样，哭完了，孝顺的儿女归孝顺，也替不了我们死；再拿些豆腐、鱼肉来拜也吃不到。这对夫妇很高明，先生谱完了歌曲唱给太太听，太太听完哈哈一笑，再见，走了！很妙！这是元代真实的故事。故事的作者是明代的陶宗仪，他知道这对夫妇，特将这段故事在《南村辍耕录》记载下来流传后世。

像这样一类人生的故事，在中国文学中非常多，乃至西方文学也有。前两天报纸刊载一则消息：欧洲有一对老夫妻，儿女长大不在身边，二老在一栋房子里住了廿年。老太太已经死了好几年，老先生用毯子把尸体裹起来，始终没把她当成死了，因此外面包的饭总是送两人份的。后来老先生死在厨房也没人知道，等到臭了才被邻居发现。邻居并不晓得老太太死了，找了半天才在床底下找到干瘪的、变成木乃伊似的尸体。

这种情形就不是悟道，对人生执着至死不悟，硬是抓牢一个东西，其实没有了，还把它当成真的。不知一切皆是因缘所生法。

讲这些故事，在说明缘起的道理。在佛学中的学理就叫"十二因缘"，十二因缘是根据物理的法则、宇宙的法则、太阳月亮的法则、人生的法则、昼夜的法则而说的。十二个因缘同中国文化十二个时辰：子、丑、寅、卯、辰、巳、午、未、申、酉、戌、亥十二地支的道理有相通，是事物演化活动的基本现象。一切皆是缘起的因缘所生法，因缘散了就完了。从因缘上突然悟道的，就叫缘觉境界，缘觉也叫独觉。无佛出世、无人指导，忽然在某种境界上悟到人生的道理，最后修行而证道，叫缘觉。

由济公传到红楼梦

我们都晓得中国人非常崇拜济公和尚，后世称济颠活佛，喝酒吃肉，故意胡闹。但他故意胡闹是在守戒，因他得了道有了神通。由于佛的戒律，如果要用神通，正面用犯戒，因此只能反面用。济颠即以装疯卖傻、装混蛋的姿态出现。他在饭馆喝酒多年也不给钱，老板也不向他讨，感情很好，请他写首诗却怎么也不肯。有一次他高兴了，要老板拿笔来写了一首诗：

五月西湖凉似秋，新荷吐蕊暗香浮，
明年花落人何在？把酒问花花点头。

他已经晓得明年春天要告辞不来了，明年夏天再也看不到他了。

我们要注意，中国文学有很多诗词境界，都在说明缘觉的道理。由于因缘道理而悟道的人很多。譬如年纪大的朋友什么都看厌了，对任何事感到索然无味，这也是缘觉一部分的道理。知道人生没有意思，毕竟空，但就是悟不到"道"，证不到那个空的体，如果得道就是缘觉、独觉。

"缘觉悟之"，悟到这个由用归体、由有返空的道理。例如我国著名的章回小说《红楼梦》，自始至终讲的是缘觉的道理。开始是一个和尚、一个道士出来唱人生毕竟空的歌；贾宝玉梦游太虚幻境所看到的诗词也是缘觉境界。这说明了一切因缘所造都是假的，最后由"用"归"体"，由"有"归"空"。缘觉悟到缘起，证了道，看到道体空的一面。

无我汉称罗汉

声闻呢?更小的小乘,证的道为"四谛""人空"。四谛就是苦、集、灭、道,讲苦的来源及消解之法。人我空是罗汉境界,悟到个体之我是个假象,这是讲佛法的部分。在非佛法的部分呢?世界上各种各样的宗教、各种各样的修道方法,以佛法看,都有道,不过所见所证境界的范围大小而已。好比在密室戳破一个小洞看天,不能说他所见不是天,不过没有看到全体而已。《百喻经》上有一个对事情没有看到整体的比喻:"众盲摸象",这是笑人家见地智慧不高,拿到鸡毛当令箭,实际上,令箭上是插了一根鸡毛。虽然把象尾巴当成象,你不能说象尾巴不是象的一部分。

所以,以此观点看各种各样的人对道的了解,都得一点,但都不是全体。

心外求法　生死路遥

佛法的部分讲完了。那么,外道呢?

> 外道取之为邪见河。

外道有两种定义,一是站在宗教立场看其他信仰;一是心外求法。譬如佛教对一般不学佛、不信佛教的人称之为外道;站在天主教、基督教的立场来讲,也可以说不信其教的是外道,这是宗教性外道的定义,具有强烈的主观成见,不准确。比较准确的定义是以佛法的中心思想来看,一切心外求法的统统叫外道。这里讲的外道不是宗教性的,而是心外求法的外道。抓到了心外求法的观念就是邪见。不过邪见也是见，当然这个见是不正的。

异生执之作生死海。

佛法对生命的分类，有看得见、看不见、有形相、无形相等分成六道。同外道观念一样，以人为中心，不属于人的生命就叫异生，譬如禽兽叫畜牲道，饿鬼叫鬼道；另外还有天道、阿修罗道、地狱道等。其实人随其造业，也会转到其他道上，他自己也就是异生，一直变化形貌在时空中。生命从哪里来？生命有一个总体的功能，这个就叫明心见性的"性"，也叫"道"。"异生执之作生死海"，凡夫在生死海里浮沉，就是因为执着了这个东西——生命根本。

世法千般用　佛道一样收

关于这一节，永明寿禅师作了个结论：

论体则妙符至理，约事则深契正缘。

"道体"是什么？站在本体立场来说，无所谓外道、内道的差别，都是"这个"变的。比方这个世界（与宇宙不同），我们所感受得到、看得到、听得见的一切万物，包括矿物、植物、动物、人等皆依土地而生长，出之于土地，生之于土地，还归于土地。最后花落了、人死了化成灰，变成泥巴。以这个来比喻世界上的一切，土地等于总体。又如中国五行八卦有一个固定不变的原则，所谓：

四象五行皆藉土，九宫八卦不离壬。

金、木、水、火、土皆依土。我们现在只是拿这句话作比方，并非说土地就是本体，不要搞错。

一切万有，有一个生命的总体。我们再从土地这个总体的立场来看，对人体生命有益的谷子、高丽参，是土地生的；那些毒药也是土地生的。好的、坏的都靠土地而生长，土地并没有分别，让好的多长一点、坏的少长一些。它非常平等，因为好坏并没有绝对，毒药有时可以救命，有些病还非吃毒药不可，也就是俗话所说的"以毒攻毒"。

因此，以土地生长万物本身的立场来看无所谓好坏；好坏因为人、因为生命的作用而有差别。同样的，也可以用这个道理来说明宇宙万有本体的生命，这个总体我们叫它"道"。道的体也是如此，不管大乘菩萨、小乘罗汉、外道、内道，以本体立场言，皆乃"妙符至理"，都对，以分别现象来说也就是"众盲摸象，各执一端"。

"约事则深契正缘"，一切宗教家、哲学家，各种修道做功夫的，每个传道的人都说自己的道是正宗的道，别人的是外道。实际上，你的对不对、我的对不对，很难讲呀！

在永明寿禅师看来，各种修法所造就的境界，也都悟到了一点，但不是全体。悟到了全体就是佛境界。真正成佛了，如大虚空包含一切，善的、恶的、对的、错的，都在它包含之内。这是本体的道。

法界无界

然虽标法界之总门，须辨一乘之别旨。

这一段很深。

"法界"二字很难解释。归纳人类的文化，中国人过去讲"天下"的观念是指整个世界，现在已经晓得这个观念也不算大。宇宙的观念比世界大，宇宙有时间、空间，虽然无边无际，总还有个范围。佛教《华严经》的境界，超越一切有形相的物质世界，及无形相的理念世界。这个境界无量无边，《华严经》给它一个名称叫"法界"。法界——包括了宇宙、天地、世界等观念在内。

最近有些年轻人把"法界"观念当作"本体"，以西方哲学本体论来解释法界，并不完全对，也可以说不大彻底，因为法界一词非常非常抽象，但这个抽象也包括了具体。

《华严经》法界的概念，简单说来包括了四种涵义：事法界、理法界、事理无碍法界、事事无碍法界。一般文字排列习惯先排理法界；照先后次序，应该先有事法界，因为事代表物理世界、可见不可见的，乃至人等一切存在。理法界包括观念、概念、思想范围。有其事必有其理；有其理必有其事，理事本来相应无碍。事事无碍就是把理事融会贯通后，发现一切事的作用一气呵成，没有障碍。

以"事无碍、理无碍、事理无碍、事事无碍"这四句解释《华严经》法界的观念，是扩大范围来解释。但是这么一解释，反而画蛇添足，因为既有所界，就变得有范围。实际上，法界无量无边，非常空洞；空洞不是假的，包括极为广大。然而在思想表达上，又不得不以这四句来解释法界。

真理唯一

所以，以法界的道理来讲，说这本《宗镜录》所讲的道是总纲；以佛法修证的道理而言，就是《法华经》的一乘道。真正的佛法只有一乘道，拿文化思想做比喻，世界上的真理只有一个，没有第二个，所以叫"不二法门"。佛说他所讲的小乘、中乘、大乘不过是方便法门，事实上所有佛法修证只有一条路、一个目标、一个成果。

好比教育层次，有幼稚园、小学、初中、高中、大学、硕士、博士等班的分别。将来上面一定还会再创个新名词，因为现在学生程度慢慢向下拉了。教育虽有层次之不同，但是教育的总纲完全在教育你成为一个人。人品的养成才是整个教育的目的。所以说"然虽标法界之总门，须辩一乘之别旨"。

成佛不由坐

但是，要成就佛境界，必须多方面的知、多方面的修持。别说这个不容易，世界上普通的教育要完成造就一个人才，也不容易。也许几十年的教育下来，真正造就一个人才，已经是很了不起的成果，可见教育之难。同样的，佛的教育，千千万万人学佛，能够修道而成道，更是难矣！为什么难呢？见解问题。见地不到、智慧不够、理念不对。

在座很多朋友非常发心打坐修道，拼命想在那里"坐"出一个佛来。我告诉他，从古到今，当然可能有我不知的，不过看也看了几十年，没有看到坐出一个佛来。坐固然很重要，如果贪恋打坐，出家跑到山里想坐出一个佛来，那不叫"成佛"，应该叫"成坐"，这是不合佛法道理的。佛者，觉也，一般出家、在家专门偏向修道个性的人，要特别反省注意这一点。

妄动离道远

但是，如果连打坐、静坐、入定都做不到，那也免谈学佛了。静是最起码的条件，如果你静不下来，认为佛法不一定在打坐和静上，而在动上，那又何必学佛！不如学猴子，再不然学电动机械猴，电钮一按就不停地跳动。其实，大家都动得很厉害。学佛要把这两方面搞清楚。

你具不具眼

为什么不能达到成佛的境界呢？知见（见解）没有明白。我经常说学佛这件事好像科学，但如果说学佛就是科学也错了，因为科学是科学、佛法是佛法。不过它同科学一样，甚至比科学更严谨。为什么说佛法同科学一样？因为佛法是先理解理论，将理论归纳建立一个公式，按公式做实验求证，求证结果一定要得出什么答案，这就是科学求证精神。许多同学打坐做功夫做不好，对不住，是理没弄通。真把学理搞通，然后依这个公式下手去求证，一定到达。

所以中国禅宗首重见地，见地不到，做功夫没有用。哪个功夫最好？外道，可是心外求法，不知一切功夫是心里造出来的。不清楚那个能造的根本，做功夫没有用，所以见地非常重要。其实不但学佛，做人做事，也重见地。见地即见解、眼光；眼光不远大，看不到前面。看准了，超过别人没有看到的就是智慧。

莫与"空""有"作冤家

那么，见地怎么来呢？他下面讲：

> 种种性相之义，在大觉以圆通。

佛学大体分类为性宗、相宗。性宗又叫般若宗，说空的。譬如《般若波罗蜜多心经》《金刚经》《大般若经》等，在佛学上多半归纳为性宗。相宗是讲唯识，它的总纲是五法、三自性、八识、二无我。这篇序文讲完了，马上会讲到这些。唯识占《宗镜录》很重要的一部分，现在不做解释，先请大家注意。

拿中国文学来讲，性宗谈空、相宗说有；空是真空，有是妙有；也可以说缘起（妙有）性空（毕竟真空），性空缘起。因为真空，才能缘起妙有。有与空之间并没有绝对，佛法没有说空了才叫佛法。好比大家打坐，一坐就想求空，你空不掉的，越想求空越忙。万事不干，盘起两腿，锁眉闭眼，坐在那里忙一件事，忙什么？忙着达到空，这忙得多冤枉！逻辑上多矛盾！有这个观念的该打两个耳光。空就空了嘛！何必一定坐在那里找空？躺着、站着不能空吗？要空便空去，空还要找的啊？这不是莫名其妙嘛！道理很简单，这就是见地、见解。

盘起腿来，像很有本事、很用功一样。"我非要用功不可，但就是空不了"，我听了这个话只好说："耶！你真了不起，可钦、可佩、可喜。"下面两个字不说了："可打。"那么用功只想求空，你说可不可打。用功就是"有"，怎么空得了？那么去找个"有"好不好？包你找不到，什么都有不了。

大家都想学静坐，两腿一盘。眼睛一闭，蛮好的！有个什么？有个静在这里，你偏要搞乱，破坏这个静，硬是要找空，拼命打洞钻。像吹尼龙袋一样，刚吹好，它又闭拢，空不了。你就守这个尼龙袋（肉体），把它摆好了，气也打足了，坐在那里蛮好的，是"有"嘛！你偏要求空。现在四大没有分离，我就是我，在这里打坐、讲话，本来有，在这里，你何必上这个当？这都是见地。

所以永明寿禅师说："种种性相之义，在大觉以圆通。"各种佛法讲空讲有的本义，要彻悟、要明白，不要糊涂。要彻悟就圆融贯通了，那你就可以学佛了；不然你拿着鸡毛当令箭，或者令箭当鸡毛，乱来一顿，整个搞错了。佛乃大觉（金仙），要大彻大悟。你说人生如梦，赶紧修道，请问你现在修道有没有离开过人生？没有。那么修道不过是另外一个梦，修道的梦。一个白日梦、一个夜里梦，没有两样。自己在梦中还笑人家在做梦，忘了自己在瞪起眼睛说梦话。

觉要大觉、圆通。要怎么圆通？永明寿禅师说靠他这本《宗镜录》。

万象森森一眼明

重重即入之门，唯种智而妙达。

这是本段的结论。"重重即入之门"文字很好懂，是《华严经》的典故。《华严经》八十卷，是佛经中的大经，大得不得了，套一句杭州话，"莫老老的大"，不知大到什么程度！这段与善财童子五十三参有关。善财童子的老师是文殊菩萨，文殊菩萨在佛法中代表智慧第一。谈到智慧，观世音菩萨都要让位。

文殊菩萨是七佛之师（我们这个劫数前面七位佛，包括释迦牟尼佛都是他的学生），道理何在？一切成佛的人都要靠智慧成就。大悲是行，智慧是中心。善财童子悟道后，文殊菩萨摸摸他的头，告诉他：悟到了根本智（道的基本智慧，用现代观念解释即一切智慧的种子；在禅宗则是开悟），世界上一切差别智、魔法、外道法、妖怪法……样样都要懂。

这是善财童子烟水南巡五十三参的原因。要注意！他不向北边走，也不向东方走，更不向西方找阿弥陀佛，他要向南方走，去参访五十三位大菩萨、大善知识。善财童子一开始碰到的是位比丘，名叫德云，就站在妙高峰上，山峰高耸，形势妙绝。这位比丘独立其上，高不可攀。善财童子站在山下找他，什么都找不到，高得这样高、妙得这样妙，上不去，寻不着。后来回头一看，和尚站在这一峰，徐步径行。这代表什么？在孤峰顶上立还要下来，非常平凡。

善财后来见到弥勒菩萨。弥勒菩萨的宫殿很先进，比现在还要进步，重重无尽的楼阁，房间里还有房间，大的小的，一间套一间，没有门。善财一脚踏去，门在哪里搞不清楚；就只好站在那里，始终进不去，也不知道怎么办。东西南北、上下十方，弥勒的楼阁无门可入啊！一切根本智、差别智都完成了，最后却进不了弥勒菩萨的楼阁，这下惨了！弥勒菩萨在哪里？在他后面；门在哪里？结果弥勒菩萨从外面来，一弹指，门开了，善财一看，原来善财他自己早在楼阁内每一尊佛前，早已经站进来了，门就在你那里。进来以后，善财看到弥勒的楼房重重无尽。

世界上的学问什么叫出世法、入世法、一层套一层，无法分开。每一种学问到达最深处，都可以通之于道，道也可以通于每一种学问，没有分别，所以叫"重重无尽"——"重重即入之门"。

那么，这个境界"唯种智而妙达"，必须先悟道，悟到本体，根本智、一切智得了，然后起用，你才能够达到差别智。

所以禅宗明心见性悟道，得个什么？得根本智而已，还只是一部分。一切菩萨还要学一切差别智，成就一切种差别的智慧。中国文化讲"一事不知，儒者之耻"，学佛成就的人，能通一切智，彻万法之源，有一样不懂不算佛法。我们不要只抓半节令箭，掐在鸡毛上，说自己悟道，有一点没有贯通的话，你那个悟是靠不住的！

第八讲
月色如水人如波

波水一个

酒仙知雨心

信口开河蜚语多

悟在细行里

表里不二

一镜总鉴

神珠在手

骑牛觅牛

幻云满天疑无日

波水一个

前面讲到"种种性相之义,在大觉以圆通","性"即性宗,指本体、明心见性之性。"相"即唯识宗的幻有、妙有之现象。性相即是一体一用。

> 但以根羸靡鉴,学寡难周。不知性相二门,是自心之体用。

文字很明白,只怕我们大家"根羸",根器太差、太弱了。"靡鉴",看不清楚;"学寡",学问、学识太孤陋寡闻;"难周",不能圆满周遍;因此不能了解性宗与相宗。真空与妙有两个不是对立,不过是自心的一体一用而已。性宗谈空,是讲体;相宗说有,是讲用。

> 若具用而失恒常之体,如无水有波;若得体而阙妙用之门,似无波有水。

假使只晓得用,那么像我们一般人没有悟道以前,六根都在用,而亡失了恒常之体。"恒常"两个字特别注意,因为现在有一学派看到"恒常"两个字,就把佛学这种观念视为印度婆罗门教外道,以为是真常唯心论,认为的确有个东西主宰生命。佛陀曾批驳这种观念是错误,因所谓的"缘起"并没有固定存在的东西做主宰,故不要看到"恒常"两字就以为是真常唯心论的范围,那也是拿鸡毛当令箭,搞错了。它只是形容体用,"用"必然有"体",有个功能,"用"从哪里来?要找那个功能。

假定说只知道"用",而失恒常之"体",等于没有水,哪里来的波浪？反过来说，有些人只明体，守着一个体，要坐时守着"空"、清净就是"道"，今天情绪动，思想一来"道"就掉了，这都是不明理！所以"若得体而阙妙用之门"，只守着空，守一辈子干什么？守"空"即在抓"有"，老是抓到一个"有"，抓得死死不放干什么？老母鸡孵蛋，一阵子生出一只小鸡，你坐在那里守空，守了一万年，出来了什么东西？这就是不懂"体、用"的道理。

有些人会问："那我打坐干什么？"打坐为的是正心炼气。两腿一盘养气，同明心见性没有相干。明心见性是心见，不是腿见。所以一上坐腿就开始发麻，那是你身体内部不好，气散乱不能归元。气脉不通，地、水、火、风等四大虽还没分离，已经差不多不行了。人一生下来以后，就开始生病；活了八十年，也病了八十年，最后等到病完了为止。庄子讲的道理一点也没错："方生方死。"你刚刚生出来的那一刹那，就是你开始死亡的一刹那，不过慢慢死，死到八九十年而已。

所以你坐起来难过、两腿发麻，就该晓得你已经慢慢在死亡。坐通了以后，恢复健康，就不麻了。所以不要只在两腿、身体上做功夫，天天在这上面搞，真是"吃饱饭，没事做"。不过，世界上有许多人吃饱了，不这样帮助消化，日子还真难过！只好弄个圈圈让他去抓，叫作"修道"，这都是道理不明。所以"若得体而阙妙用之门，似无波有水"。没有波，哪来的水？波是水变的。

酒仙知雨心

且未有无波之水，曾无不湿之波。以波彻水源，水穷波末。

看来很啰嗦，又是波、又是水，好像在那里玩文字花样，但若以为永明寿禅师这位南方才子只在玩他笔下文字,那么就被他的文字骗过去了。要注意其中的微言大义。你看到一个字毫不相干,最高深的道理就在里头。一句"曾无不湿之波",怎样"不湿"?水性一流动,一定湿掉。我们拿一滴水滴在干的地方,就晓得他老人家用字之妙。世界上没有无波之水,而且更要了解没有不湿之波。波一启用,就滩开了。所以我们人的本性不动念时,譬如说,睡觉睡着后,不动心(睡觉不是不动心,这里只是拿来做个比方),此时没"善"也没有"恶"、没"是"也没非"。只要一醒来,念头一动,等于水一样,一滴一动,湿起来就一片,影响有那么大!

有一位林酒仙禅师,很怪!同济颠和尚一样,悟了道以后,天天喝酒。因为故意装疯卖傻,法号也不取,一般人只晓得他俗家姓"林",专门喝酒,所以称他为"林酒仙和尚",他有个悟道的歌(当然与永嘉禅师的证道歌不一样),文学境界很高,其中有句很好的诗句:

一点动随万变,江村烟雨蒙蒙。

一滴水一动,整个本体就跟着变了。他的文学境界太好,盖住了最高的哲学道理:由体起用。

我们读佛经,佛经上说,佛的神通智慧大到什么程度?所有一切众生心里想什么,他都知道!世界上,每次雨下多少滴,他也知道。真可怕!后来我突然知道了,你若问我:"世界上雨下多少滴?""一滴!千滴万滴就是这么一滴。""一切众生的心里想什么?""乱想!"当然,我还没成佛,这不是佛的境界,只是凡夫境界。所以你要问:"这个人想什么?那个人想什么?"那你慢慢去钻吧!钻到精神病院去,还没钻通呢!

"一点动随万变,江村烟雨蒙蒙",你看!"江村烟雨蒙蒙"就是这一点动,可见此念的可怕!所以你们读书要注意!将来要如何保存中国文化?读中国古书?这些字你们都认识,但是要知道其中的微言大义。顾亭林没有看懂佛经,就在《日知录》上讲:佛经有如两个空桶,一桶有水,一桶空的,倒过来倒过去,还是这一桶水。因为他看《金刚经》上说"所谓佛法者,即非佛法,是名佛法"。"所谓如来者即非如来,是名如来"。都是倒过来倒过去,这有什么看头?他未深入佛法,虽然道德、学问、文章有其可观,但对不懂的东西就没办法,不懂就是不懂。

信口开河蜚语多

又如,清朝才子袁枚,学问也很好。但他一辈子不信佛,也不敢碰佛。年轻时,我喜欢他的东西,也很佩服他。为什么?有位朋友看他的书后,写信给我说,袁枚讲了一句外行话。佛说:"学我者死。"佛何时说过"学我者死"?我回信给他,不要上袁枚的当,才子有时会这样,不懂的就"想当然耳"的乱盖。他想想,大概就是这样!因为"涅槃",一般字面的解释就是死,所以"学我者死",没错!但佛经并没有这个意思。所以你不要上这个当!才子们专玩这一套。

苏东坡年轻时,去参加礼部考试。当时的主考官是欧阳修,传说他有两句诗:

书有未曾经我读,事无不可对人言。

"书有未曾经我读",还比较谦虚,世界上的书有些大概我还没读过,这表示很谦虚,但又多傲慢!"事无不可对人言",欧阳修的修养,生平没有做对不起人的事,任何事都敢讲。苏东坡年轻时,曾听欧阳修写这两句诗。后来他去考试,刚好欧阳修当主考官。你看他怎样来整欧阳修？当时，欧阳修出了一个题目《刑赏忠厚之至论》。考试及第后，将来是做官，做官则要尽量宽厚，不可随便判刑。苏东坡在文章中就引用个典故：尧的时候，一个人犯了罪，将要被杀，尧的司法官，皋陶曰："杀之！"向上面报告了三次，都判他死罪。尧曰："宥之。"尧是皇帝，也将他驳下来三次。①

据说，欧阳修看考卷时，非常迷信，因为考卷都密封，不晓得是谁写的文章，好与坏很难断定。古时候，是用蜡烛光，在夜里，湿气又重，阴阴森森，鬼影幢幢，始终看到一位穿红袍子的，站在他前面。有时，看到一篇好文章，正想要录取，但抬头见到那位红袍的影子就不敢了，因为此人一定做了坏事，如果看完一篇文章后，再看到那位穿红袍的点头示意，那他就录取了。所以，他有两句诗：

文章自古无凭据，惟愿朱衣暗点头。

欧阳修一辈子不信这些，可是这回还是信了。文章哪个好？哪个坏？自古以来没有凭据，只希望前面那位穿红袍的神仙暗中点头，但愿不会录取错人。因为以前考功名，不但考学问，在道德上更重要，这是欧阳修当时的观念。苏东坡的文章，大概朱衣是暗点头。但是这个典故出自何处？欧阳修不知，觉得这个年轻人真了不起，我没读过的书，他竟然知道，非录取他不可！

录取后学生当然要拜见老师。欧阳修吩咐门下，有个叫苏轼的新榜生求见时，立刻通报。先一套公式化的应酬、寒暄完后，欧阳修即问起考试时所引用的典故，出自何书？苏东坡站起来回答："老师，我想当然耳！"我想大概是那个样子，书上根本就没这个记载！此时，欧阳修有如哑巴吃了记闷棍，不过心里真欣赏这个年轻人的气派！虽给撞上了，但只是一笑置之！你看欧阳修的胸襟多大！（若是现代人，一定大为光火!你还敢骗我,大骂一顿!)因此,这件事倒变成历史典故。为何引用这些?因古人写作讲究的是要有根据。②

悟在细行里

刚才讲到"不湿之波",一字之间,微言大义,不要轻易看过。古人用字绝不乱用。尤其年轻人,更不能玩小聪明,这全靠功夫而来。多读书,自然晓得其中的道理。

下面:"以波彻水源,水穷波末",你看他在玩弄文字?不然,这是禅宗的话头,每一句参透了就可以悟道:上句指"由用归体",下句指"以体起用"。你研究一滴水,用科学方式,将一滴水的分子结构研究清楚后,那所有水分子的原理就抓住了,这是从小点上去参透的"波彻水源"。就如修道、做功夫、研究心性之学,念佛是个办法,参话头也是办法,数息也是个办法,什么方式都行。但这些办法都是由"波彻水源",想在一点小用上,透过这点小用,破开了,见到那个本体。所以禅宗称为破参,把这一点打破了,一见到那个大点,就是"波彻水源",一上来就对了。

譬如,二祖去见达摩祖师,乞师安心,师回:"将心来与汝安。"二祖曰:"觅心了不可得。"师曰:"我与汝安心竟。"二祖悟了。那个就是"波彻水源",见地到了;但是见地到了以后,要修持,了生死。所以二祖到晚年,把这个担子交给三祖后,自己反而吊儿郎当,酒馆各处乱逛。人家问他:"你是祖师,怎跑到这里来?"他说:"我自调心,何关汝事!"我调我的心,与你有何相干?问题来了,一位彻悟的祖师,最后还要来调心?见地到了与行履上是两回事。像二祖悟后这种境界是"水穷波末",见着体,但用上,一点小地方也要去试验。

表里不二

下面他说明理由了：

> 如性穷相表，相达性源。须知体用相成，性相互显。

这两句注意："体用相成，性相互显"，你们真正学佛、修道、用功的人应特别注意，有时候功夫用不上路、或中途变去了，因为你不明白这八个字的原理。有时候你用功时，经过生理、心理的变化，你觉得还是坏的境界，正是好的时候。"性相互显"，等于写毛笔字，写到快进步时，自己真不想写，愈看愈讨厌自己，愈来愈灰心。那么用功，指头都起茧了，愈写愈不成样；但绝不能放弃，这正是在进步的时候。打拳也是这样，真练功夫到要进步时，愈打愈不像样，本来很有力，但好像得了风湿病，使不出力，这都是进步的阶段。似天亮前必定有一段黑暗的道理一样。所以我们用功，要体会这八个字的道理包含很多、深得很。千万记住，"体用相成"。

有许多人说："我学佛修道用了几十年工夫，智慧发不起。神通也得不到！"你若只知"用"，而智慧不明"体"也不行，但明"体"不在"用"上下功夫也不行，必须"体用相成，性相互显"。一般学佛的人，学了半天，最后自己一点把握都没有，乃此理不明，这八个字没有参透。

一镜总鉴

> 今则细明总别，广辩异同。

永明寿禅师帮我们在这本《宗镜录》上详细地分析。总法就是明体；别法，就是差别的法门。即把佛法的修持理论归纳起来，详为分析，广为论辩其中相同、相异的地方。

> 研一法之根元，搜诸缘之本末。则可称宗镜，以鉴幽微。

所以我这本书叫《宗镜录》，是一面大镜子，什么东西到这里一照，就把你照出来了。"以鉴幽微"，这个镜光把整个佛法中你看不见的地方都照出来。

> 无一法以逃形，则千差而普会。

后世一般偏激性讲佛法的人，不喜欢这本书，因在编著时，将儒家孔孟、老庄、诸子百家的道理，合于佛法的，都引用过去，因此和尚们反对永明寿禅师。永明寿禅师虽然诸子百家都通了，在家人也不服他，因为他毕竟是和尚。所以两边不讨好，真是"猪八戒照镜子——两面不是人"。这么一部好书，就此埋没了。实际上他的苦心，就是他的大慈悲，一切万法都融会贯通进来。"无一法以逃形，则千差而普会"，一切差别法门他都包括了。

> 遂则编罗广义，撮略要文，铺舒于百卷之中，卷摄在一心之内。

这本书总共一百卷，它所包括的学术理论有那么多。"卷摄在一心之内"，实际上就在一念之间。一念之间，明心见性。

> 能使难思教海，指掌而念念圆明。

读了这本书后，能使不可思议的佛法理论，如看手掌心一样，那么清楚。

神珠在手

> 无尽真宗，目睹而心心契合。若神珠在手，永息驰求；犹觉树垂阴，全消影迹。获真宝于春池之内，拾砾浑非；得本头于古镜之前，狂心顿歇。

"无尽真宗，目睹而心心契合。"文词之美，有如情书。这段文字简单，有几个道理出自佛学的典故，他将其变化成优美的中文。"神珠在手，永息驰求"是出自《法华经》的典故。经中讲到，大财主的独子从小流浪在外，四处乞讨，非常可怜，根本不知自己生于豪富之家。他父亲一直在找寻这个儿子，请人四处打听。后来得知独子流落在遥远的小地方，为了迁就儿子的归来，只得移居近处，再密遣形色憔悴的仆役，以便与其儿子平等相处，然后借机诱导至他家做清洁工人。薪资又高，这穷子表现得更勤快。过了几年提升为总管家，当然对这主人是非常忠实。后来，大财主对穷子说："我是你父亲，你自幼离家出走，这里所有的财富都是你的，你本有的！为何那么笨在外流落得如此痛苦？你身上还有无价之宝，在这里！这颗珠是无价之宝，就在你那里，而你不懂！"这是《法华经》的比喻故事。

我们一切众生都是佛的儿子，佛眼观众生，皆为其子。可惜我们就是不懂事，愿意在外面流浪。你若叫他回来说："你可以成佛！"但他偏不信，非要慢慢去修，他就是不敢！不晓得在这件父母给我的皮囊色身衣中,就有一颗神珠。你要如何找到?

你看永明寿禅师多高明,把难懂的佛经,用那么美的文笔写出来。懂了这个就"永息驰求",不会向外面乱跑,本来就是你家的东西。"觉树",即菩提树,比喻证了道。"全消影迹",一切的妄想幻影在此觉树下都没有了。"获真宝于春池之内,拾砾浑非",真正的宝贝在池水中,捡起来就是,不会是泥巴或瓦片,这则是方等经中的典故。

骑牛觅牛

"得本头于古镜之前,狂心顿歇。"出自《楞严经》的典故。佛在世时,城中有一个人,早上起来照镜子,见到镜中人的头很漂亮,但又突然发觉我的头到哪里去?怎么没有!因此发疯了。真的!绝顶聪明的人才会发这个疯,像我们这些笨人不会!什么道理?所以禅宗引用的非常好,悟道,就是见到本来面目。

实际上,我们活一辈子,从没见过自己的面孔。相机照出来一百张,有一百个样子,因它的焦距经过调整,翻洗后变动得很厉害,绝对不是本来面目。自己在照镜子时,距离角度也是交叉变化,我们根本没见过自己的面孔长成什么样子?假使见过,这个人若不是世上第一等聪明人,就是第一等笨人!普通看佛经的解释,觉得这个人好笨!后来想想,错了!这个人太聪明了,他懂这个理,镜中的头,只是我的反影而已,自己始终无法看清我的面孔,所以愈想愈疯,疯得蛮有意思。到有一天,偶然的机会忽然一照镜子,才发觉我的本头原来在此!他就不疯了。此乃说明"道"本来在我们自己这里,为什么悟不到"道"?不要去找师父了,你自己就是师父。所以"得本头于古镜之前,狂心顿歇。"

幻云满天疑无日

现在,永明寿禅师宣传这本书是如何的好:

> 可以深挑见刺,永截疑根。不运一毫之功,全开宝藏;匪用刹那之力,顿获玄珠。

这本书专门挑你见解上的刺,排出你的知见、思想、智慧上的毛病。永远截断你的贪、瞋、痴、慢、疑的根。大家说:"佛说的都对!"古人有两句诗:"世间好话佛说尽,天下名山僧占多。"世间的好话,佛经都说完了。但是我们为什么见不到呢?信不过!因为我们天性内在的多疑,无论是聪明或愚笨,任何人天生带来的,不会相信人。以佛法的观念来看"人"是最可怕的,他永远不会相信人。

从前,我有位非常老实的学生,连我也确认他实在是无法形容的老实。后来我教会他一样本事,他对我更加敬畏!有一天,我们一起坐着,他倒了杯茶给我后,就不见了。过了半天才回来,我问他去哪里?他傻笑了一下回答:"我去证明一件事,现在我完全相信,老师教我的都对!""我的天!你原来还不相信我?"我上了他一个当,所以,疑根是天生的。我们不能成道,就是被疑根所害。佛法的道理都懂,实际上,你打坐也好,不打坐也好,你的功夫已经到了,但是因你自己有疑处:"大概不会那么容易吧?"又跑掉了。永明寿禅师说读了《宗镜录》后,可以治好你这个病,永截疑根。

"不运一毫之功,全开宝藏;匪用刹那之力,顿获玄珠。"不用丝毫的力量,就打开自性之宝藏;不用刹那的力量,顿获智慧之玄珠。

名为一乘大寂灭场，真阿兰若正修行处。

　　我这本书叫作"一乘大寂灭场"。佛说的，涅槃道的道场，只有一乘道。"真阿兰若正修行处"，阿兰若就是茅篷、寺庙，真正的庙子不是盖在山里，而是盖在你心里头。"阿兰若"是梵文译音，义为清净修道的地方，真正的道场就在你心中。

　　此是如来自到境界，诸佛本住法门。

　　这是结论，《宗镜录》这本书所揭露的最高境界，只有佛，真正大彻大悟的人才能够到达。"自到境界"是《楞伽经》讲的，是佛的一切根本。现在前言，还是在宣传他的书。下次我们先从唯识部分讲起。

编　案：

　　① 苏东坡原文为："当尧之时，皋陶为士。将杀人，皋陶曰：'杀之。'三。尧曰：'宥之。'三。"若依《尚书·舜典》所载："帝曰：'皋陶……汝作士，五刑（即墨、劓、剕、宫、大辟）有服。'"皋陶掌管刑法之官系为舜所任用，苏东坡误为尧臣。

　　② 这段故事在古人很多著作中，有不同的记载，略举一则以供谈助。杨万里《诚斋诗话》记载，欧阳修问苏轼："皋陶曰杀之三，尧曰宥之三，此见何书？"坡曰："事在《三国志·孔融传》注。"欧退而阅之，无有。他日再问坡，坡云："曹操灭袁绍，以袁熙妻赐其子丕，孔融曰：'昔武王伐纣，以妲己赐周公。'操惊问何经见？融曰：'以今日之事观之，意其如此。'尧、皋陶之事，某亦意其如此。"欧退而大惊曰："此人可谓善读书，善用书，他日文章必

独步天下。"然予尝思之,《礼记》云:"狱成,有司告于王。王曰宥之,有司曰在辟,王又曰宥之,有司又曰在辟。三宥不对,走出,致刑于甸人。"坡虽用孔融意,然亦用《礼记》故事。

第九讲

按部就班五阶学

唯识史脉

疑古与实证

时间主义的历史观

心物一元

信、解、行、证

按部就班五阶学

阿谁不归一乘道

大智成大恩

实修莫空谈

真布施　无条件

真慈悲　无你我

一雨普润

春江水满

唯识史脉

现在继续看序文。第八段的小题："心识圆融"。

> 是以普劝后贤，细垂玄览。遂得智穷性海，学洞真源。此识此心，唯尊唯胜。

文字简单易懂，就是说"心、识"两门最重要，佛学理论见地和用功的法门，即心、识两门所开展出来的性宗与相宗。所谓般若性宗，是明心见性、形而上谈空的心性之学。而唯识法相的相宗是指以体起用的演化，故后来有"毕竟空"与"胜义有"的争论。实际上，归纳起来就讲心与识的作用，"此识此心，唯尊唯胜"。接着永明寿禅师的结论：

> 此识者，十方诸佛之所证；此心者，一代时教之所诠。

这两句实在是一个意义，但是有差别的不同。唯识法相宗，开始是释迦牟尼佛发挥创立。而在释迦牟尼佛以前，印度所有的宗教形而上思想本来就有"识"这个概念，不过很不完整，经释迦牟尼佛整理，相当于上古思想经过孔子整理归为五经一样。印度文化关于唯识及其他部分都经过佛整理。佛经上的五蕴、六根这些名词都是原有，不过经佛的裁定辨正，如同孔子的删订诗书礼乐，唯识亦然，确定为八个部分，即心识分为八识。

很奇妙，释迦牟尼佛所裁定的八识与中国上古文化中的八卦竟不谋而合。虽另有法师再细分为九识，甚至十二识，经后世学者再加研究，还是以佛陀所裁定的八识最好。

后世宗教发展史记载，唯识是弥勒菩萨于兜率天说法，而由无著、世亲两位兄弟弘扬于世。但一般世俗的学术思想家，认为弥勒菩萨是佛过世几百年后才出生的一位大学者，与龙树菩萨一样，搜集佛的思想精华而讲的，并非如《瑜伽师地论》所述，无著菩萨晚上打坐入定，将自己的神识升到兜率天，听弥勒菩萨说法，第二天早晨出定时才记录下来，因而弘扬此宗。所以后世一般世俗学者，很难接受唯识宗是由无著来弘扬弥勒菩萨的法系思想。人就是人，自成学说谈唯识的道理，但对可修证到超神入化之事不太相信，后世学者虽不敢明显地推翻这种说法，但在学术上是疑古的，尽量做人道化的弘扬。这是唯识宗在佛教史上大概的演变。

疑古与实证

永明寿禅师与先圣孔子的态度一样是信古，关于考据的事情"*多闻阙疑*"。有可能是这样，但不是必然正确，宁可保留一点态度，绝不给出肯定的说法。而后世学者疑古的风气是肯定的。这种态度是推翻传统文化的开路先锋。后世各种杂乱的思想、邪说得以扩充其领域，实由东西学者的疑古态度，进而推翻传统而来。所以孔子的学术路线对各种说法绝不妄下定论，但后世人则非常大胆地肯定。永明寿禅师也倾向于保守，他还是依据传统的理论，认为这是当来下生弥勒尊佛所讲的。

所以这句特别注意："*此识者，十方诸佛之所证。*"过去佛、现在佛、未来佛，一切诸佛，凡是大彻大悟者必定证到心识圆融的道理。也就是达摩祖师所传《楞伽经》上讲的"*自所证知*"，诸佛菩萨自己所证到的境界。佛法讲一切唯心、明心见性，此心究竟指哪个心？不是我们现在能思想的这个心，所谓"一切唯心"，此心包括心物一元。

时间主义的历史观

"此心者,一代时教之所诠。"哪一代时教?就是释迦牟尼佛这一代的教化。以佛学而言,我们这个劫数称为"贤圣劫",劫数的观念是历史哲学问题,即拿宇宙的时间来看人类世界的变化。贤圣劫很长,此劫有一千个佛要出来。释迦牟尼佛以前已经有三位,释迦牟尼是第四位,下一个是弥勒佛。最后一位是现在的护法尊者韦驮菩萨,他希望一切人都成佛了,自己最后才来成佛。这个劫数有一千个圣人成佛,贤人如诸大菩萨则不计其数。

我们注意佛说的这个观念,若以此看人类历史的演变那更妙了。例如宋朝理学家邵康节,他根据《易经》数理演变,看我们的地球文明由开辟到结束十二万九千六百年。"天开于子、地辟于丑、人生于寅",以十二地支做代表。"天开于子",不管这阶段历时多少年,"地辟于丑"指地球形成的时间。有人类文化的开始是"人生于寅",以唐尧登基开始于"甲辰年"算起,六十年一花甲,直算到亥,地球就要闭了,闭后经过若干万年,又再重新开始,天开于子、地辟于丑、人生于寅,等等。他以这样十二万多年的周而复始,来描述世界人类文明的形成到毁灭的演变过程。

我们在市面上看到的《烧饼歌》《推背图》等,不过是十二万多年演变里的一小段,差不多只包括了一万年的文化而已,但看起来已经非常伟大,而且历史节点算得很妙,每一代的兴衰成败都推算得相当符合历史现实。实际上,邵康节这一套学问是由佛学里钻研出来的,邵康节的老师三代以上的传承是陈抟,陈抟属道家,陈抟以上的传承是和尚,和尚是传承曹洞宗的。曹山、洞山佛学的《易经》思想哪里来?这个学术问题牵涉得非常大,一般写中国哲学史碰到南北朝的佛学，已经写不下去，那碰到这个问题更写不下去！不过"劫数"的观念是由佛家来的。为什么扯得那样远？就是为了"一代时教"这个观念，而由横面来解释，不是转开话题。

心物一元

"一代时教"包括释迦牟尼佛这一代。正法住世：他本人还在；他过世后，经典、佛像留下来即像法住世，法还有像佛法之处；最后连经、像都毁了，就是末法住世。包括了这三世的佛法住世叫"一代时教"。所以佛法讲一切唯心、明心见性的这个心，不是思想的意识作用，是指心物一元的心。"此心者，一代时教之所诠。"诠就是解释、表达、发挥；一代时教都在说明这个心，此心有时称为涅槃、法性、真如、法身……都是指这个东西。

所以心与识的观念要正确。识，不是认识，把"我认识你"的"认识"当作"识"，那就错了；若将佛法的"一切唯心"的"心"误为是指思想、感觉、知觉的这个心，也错了。所以此二句文字虽简单，看似易懂，其实不然。永明寿禅师的文笔太美，我们的思想往往被美化的文句所骗，不是他骗你，是你欺骗自己，有这么严重！

信、解、行、证

> 唯尊者，教理行果之所归；唯胜者，信解证入之所趣。

佛学的道理，在中国分为教理、行果。第一先要研究"教"，经、律、论，都是佛的遗教。为什么要研究经典？即要懂理。理懂了，要起行，修行做功夫，做功夫以后才能证果，叫"**教理行果之所归**"。小乘境界是声闻、缘觉之果，大乘菩萨境界是菩萨、佛之果。

研究教理由信入，相信诸佛菩萨所说的都是至理。因为我们无法了解其真假，绝对只有一个"信"字，唯信可入，初由迷信，然后可得到正信。什么是正信？比如我说："前面这杯茶太烫了！"大家一定相信，这是迷信！你没喝，怎晓得烫？也许是我骗你的，所以这是迷信。必须你亲自喝这杯茶，被烫伤嘴后，才是正信！

天下事正信或迷信实在很难讲。有些人自认高明，说自己"一点也不迷信！"其实，他就迷信自己的高明，迷信于那个不迷信的！这更严重。过几年才发现自己不对，这不是上自己的当？所以，迷信与正信是非常难讲的，谁敢说自己不迷信？除非同佛一样，通一切法，彻知万法之源，那可说是正信。

世界上只有成道的佛、菩萨，及一切圣贤，可以称作不迷信。等而下之，搞学问、懂一点书本上的知识，说自己不迷信？唉！这些学问如沧海一粟，不要自满了！所以初步只有信，信了要理解，融会贯通谓之"理解"。若是只懂得讲理，还不是理解。然后要修行证入，做到信、解、行、证，故说"信解证入之所趣"。趣，就是趣向。

诸贤依之而解释，论起千章；众圣体之以弘宣，谈成四辩。

一切圣贤、诸位菩萨依信解行证、教理行果而来，所以佛说的称为"经"，依佛经而起信解行证的著作称为"论"，故说**"论起千章"**。"众圣体之以弘宣"，圣贤是中国文化的名词，菩萨等于贤人。贤分为三贤：声闻、缘觉、菩萨。唯佛称大圣。一切成了佛的大圣，自己证道后，转来宣扬佛法，谈成四辩。因为由佛与弟子的问答讨论所记录下来的经典，就包括四种辩论，也就是四种无碍：法无碍、义无碍、词无碍、辩无碍。

所以掇奇提异，研精洞微，独举宏纲，大张正网。

这几句我们不再加解释，永明寿禅师乃表明这本书把所有佛法的精华都搜罗了。

按部就班五阶学

捞摝五乘机地，升腾第一义天。

好文章！捞，就如在水里捞鱼虾，让水渗漏掉；摝，就是振，比方用笊篱，炸好的油条放笊篱网上振一振，油就滴漉出来。"五乘机地"，佛法不只三乘，学佛要特别注意，五乘道才是真正的佛法，先学人乘，由诸恶莫作，众善奉行到修十善业道的天乘，由天乘再进一步修四谛法门为声闻乘，或修十二因缘法为缘觉乘，最后转到大乘。佛法的基础先从做人修起。所以叫五乘道，不是三乘道。

西藏的密教到后来衰败了，因为他们错用方法，变得很混乱。到明朝，宗喀巴大师大力改革，将传统密宗的偏失改掉，创立黄教，并吩咐达赖、班禅、章嘉、哲布尊丹巴等四大法系的弟子，不可入涅槃，要生生转世。宗喀巴根据印度阿底峡尊者著的《菩提道炬论》而写成《菩提道次第广论》，乃以五乘道为基础，绝不走号称顿悟成佛的路线，这太危险，一般人很容易走错路。他绝对走渐修的五乘道次第，非常严谨，不可有丝毫逾越。后世的人都觉得宗喀巴大师真是了不起！

其实，早在宗喀巴大师之前三四百年的永明寿禅师，就已提出来五乘道了。他教我们学佛要"捞摝五乘机地，升腾第一义天"。最高的形而上道"第一义天"，不是欲界、色界、无色界天人之天，这个天是理念世界。这个"本体"是"形而上"的东西，这两个都是借用名词，讲一声形而上早变成形而下了，讲一声本体已经不是本体了，一落言语已经不是了。第一义天也是这个道理，至高无上之义，义即是理。后来一般大祖师都引用这两句，文字好，尤其"升腾"两个字用得多美！如龙飞于天际，变化升腾，悠游自在。义理好，佛法的道理，由渐修而到证悟都说完了。

阿谁不归一乘道

广证此宗，利益无尽，遂得正法久住。摧外道之邪林，能令广济含生；塞小乘之乱辙，则无邪不正，有伪皆空。

含生就是众生。《宗镜录》所代表的正宗，就是禅宗的正印，禅宗包括教理通，功夫要修证到，这是正统的禅宗。到了这样以后才能自利利他，即所谓"无邪不正，有伪皆空"，就是六祖讲的："正人用邪法，邪法即是正。邪人用正法，正法亦成邪。"什么叫邪、正？若还未证果，未证得圆融的三贤五乘都还是邪门，必须要圆满证悟，才算证果。所以此时到了"无邪不正，有伪皆空"，一切有法整个是彻底空性。①

大智成大恩

由自利故，发智德之原；由利他故，立恩德之事。

禅宗说开悟证道的人，乃证得了三身：法身、报身、化身。法身是什么？刚才讲的："此识者，十方诸佛之所证。此心者，一代时教之所诠。"即是法身之体，法身有断德，离一切相，断一切结使。报身是用，比如我们的身体是凡夫业报之身，若悟了道、成就了，即成诸佛菩萨正报的功德报身。因此证悟了道的，报身就有智德，有大智慧。所以说"由自利故，发智德之原"。至于化身则有利他之大恩德，为了广度众生而现千百亿化身。

但三身何以成就？就靠明心见性，真切的悟道而证得。我们为什么打坐用功？在报身上修。不过大家还未修成功，因为还是业报之身。所以生病的人，苦啊！难过啊！是自己在受业报，这是前生种的因，现在受报应。如果悟了道的人、入定在三禅、四禅天定境中受乐的福报，也叫报身，这个报身能生大智慧之智德。

再由报身修成功后，化身"由利他故，立恩德之事"。《法华经》上即说观世音菩萨有三十二应化身。比如几天前有位同学出家，本来头发留得好好的，现在出家了，何以如此？"应以比丘尼身得度者，即现比丘尼身而为说法"，这是化身的比喻之一。化身是为了利他，因利他故，有大恩德。据天台宗的分类——法身：断德；报身：智德；千百万亿化身：有大恩德。何以见得？那可研究永嘉禅师的《禅宗集》就知道了。

实修莫空谈

三身的成就与解脱、般若、法身，三样缺一而不可。悟道即已证得法身的境界，法身就要解脱，一切烦恼结使都解脱掉。为什么能够解脱？大智慧的般若。所以法身、般若、解脱三者不可缺一、不可偏废。自己认为有功夫、有证道？这三样可测验自己，还不要人家测你，自己都很清楚。道理讲得通，打起坐来功夫、境界都有，碰上事情烦恼起来，解脱不了，你那个法身呢？像市场的发糕，发酸了！这不是法身。真正的法身就有解脱、般若，缺一不可。

所以法身不痴即般若，般若无着即解脱，解脱寂灭即法身，三者是圆的，缺一而不可。真悟道、证道的人，今天得一点利益，法身有一点清楚，解脱的功力就大，般若就发，这是一定的道理。这不是说明白、懂理就成就了，要知道这三德不是可以随便吹盖的。

真布施　无条件

> 成智德故，则慈起无缘之化；成恩德故，则悲含同体之心。

唯有成道的人有真正的慈悲，因为他有智慧之德，自然起无缘之慈悲，能够做到以他的应化身来度化众生；"成恩德故"，这乃由智德现为恩德，全由于他"悲含同体之心"，无缘之慈，同体之悲，没有条件。不是我看他好可怜，因此我可怜他，这已经不是菩萨的慈悲，有条件了。什么条件？因为你觉得他好可怜，才可怜他，不对！无缘之慈与同体之悲应当是他可怜就是我可怜！这个地方就在严重地考验我们自己修行的功力、见地，希望诸位真正学佛的人自己注意。

据我个人体认自己，因此也认识大家，觉得没有一个真正够得上资格学佛或学禅的人。所谓悲心？慈心？叫人家慈悲我还差不多！我们哪里会慈悲人家？好好学习后再讲吧！真正做到慈悲，"则慈起无缘之化"，而真正对众生有恩德，"则悲含同体之心"。

真慈悲　无你我

> 以同体故，则心起无心。

注意！真正的慈悲是用而不用，无心而用。还有个我要做慈悲，叫什么慈悲？真正的大慈悲是"心起无心"，做了自己好像不知道，当然不是昏沉、不是无明，当下就空了，没有事。有人说："哎呀，我布施他，我做了功德！"那你慢慢去得功德吧！不是的。

　　以无缘故，则化成大化。

"无缘"指没有条件、没有相对而起。教化了就教化，自己一点都不留，功德也没有。一切回向众生，好处都属于人家的。如此，才能度化一切众生。

　　心起无心故，则何乐而不与？化成大化故，则何苦而不收？何乐而不与，则利钝齐观；何苦而不收，则怨亲普救。

这道理深得很。永明寿禅师的文章与义理是真正中国佛法。将来在世界佛学史上，青年同学应该强调中国佛学这一文化系统特有的精神。将释迦牟尼佛的真精神拿出来，以中国的文字表达。不要老是跟着外国人，他们乱讲，你跟什么？人家二三百年的文化，怎能把我们五千年的文化撇掉？要拿出勇气来，这是民族文化的自信，是该恢复的时候了。不过话说回来，不要盲目的傲慢，自己要努力充实。

"心起无心故，则何乐而不与"，本来是无心应化，故没有保留，是真大布施。"化成大化故"，教化众生，没有任何保留。"则何苦而不收"，好人要收他当徒弟，坏蛋也要收，总归你要收。世界上魔王、魔鬼都收完了，世界也太平了。苦差事全归己承担。所以，我不开口，只修行管自己，那就错了！善的要收，要教化，坏的也要教化。说坏的那些人你不能教化，你的慈悲何在？智慧何在？做到"何乐而不与""何苦而不收"才是真正叫作学佛，达到"利钝齐观""怨亲普救"的境界，不但亲人要度，怨家也要度，这才是真正大慈悲。

一雨普润

> 遂使三草二木，咸归一地之荣；邪种焦芽，同沾一雨之润。

三草二木等于人、天、声闻、缘觉、菩萨，这是比方。②

"邪种焦芽"指什么？根据天台智者大师在《妙法莲华经玄义》所说，那些不晓得发大慈悲心学佛的，只想为自己修道的就是焦芽败种。稻子的芽烧焦了，种在土中，再浇肥料也长不出来，那是死东西。种子已经烂了，空壳的，埋下去也长不出东西来。只管自私自利修道的小乘人就是焦芽败种。在《法华经》上，佛让他们都出去后，才开始说法。换句话说，佛也教烦了，教了那么多年，什么人都有，他就先清除一部分到别处，也是一种方便！

春江水满

> 斯乃尽善尽美，无比无俦。可谓括尽因门，搜穷果海。故得创发菩提之士，初求般若之人，了知成佛之端由，顿圆无滞；明识归家之道路，直进何疑！

上面的文字不必再多解释了，都在赞叹这本书怎么好，包括佛法的大要。

> 或离此别修，随他妄解。如构角取乳，缘木求鱼。徒历三祇，

终无一得。

我们提出第八节的标题到此为止。他强调,大家懂了这个以后"可谓括尽因门"。像我们大家都是佛,都是菩萨,不要谦虚、害怕,每个人都有资格具备,这是因地上的佛。相当于法律上有规定:年满二十岁以上具有结婚的资格,结婚与否是你的事,你资格够了。凡是人都有成佛、成菩萨的资格,所以叫你是"菩萨",尽管承认,你是因地上的菩萨,只有菩萨的资格,不过还未到,功德没有圆满而已。

所以我们凡夫众生都是因位上的菩萨、因位上的佛。我们开始学佛就是学因位上的佛。"可谓括尽因门,搜穷果海",由因而证果,一直到成佛证果的途径都包括在内。初求法身、般若大智慧的人,读了这部书便晓得如何开始修行成佛。"了知成佛之端由,顿圆无滞",明白了《宗镜录》以后,任何法门或修法,都可以圆通了。"明识归家之道路,直进何疑!"只要照着这本书的道理去修持,你就晓得回家成佛、直证菩提之路。

假定你不相信,"或离此别修,随他妄解",跟着别人乱学,善知识虽然在著书立说,恶知识同样在著书立说。自己智慧不高,不晓得哪个道理是对的,随他妄解就糟了,所以大家不要随便乱看。若走错了路,那没得办法!就如犊牛角上的挤奶,它还没长大,又弄错位置,怎挤得出来?"缘木求鱼,徒历三祇",纵然你修行三大阿僧祇劫也不会成就!

编 案:

①《仁王护国经》云:"三贤十圣住果报,唯佛一人居净土。"三贤即十住、十行、十回向诸位菩萨皆称贤者。十圣即十地菩萨。果报即实报土,净土即常寂光土。依此经而论,地前三贤之人,未得无漏,未能证果,但有智故,

能伏烦恼而不能断，故名伏忍。初地、二地、三地菩萨得无漏信，名信忍。四、五、六地菩萨顺菩萨道，趣向无生之果，名顺忍。七、八、九地菩萨妄惑已尽，了知诸法悉皆不生，名无生忍。第十地等觉菩萨诸惑断尽，清净无为，湛然寂灭，名寂灭忍。

若依《大乘起信论疏》，有五不退之说：

一、信不退：即十信位菩萨发大信心、笃信中道圆妙之理，常住平等，不迁不变，信行满足而无退转。

二、位不退：菩萨十信满足，入十住位，乃至十行、十回向位，即得分见法身；住正定位而不退转。

三、证不退：菩萨三贤位满，即入初地，乃七地证遍满法身，生无返佛土而不退转。

四、行不退：即菩萨七地功德满足，入于第八无功用地，一切功行永无退失。

五、烦恼不退：即菩萨十地满足，入等觉位，了烦恼即是菩提，无有烦恼可退转。

为便初机，再将有关名词解释如下：

一、十信：信心、念心、精进心、慧心、定心、不退心、护法心、回向心、戒心、愿心。

二、十住：发心住、治地住、修行住、生贵住、方便具足住、正心住、不退住、童真住、法王子住、灌顶住。

三、十行：欢喜行、饶益行、无嗔恨行、无尽行、离痴乱行、善现行、无著行、尊重行、善法行、真实行。

四、十回向：救诸众生离众生相回向、不坏回向、等一切诸佛回向、至一切处回向、无尽功德藏回向、入一切平等善根回向、等随顺观一切众生回向、真如相回向、无缚无着解脱回向、法界无量回向。

五、十地：依次为欢喜地、离垢地、发光地、焰慧地、难胜地、现前地、远行地、不动地、善慧地、法云地。

② 荆溪大师所立受润不二门，以三草二木喻七方便众生，下草喻人天，中草喻声闻、缘觉、上草喻藏教菩萨。小树喻通教菩萨，大树喻别教菩萨。此七方便因对下草，故列人天而合藏、通两教二乘，但为二也。上之七方便因对论权实之法，故不及人天。

第十讲
牛马道上话前因

归家好安坐

福慧双修

袈裟传奇

一沙一尘皆妙谛

通玄峰顶不离人间

心镜

唯识与因果

《易经》的因果观

新旧之间

因果三式

一动不如一静

因果同时

归家好安坐

> 若依此旨,信受弘持。

这是最后的宗旨。成佛是大智慧的成就、大智慧的解脱,即所谓大般若成就。永明寿禅师说,《宗镜录》的宗镜,以禅宗为主,如镜一般照一切世间、出世间的东西,包括各宗各派法门。若依此信受修去,普遍推介,大家一定成就。

> 如快舸随流,无诸阻滞。又遇便风之势,更加橹棹之功。则疾届宝城,忽登觉岸。

就像快船顺流而下,不但顺风,没有阻碍,又碰到划船技术好。宝城是《法华经》的典故。一切众生皆是佛的爱子,佛为渡爱子而想尽办法在归家途中设了许多暂时停脚的地方——化城,一步步诱导爱子到真正的宝所。

讲到这里,我又要提《西游记》的故事,孙悟空保护唐僧取经,快到西天时,在雷音寺碰到一个假佛,同真佛一模一样,简直无法分辨,把孙悟空搞得莫名其妙,昏头昏脑,认不得真假。

修行人有时觉得自己了不起,入了化城而不知,化城尽是魔境。真的宝所是法王之家,归家稳坐。

福慧双修

> 可谓资粮易办,道果先成。

大家想学佛，学佛要花本钱的，这个同世间一样，没有本钱就想学佛，办得到吗？

学佛要什么本钱？要"资粮"——资本、粮食。哪一种资本？一是福德，一是智慧（般若）。

福德没有具备，一上来就想悟道，就是做生意也没那么便宜的事。想以劳力赚点钱多困难！平生没有种一点福德，坐在那里只想管自己的人会有福德？那就奇怪了！那些为世间救世救人、为他人忙碌的人都白干了！那真是笨蛋得可以，只有你最聪明，只管自己两腿一盘就成佛？哎呀！有这样便宜的事我早干了！

福德、智慧资粮不具备就想成道？没有那么简单。

但是永明寿禅师说，你必须先了解《宗镜录》这部书，便能好好办妥资粮，速成道业，所谓"资粮易办，道果先成"，这是一条出路。

袈裟传奇

披迦叶上行之衣，坐释迦法空之座。

如来拈花，迦叶微笑，迦叶尊者因此为禅宗第一代祖师。

我常跟出家同学讲戒律时会提到，佛的十大弟子，所有声闻众，每一个都挨过佛的骂，经典上不大看得到，戒律上看得到。佛应机也同我们一样，脾气来了痛骂，笨蛋、臭蛋、皮蛋都拿上来。唯有迦叶尊者一生没挨过骂。迦叶尊者的"行"——修行的行为、福德、智慧样样好。迦叶家族世代有钱，未出家前，是印度首富；出家后，财产全舍了。

佛曾接受姨母的供养，那就是后来交给迦叶尊者的金缕袈裟。金缕衣是无价的珠宝穿成的。现在出家人穿的袈裟，是一条黄线滚在红衣服上，叫金襕袈裟，为什么这么穿呢？这不是印度佛教的制度，而是中国佛教的，唐代以后，大和尚受皇帝赏赐时穿的，一块块方形兜拢，那叫福田衣，要为一切众生种福田。①

佛涅槃时交待迦叶不准死，到云南鸡足山入定，等弥勒佛下来，把袈裟交给弥勒再涅槃。所以迦叶尊者还在那里等着。

一沙一尘皆妙谛

> 登弥勒毗卢之阁，入普贤法界之身。

弥勒楼阁，上次提过。

学佛第一步先要改正心理行为，那得先研究《华严经》的三品《普贤行愿品》《净行品》《梵行品》，从发愿到行履，都要那么做的。

> 能令客作贱人，全领长者之家业。

这是《法华经》上次讲过的典故。

> 忽使沈空小果，顿受如来之记名。

这也是《法华经》的故事。《法华经》先是批评小乘根器。佛最后又对这些人授记，而且说任何人都会成佛，那些原来被贬、被斥骂的，他慢一点又会回转过来变成好的，只是时间问题。

> 未有一门匪通斯道；必无一法不契此宗。过去觉王，因兹成佛；未来大士，仗此证真。则何一法门而不开？何一义理而不

现？无一色非三摩钵地，无一声非陀罗尼门。尝一味而尽变醍醐，闻一香而皆入法界。

通了宗镜，则通一切法门，过去未来的圣者都是这样成就的。到时随处见、色、闻、声都在定中，任何声音皆是咒语，最高的总持法门。一切饮食都是得到无上法味的受用一般，而由闻到的一种香味便能与整个大法界相应。

这些文句很有文学味道，接下来，最美的义字又出现了，真是经常高潮迭起！

风柯月渚，并可传心；烟岛云林，咸提妙旨。

很美的句子！任何景致都可传心。一片树叶，一根枝条，风一吹，悠悠地一飘一摇，悟道了！月亮照在沙汀上，一看！悟道了！还有"烟岛云林"的景致也一样使你大彻大悟。还有像：

归来笑拈梅花嗅，春在枝头已十分。

这些都是好句子，禅者的悟道诗句，搞文学的人抄起来，写进去自己文章，人家不晓得来源，嘿！就把人吓倒。人家问你。你叫他去查、去读书！下一段，皆同一事理而不同意境的表达。

步步踏金色之界，念念嗅薝卜之香。掬沧海而已得百川，到须弥而皆同一色。焕尔开观象之目，尽复自宗；寂尔导求珠之心，俱还本法。

通玄峰顶不离人间

下面又是好句子：

> 遂使邪山落仞，苦海收波。智檝以之安流，妙峰以之高出。

妙峰，前面已讲过的《华严经》境界。善财童子悟了道，得了根本智，但是差别智难求。世间法都要会，样样可通大道。善财奉老师之命出外参访，第一参就找法名叫"德云"的和尚，德云在哪里？站在妙高峰顶上，高不可攀。善财童子拼命爬，爬到妙高峰一看，连个人影都没有，哪有个德云比丘？这事怪了！跑到山顶找和尚，山顶上没有和尚，和尚大概下山还俗去了？

和尚哪里去了？

回头一看，和尚在另外一个峰顶。

这个故事，真是又妙又高。一般总认为出家、出世是道，结果善财到了妙高峰顶找不到人。

那么，道在哪里？

在另外一个山顶上，那个山顶可以入世，也可以出世，那才是高，才是道。

《华严经》五十三参，第一幕镜头就把佛法说完了！

妙高峰顶找德云，道德如云，一切道德像云会化雨一样洒下来，盖覆天下众生。这个不是只站在妙高峰顶能够办到的。一个人在孤峰顶上独立，万缘不沾，有"不要找我，我要修道"这观念，则永远不能成就道德之云。

所以德云比丘又在另一个峰头站着。

但是，话又说回来，你没有先爬到妙高峰顶的话，你就不会回头找到德云和尚。因此你只好剃了头先爬到妙高峰上再说，不爬到这里不行，找不到的，这条路只有这样通。要把这个佛经的故事悟到，可以修道了！

所以，搞通《宗镜录》，"智楷以之安流，妙峰以之高出"，那才是真正的妙，极平凡而最高明，佛法就在世间最平凡中，妙高峰就在这儿。

下面一节是结论。

心　镜

今详祖佛大意，经论正宗。削去繁文，唯搜要旨。假申问答，广引证明。

三藏十二部有多少佛经？永明寿禅师为我们做整理工作，删去繁文缛节，集中精要。"假申问答"，其文章体裁取问答方式，广泛地引用各种经论事理做证明。

举一心为宗，照万法如镜。

什么叫《宗镜录》？宗字在此，唯心法门，以心为宗，如镜能照万法。

编联古制之深义，撮略宝藏之圆诠。同此显扬，称之曰录。

把所有佛法要点集中记录下来，所以叫《宗镜录》。

分为百卷，大约三章。

永明寿禅师处理这百卷，在表陈事理上，大都用三段式的论述法，他觉得已经整理得非常科学，这在那时算可以，现在又不行了。

先立正宗，以为归趣。（标宗章第一。卷一）
次申问答，用去疑情。（问答章第二。卷一至卷九十三）
后引真诠，成其圆信。（引证章第三。卷九十四至卷一百）
以兹妙善，普施含灵，同报佛恩共传斯旨耳。

以上是永明寿禅师写《宗镜录》的一篇序文。我们没有办法照他的卷一、卷二……这么讲下去，因为我研究过，照这样讲下去，大家会很无聊。老实讲，一般人没有佛学基础，尤其现在的青年同学，你说中国文字不好嘛！个个很高明，中国字都认得，道理都会讲，但是不深入，很难办。所以我研究半天，只好颠倒过来讲。这是第一次试用这个方法。

现在，我们不照次序讲，因为我曾经照次序分段做过一阵功夫，本想做完，但中间跟大家开始研究讨论时，又把工作搁下来。我做的工作素来没有结果，这是学西藏喇嘛的办法。没有结果，就永远跟大家在一起；有了结果，涅个槃就跑掉了！所以很多事，我都做半截搁在那里，以保留一个未了之缘。

唯识与因果

接着我们讨论第四十二卷。真正的唯识来了！

这里有一个很严重的问题。永明寿禅师对唯识学尤其见解独到。他把当代各宗各派研究唯识的大师一齐请来，分别提出要点，而归纳出一个总结论。可是后世一般研究唯识的学者，对他的唯识连理都不理，认为非正宗，这是很开玩笑的事。换句话说，后世研究唯识的学者，有必要注意到这一点。

宋代以后，佛教各祖师咸称永明寿禅师为弥勒菩萨的现身，他弘扬唯识，特别讲得好。所以我们先研究他的唯识部分。尤其现代人，配合这个时代暨廿一世纪开始的学术文化思想，以及廿一世纪开始的真正佛法，必须先要了解本题。

研究《宗镜录》综合的唯识学，最好先从四十二卷入手，此卷提出一个思想理念：明辨因果。

我经常说，学佛的人，在家也好，出家也好，必须相信佛法三世因果、六道轮回的思想。②

几年前，借用佛光别院讲课，我郑重提出，后世学佛往往颠倒因果，而且坦白地说，很少有学佛的人真正相信三世因果、六道轮回；好一点是迷信，差一点，老实说，就是不信。

好几年前，有位大法师公开演讲，讲了一些很伤心、也是很真实的话，他的话还算客气，他说："现在一般居士怕因果，因果怕和尚，和尚怕居士。"他当时对事务性有所感慨而发。当天有位居士听了跑来告诉我这句名言，他说把他肚子笑痛，眼泪也笑出来了。肚子痛是因为这个话太好笑，骂尽天下人；眼泪笑出来是因为讲得好伤心。

的确，一般信佛的人真是如此，包括在家、出家。自己确切反省，真相信三世因果、六道轮回了吗？不见得吧！如果真相信，你的行为做法绝不是这样喔！

《易经》的因果观

明辨因果是重要的一件事。

讲到明辨因果，有一个大问题：东方文化非常注意因果，尤其是中国与印度。譬如中国文化源头的《易经》，就是讲因果的，一爻一爻的演变，这爻由那一爻而来，都是前因后果。所以，孔子在《易经》坤卦《文言》上就讲："积善之家必有余庆，积不善之家必有余殃。"孔子首先提出《易经》就是一部讲因果律观念的书；包含物理世界的因果律、精神世界的因果律、行为的因果律、理念的因果律。所以《易经》可以占卜、算命、看病，等等，也就是根据这个因果律来的。孔子很伤心地在坤卦《文言》上讲，"臣弑其君，子弑其父"，讲春秋战国时期的四五百年中，社会之混乱，人类道德之堕落，儿子杀父亲、臣下杀长官的，太多了！此"非一朝一夕之故"，这不是偶然的，"其所由来者渐耳"，是因果慢慢累积起来的。

中国文化素来讲因果，因此世代尊师重道，孝顺父母，都与因果有关。

新旧之间

我经常跟青年同学讲到道德观，大家说现代青年人没有道德观念，我说我反对，怎么没有？古今中外，道德情操不变，道德的观点两样，如果说现代人没有道德观念，你真是同我一样糊涂！

人类过去的道德是宗教性的，讲因果律、报应；现在的道德是经济的价值观念——有没有价值。你不能认为价值观念不是因果道理。懂得观点两样，就明白新的文化开始怎么去引导了。你光想返古，用旧的因果律观点迎合未来时代，培养道德情操，无异背道而驰，几乎把每一代的善念变成焦芽败种，这是我们教育错误的责任。老一辈有被太多旧教育不求新、不求变的包袱捆住，但自己是不知道的，因此害了后一代，罪过很大。我们要知道如何构建后一代道德的基础，伦理的观念情操还是一样，就是方式不同，应当赶快变更自己的方式。

过去传统文化讲因果，是道德性、宗教性，不只中国，世界上皆如此；现在转为价值观。

过去所讲的因果是三世因果，父亲做坏事，报应在子孙。我们小时候要当着父亲的面，背《朱柏庐治家格言》："黎明即起，洒扫庭除，要内外整洁……见色而起淫心，报在妻女，匿怨而用暗箭，祸延子孙……"这老一辈都知道，年轻人不知道，好像我在念无上等等咒。③

因果三式

过去，因果是讲直线的，祖宗做不好，祸延子孙，这个问题很大，祖宗做不好，子孙有何罪呢？"见色而起淫心，报在妻女"，不错，是自寻烦恼，可是妻女又为什么应该受报呢？"匿怨而用暗箭"，子孙又有何罪要替你受这个报呢？

中国这个因果律讲直线，一代一代报，不能说没有道理，但也不是至理。

佛家讲的三世因果是"自报"，与中国所言"祖父、父母、我"的三世因果不同，佛家讲"前世、今世、后世"的三世。这两个东西是有关系的。中国所讲的报应是这么个十字架；佛家的报应是这么个圆圈里加上个十字架，像一个田，啊！真是福田。

西方的因果报应呢？与中、印又不同，很简单，善人升天，恶人下地狱，两头报，中间这一段偶然站一下。现在他怎么那么有钱、享福？我怎么那么苦？这个不知道、不管，这是两头报。那么，不善又不坏，站在中间好不好呢？站不住的，自己还做不了主，要等到世界末日上帝审判，这是西方的因果报。

东西方文化各个宗教、各个民族对因果报应的观念不同，深入研究又是一篇博士论文。讲得最圆满的，对不住！还是我们这位在那里闭眼睛的本师释迦牟尼佛的学问最大，果报讲得最圆满，三世因果包括了上下左右，这是佛法的基础。

这一篇讲的是明辨因果。实际上，我们常讲"一切唯心，万法唯识"，在哲学立场一听，很高明，唯心唯识这两句话是真正的因果论，从形而上到形而下，真正的至理。所以这一段特别重要，因此必须从这一篇讲起。我们给它定个主题叫"明辨因果"。

一动不如一静

> 夫大乘圆顿，识智俱亡，云何却述缘生，反论因果？
>
> 答：经云："深信大乘，不谤因果。"又云："深入缘起，断诸邪见。"

问答对话题，假使重新编排这本书，以一问一答方式分成两行书写，眉目清爽，后世青年看起来比较清楚，会喜欢看。

他说大乘佛法是圆满顿悟，一切皆空，本性自空，到了这个境界，识智俱亡，无所谓唯心唯识，也无所谓智慧。有一知、有一念已经不是了。那么，既然本体是"本来无一物"，又"何处惹尘埃"呢？

可是佛法却又讲缘起、缘生，把佛法建立在因果上，为什么呢？你看永明寿禅师把佛法做假定性的问题来回答。

"深信大乘，不谤因果"：前面曾提出信解行证，你要相信佛说的，大乘道到了彻底究竟，既然是"本来无一物，何处惹尘埃"，哪里有个因果报应，对不对？可是佛经却又强调大乘道不谤因果。谤，不完全是毁谤之意，曲解、误解也是谤。因果绝对存在。"又云：深入缘起，断诸邪见"，经上更谈到要深入体会万法缘起的演变，以免落入种种片面之见。佛法讲本体是空的，空的体起用，就是缘起，一用就有因果。所以，根据中国《易经》文化的一句话："动辄得咎。"房间绝对空，没有事，有一点灰尘落下，一动就有因果。动就有用，一起用，就有因果。缘一起，因果就来，所以说"动辄得咎"，不动则已，一动毛病就来。

因此我经常说孔子讲《易经》讲得好极了！研究《易经》必须先了解《系辞传》。孔子言："吉凶悔吝，生乎动者也。"

算命、看相、看风水都从《易经》文化来。严格言之，吉凶二字就是好与坏，没有第三样。悔吝：悔是佛学所讲的烦恼、痛苦；吝是不通、障碍住、蔽住；悔与吝，两者是小凶。好就是好，没有大好、小好之分；不好则有小不好、大不好的差别。《易经》八八六十四卦，有时吉、有时凶，有时悔、有时吝，归纳起来只有两样：好与坏。问命好不好？事情可不可做？当然可以，做了不好就是坏。做生意一年，既不赚钱又不赔本，早蚀本了，很简单嘛！天下事不好即坏，不用算命卜卦。不过人在小坏中不觉得，以为自己在好中。

中国有两句哲学名言："福无双至，祸不单行。"好事没有两样一起来的；倒起楣来了不是一件喔！刚刚打破碗，完蛋！又割伤手、弄脏衣服。这是中国人生哲学，人生懂了这些就知道事情的来历。孔子说"吉凶悔吝，生乎动者"，做人做事，一动，四分之一的成分可能是好；四分之三必然是坏，可见吉之难。可是世界上的人顽愚、贪、嗔、痴，不管凶悔，都在求吉。学佛法的人懂得一动就是缘起，也不要算命、卜卦、求神了，自己就会懂了，你这个起心动念、缘起对不对，因果律就已摆在这里了。要不然，自认为佛法是空的，不懂得真空生缘起的道理，就落在断见、邪见上了。

因果同时

接着他又说:

> 夫唯识之旨,不出因果。正因相者,由识变故,诸法得生,以识为因;正果相者,由种识故,生诸分别法体之果,及异熟等分位之果。

永明寿禅师集中经论的主要重点,告诉我们一般学佛的人,要特别留意因果的基础理论,乃至小乘罗汉不懂因果,搞错了,都落在邪见上,严重得很!所以好多年来,我经常说佛法基础建立在三世因果、六道轮回上。

我们现在从文字上研究唯识宗、法相宗宗旨。实际上,唯心唯识不出因果,因是因,果是果,譬如拍桌子,"啪"一下,拍桌子是因,发出声音是果,因果同时,就那么快,因中含果,果中含因,几乎没有办法分辨,有这样严重。不是说,我打了他一个耳光,明天他看到我,对我吐口水,果报才来,中间利息不算,不是这么回事。"啪"!因果就是那么快。

这个道理要搞清楚,才能谈悟道。

"唯识之旨,不出因果,正因相者,由识变故",因果并不是有个王、上帝、菩萨在那里用电脑跟你算账!是你自己的心识在变。孟子再三引用《诗经》的话:"自求多福",反过来说,我们遭遇不好,是自求多祸而来,这是自求的、自变的,儒家、佛家、道家一样。孔孟之道强调自求多福是深信因果,一切唯心唯识是自变的,这个道理非常深刻、非常基本。

编　案：

① 依《释鉴稽古略续集》所载，元朝的红教喇嘛盛行，元世祖遂有"赐讲经法师红袈裟"之事，此为汉僧披搭大红祖衣的来源。到明代，规定"讲僧衣红，禅僧衣黄，瑜伽僧衣葱白"。明代重禅，也重黄色，故太祖曾赐道初法师"金缕僧伽梨"；成祖赐雪轩禅师"金襕衣"，并供参考。

② 三世因果、六道轮回、自作自受等思想，普见大、小乘经典，现略举数则，以供参证：一、《中阿含》："世尊告诸比丘：'随人所作业则其受报'"二、《杂阿含经》："有业报而无作者，此阴灭已，异阴相续。"三、《孛经抄》："天地之间，一由罪福。人作善恶，如影随形，死者弃身，其行不亡，……人死神去，随行往生。"四、《光明童子因缘经》："一切众生所作业，纵经百劫亦不忘，因缘和合于一时，果报随应自当受。"五、《涅槃经》："三世因果循环不失。"六、《法华经》："诸世界中，六道众生，生死所趣，善恶业缘，受报好丑，于此悉见。"

③ 朱子指明末清初大儒朱用纯（公元一六二七至一六九八年），年十七补博士弟子员。越二载遭国变，痛父殉难，弃去儒冠，故乃称"布衣"；不能效王裒庐墓攀柏，而时时辄洒其泪，故自号"柏庐"。从此隐居教授以养其母，潜心四书、六经及濂、洛、关、闽之书，探索融会，务在躬行实践。生平严以律躬，不欺暗室。每日晨兴，必谒宗祠，庄诵《孝经》一遍。晚年作《辍讲语》曰："《中庸》成己成物……人心中只办得卑鄙二字，伦理上只办得苟且二字。"

及其临终，命设父像，扶起再拜。以平日所著删补蔡虚斋《易经引蒙》及《四书讲义》二书，嘱其子曰："谨藏诸笥，吾将以此见先人于地下。"复语门弟子曰："学问在性命，事业在忠孝。"言讫而逝，年七十二。

他所撰这篇《朱子治家格言》影响中国社会民间教化甚巨，但恐已为现代青年所轻忽。近年来因社会急剧变迁，其内容或有不合时宜之处，然其一贯精神仍颇有可取之处，谨录全文，以便览读，审思明辨：

黎明即起，洒扫庭除，要内外整洁；既昏便息，关锁门户，必亲自检点。一粥一饭，当思来处不易；半丝半缕，恒念物力维艰。宜未雨而绸缪，毋临渴而掘井。自奉必须俭约，宴客切忌留连。器具质而洁，瓦缶胜金玉；饮食约而精，园蔬愈珍馐。勿营华屋，勿谋良田。三姑六婆，实淫盗之媒；婢美妾娇，非闺房之福。童仆勿用俊美，妻妾切忌艳妆。祖宗虽远，祭祀不可不诚；子孙虽愚，经书不可不读。居身务期俭朴，教子要有义方。莫贪意外之财，莫饮过量之酒。与肩挑贸易毋占便宜；见穷苦亲邻须加温恤。刻薄成家，理无久享；伦常乖舛，立见消亡。兄弟叔侄，须分多润寡；长幼内外，宜法肃辞严。听妇言，乖骨肉，岂是丈夫？重赀财，薄父母，不成人子。嫁女择佳婿，毋索重聘；娶妻求淑女，勿计厚奁。见富贵而生谄容者，最可耻；遇贫穷而作骄态者，贱莫甚。居家戒争讼，讼则终凶；处世戒多言，言多必失。勿恃势力而凌逼孤寡，毋贪口腹而恣杀牲禽。乖僻自是，悔误必多；颓惰自甘，家道难成。狎昵恶少，久必受其累；屈志老成，急则可相依。轻听发言，安知非人之谮愬？当忍耐三思；因事相争，焉知非我之不是？须平心暗想。施惠勿念，受恩莫忘。凡事当留余地，得意不宜再往。人有喜庆，不可生妒嫉心；人有祸患，不可生喜幸心。善欲人见，不是真善；恶恐人知，便是大恶。见色而起淫心，报在妻女；匿怨而用暗箭，祸延子孙。家门和顺，虽饔飧不继，亦有余欢；国课早完，即囊橐无余，自得至乐。读书志在圣贤，为官心存君国。守分安命，顺时听天；为人若此，庶几近焉。

第十一讲
古镜平平轮回长

禅无下手处

本体论的迷思

罪与罚

第一难信之法

三世唯心

自作自受

变男变女　变变变

有因有果　千差万别

不昧因果

禅无下手处

再说，佛法讲唯心唯识，唯心是一般总称，实际上，佛法经常用到心、意、识三个名词，尤其禅宗语录记载最多。譬如禅宗大师提到参话头，话头怎么参？"离心、意、识参"。对一般人而言，这个话当然很难懂。后世参话头要起疑情，起疑情后又讲离心、意、识参。当年问禅宗门下的老和尚，话头究竟怎么参？师父回答："离心、意、识参。"头一歪就不理你了。现在同学问什么叫"离心、意、识"，老和尚早跑掉，理都不理，问下一句意思就太笨了。人家长袖一甩，不足道也！进去了。唉！那个味道真难受，不过也蛮有味道。问这么一句，被人家袖子一甩，头一歪，进去了，这个师父才像个师父，高不可测！

一切唯心，这个心，我一再强调不是西方哲学观念，或我们现在所了解思想、脑子、情绪分别的这个心。这个心的名词，代表宇宙万有本体生命本来的心，为了让大家容易了解起见，我们解释为"体"。

意，是现象。唯识把心的作用分为八个部分，意识在第六位，前面还有五识，眼有眼识、耳有耳识、鼻有鼻识、舌有舌识、身体感受有身识。比如诸位坐在这儿看着我、看着黑板，意识借眼、耳，注意力集中在这儿，然而你的身体感觉是否舒适？空气冷不冷？虽然没有注意，却自然有反应，这就是身识。眼、耳、鼻、舌、身，前五个识，加上意识，六个部分，不仔细分析，好像只有一个作用；仔细分析，六个部分在一刹那间同时起用，当然后面还有两个部分末那识、阿赖耶识也在用，没有觉得而已，暂时不去管它。这就是佛学经常提的心、意、识三个东西。

普遍所讲唯识学，以相、用为主，透过相、用来说明一切万法唯心的道理，所以识分八识，心识者心王，心是最后的总主管，在名词上要先了解这个。

那么，刚刚讲到"离心、意、识参"，离心、意、识还参个什么？心、意、识都离了，干干净净的，还要参什么？还要问你啊！所以禅宗有许多密法，叫"瞒死人"，瞒是古代说法，瞒你、骗你。有许多人不了解，认为话头真难参，离心、意、识参，打起坐来拼命想离心、意、识，心、意、识离了就不要参话头了，既然参话头，心、意、识全体在用，又想离心、意、识，又想参话头，不神经分裂才怪！离心、意、识参是这么一回事。那么，古代大禅师错了吗？没有错，这是一种教育法，这个教育法提起你的疑情，引起你的怀疑。离心、意、识怎么参？难道心、意、识以外还有一个能参的东西吗？参的本身全体是心、意、识的作用，离了心、意、识又叫人参，离了心、意、识我去睡觉了，不过睡觉也是心、意在作用。

这里所提的唯识，不是只讲普通意识，包括心、意、识全体。佛法所讲的心，不是西方哲学或一般心理学所讲的心。这个是形而上的，代表宇宙万有全体、本体的那个心，包括心物一元的作用的这个心，唯识的识也是这样。

本体论的迷思

由此我们知道，"**唯识之旨，不出因果**"，三世因果，六道轮回的种种宇宙人生的现象，皆是唯心、唯识所变，这就是唯识学所要指出来的。这个道理是什么？佛法是有一个主要的问题要了解，从佛学立场讲，宇宙万有生命的来源怎么来的？因缘所生，无主宰。说有个上帝、造物主或有个第一因创造万物都是错误的。宇宙万有生命来源无主宰，并没有一个"它"——对象，绝无上帝、神或佛、菩萨的对象来做主宰。神、玉皇大帝所以有主宰特性，是人世间权威控制一切的观念所产生的,不要把本体论搞错了。

那么,既然无主宰,是自然的啰!说自然来的,也有一个严重的问题。那一切天地间的万有,如山、石头、太阳、月亮都是自然有的,自然有也可以说是唯物的,宇宙都是唯物变的。什么叫心?所谓心也是物的作用。这问题就严重了。

佛说,不是的,不是自然来的;无主宰非自然,一切万有是因缘所生,所以叫"缘起性空"。"无主宰,非自然",这两个观念在学理上是非常深的。这两个观念没有搞清楚,使现在整个人类文化史出现了大问题,有些哲学家或宗教哲学家认为佛教理论不承认有主宰、不承认有一神能创造万物,是无神论。研究佛学的同学,尤其是出家研究佛学的同学,你们局限在庙子的佛学中,没有接触到外界,当然不知道,封在庙子里不管了,这个问题对佛法的弘扬有多严重啊!

也因如此,所以有一批学者,乃至法师们非常反对真常唯心论,一味提倡性空的,其论调不知不觉走上无神论。而把禅宗认为是真常唯心论,是外道;因为真常唯心论,意思是有神论者。佛法是无神论吗?不是的。学佛法的人没搞清楚这个问题的严重性,在我是经常吓得一身汗。研究佛学竟陷在这个错误中而不知,多严重啊!不过,好在一般盲目研究的人多,不知道也就算了;一旦知道,看了就发抖。因为人类文化最高的成就是思想,这个一错,就不得了。

那么,我们晓得佛法虽然讲无主宰、非自然,缘起性空、性空缘起;然而一般只着重性空,少深入缘起,缘起就是妙有,妙有是本体的奇妙活动,神得很,不是死物。

也由于误解了佛法讲"无主宰"的意思,又掉入疑古的考据陷阱,有些人这几年对《楞严经》批驳得不得了。而不知道《楞严经》更进一步连因缘、自然都批掉的道理。《楞严经》说万有生命的来源既本非因缘也非自然性,但是就是有个东西,这个东西不能叫它神,也不能称它为主宰,勉强叫它为"心",是个代号。那么中国禅宗什么都不讲,就叫"这个";"这个"很难讲明,你叫它佛也可以,宇宙万有来源有这么一个作用。《楞严经》"本非因缘,非自然性"的批判,比"无主宰,非自然"还要更进一层。

罪与罚

我们讲到因果,是宇宙万有的体用演化的道理。但在一般民间的观念中,认为因果是有一个主宰的,什么主宰?人死了之后去见阎王,阎王坐在那里审判,你不能扯谎,他那里有个测谎器叫"秦镜高悬",秦朝留下来的,一扯谎镜子就看出来了。并且审判巨细靡遗,绝不草率,十殿阎王有十级审判,比我们法院严格。

十殿阎王,刚开始第一殿阎王是包公,后来阴间的司法行政部把他调了,为什么?因为包公判案太严厉,每个鬼来差不多都下地狱,觉得不大好,地藏王菩萨讲人情,如果让包公管第一殿,世界上没有一个鬼不被他关起来的。现在好了,地藏王菩萨徇情把包公调到第十殿管最后一级审判,最后一级也审不了的,去见地藏王菩萨。

地藏王菩萨闭着眼睛坐在那里念佛,他的座下有一只小狗样的四不像的怪兽,坏人一过来,哪个对、哪个不对、有说谎、没说谎,一碰它,别再辩了,在这里没得理由。大案子最后由地藏王菩萨决定了,呈报玉皇大帝,大官司要等玉帝裁决,玉皇大帝如果裁决不了,不晓得要找谁了。可以说,从东汉以后一直到现在,中国人这一套民间因果报应,是有主宰,绝对有主宰。譬如做坏事杀了人,临死时就看到被害人来索命。《三国演义》提到曹操临死前看到鬼魂来索命,有无此事?真有因果报应啊!我就晓得有位朋友,迷迷糊糊活着的几十年当中,经常看到有人向他索命。

至于西方呢？西方文化讲有主宰，你的善恶逃不出上帝那里的记录，死后不过让你休息一阵子，等到世界末日，灵魂到上帝前受审判。

印度主宰更多，像我们一样，供众神，有马头明王、牛头明王，等等，相当于我们民间养马、养牛的地方，各自有各自供奉的神。印度的宗教哲学有一神教、多神教，比我们更复杂。佛法，本来不主张神教，但佛法也吸收了多神教，各种菩萨、各种神，一概都拜。我常讲，我们中国文化最好了，宪法规定宗教信仰自由，几千年来，这个民族文化的宗教信仰本来自由，所以任何教来都可以，是好人，请上座，泡好茶。现在是五教教主排排坐、吃果果，凡是好人都好。过去是三教同源，现在有五教同源论。这些属于宗教哲学的问题，暂时不管，他们认为因果是这样的，都有主宰。

然而佛法说无主宰、果报，没有个阎王、上帝主宰你；那是自然啰？又非自然。为什么？一切唯自己心识所作、所变。因果是唯心的，绝对的唯心，不是唯物的。换句话说，绝对的反唯物。所以永明寿禅师说"唯识之旨，不出因果；正因相者，由识变故"，一切正因的现象是识变，怎么变呢？下面原文讨论很多，暂时不说。

第一难信之法

"诸法得生，以识为因。"法包括一切事、一切物，在学理上综称之为法。我们不要看到一个法字，就以为是手里拿个牛角呜呜地吹，或摇个铃子，画张符叫作法，那就糟了，那叫魔术，不是法。法者，一切事、一切物、一切理，万有的总代名词，精神的、物理的都概括在内。"诸法得生"，万有一切事物的产生；"以识为因"，唯识所变、唯心所造的。万有包括中东石油、包括四大洋海水，都是唯心变的，你看佛法讲这个，你信得了吗？

年轻时碰到金陵大学老一辈心理系系主任,在他家里吃饭,一起谈到这个问题。他说他研究心理学很久,相信佛学,也最欣赏佛学。"你们专修佛学,我很赞成,可是有一点我问你,是不是一切唯心?""对啊!"我还记得在他家客厅的景象,他一边讲一边把桌上的东西拿走。"万法都是心造,你造个东西出来给我看,不能,有问题。科学嘛!要求证据;能,你给我造出来。"他是认真的,真心在研究这个问题,他不是唯物论者,绝对相信唯心,而且相信佛法最高。"你叫我求证,如何求证进去?"这是科学家的佛学研究。绝对的学佛的,你拿证据来。一切唯心,两腿一盘在这儿入定,坐它一天不动做得到?做不到不是一切唯心。是一切唯腿,不可以嘛!腿麻了坐不住。你说腿麻了还坐得住,心里不想坐,又如何?你说脑神经的关系,但是除了脑神经以外还有什么?这个问题很大,所以要注意。

三世唯心

"正果相者,由种识故。"他说一切现象,譬如今夜房间的现象,坐了那么多人看着黑板,看得见的现象、作用,这是因,以识为因。正果呢?大家凑合拢来坐在这里的现象,是因为我们要共同研究佛学,所以我自己不揣冒昧,脸也不红,站在这里乱吹,诸位则坐在这里看这个家伙吹得究竟如何。为了一个研究佛法的因,想求得了解佛法、如何修证的道理,希望将来或现在就有成果。

换言之,我们今天坐在这里共同研究《宗镜录》,由《宗镜录》的理懂了佛法,并懂得如何修证成佛、成圣,这是果。也就是说,我们现在是因,未来由此理达到成佛是果,所以说正果的现象,是由识有了种子的作用生成。唯识有所谓"种子识",以物质世间的植物,稻、麦、水果来比方心的作用,心识含藏过去、现在、未来三世的种子。

近一点说，现在坐在这里想一想昨天的事，一定想得起来。把昨天当过去、当前生；明天准备怎么办事当然想得起来，把明天当未来、当来生；现在坐在这里当今生。过去、现在、未来三世的种子，脑子念头一动，一切都出来了。一下想明天的事，一下想昨天的事，一下想现在的事，都是这个心识在起作用。

昨天你在街上跟人打了一架的事已经过去了，可是今天越想越难过，昨天这个人讲了我一句话，现在想想不舒服。昨天的事过去了，它过去的种子还留在心里头。过去的种子生出现在的作用叫"现行"，起现行的作用。所以人的一生都是前生的业果，像我的长相是个瘦子，瘦得像竹竿一样，长不满三尺，重不满半斤的样子，是前生的业果；有些人长得又大又胖又壮，走不动，也是过去的种子带来现在的现行。现在的行为变成未来的种子。种什么因，得什么果，一切唯心，无主宰，谁都做不了你的主宰。

阎王不能干涉你，上帝也无法左右你，一切是自我所造，也就是释迦牟尼佛生下来，一手指天、一手指地说的两句话："天上天下，唯我独尊。"释迦牟尼佛讲"唯我独尊"不是讲他的"我"，他告诉我们，人世间就是你，唯心而来。这也同中国文化一样，讲天、地、人三才，上是天、下是地，人在中间顶天立地，唯我独尊，人的生命价值有这样高。佛生下来的两句话跟你讲完了，谁都做不了你的主。

识的种子起现行，现行生种子，互为因果。因果是自心、自体所变，所以说"正果相者，由种识故"。

自作自受

"生诸分别法体之果"，一切唯心，因果是由此心的转变，生出一切分别的现象。这个分别指心理作用、现状，我们心理第六意识在分别。譬如听了一句话，对这句话懂或不懂、对或不对，起了分别心的作用，由诸法的体，形而上的本体造成种种差别现象。

"及异熟等分位之果"，异熟，是唯识学的专有名词。在学理上、人的本位上，一般把在座的诸位叫人类，我们人类是个种类，假使在座中有只猴子，是一类，它看我们则是怪物。扩言之，人类也好，猴类也好，狗类也好，动植物等都叫"众生"，众生这个观念是佛法翻译的名词，它出自《庄子》的"众生"，佛教几千年用惯了众生这个名词。"众生"是依中国文化习惯，方便的翻译；到了唐朝玄奘法师不满意，但是也没办法。后世翻成"异熟"，异熟就是众生，以中国文化而言，众生固然翻译得不大忠实，可是在观念上很清楚，大家一看就懂，如果讲我们都是异熟，我才不干呢！我还让你特别放到蒸笼里一蒸就熟？我宁可当"众生"，不当"异熟"。

什么叫"异熟"？就是果报，一切万有、生命、人生的道理，等等，是种子生现行，在种子识中，过去的因，生出现在的果；现在的行为构成未来的因。那么，种子识中，现在的因是未来的报。譬如大家今天晚上到三点才睡，包你明天上午头昏脑涨，就得那样的果，不要上帝跟你算账，我都知道。如果今晚不来上课，八点就睡觉，包你半夜三、四点就醒来。种什么因，得什么果。一切果报是很明显的现象。

果报之来，构成生命的种种，前后清楚，但是我们现在自己的果报搞不清楚。我们这一生，同样是人，或同是女性、同是男性、同样的年龄，受同样的教育，出自同样的家庭，同一父母，一辈子的遭遇却统统不同，为什么？"异熟"，作用不同；怎样来的？果报来的。所以佛说，"欲知前世事"，我们要了解自己前生做了些什么事；"今生受者是"，从这一辈子所遭遇的环境，就晓得自己过去世做了些什么。同样的道理，"欲知来生事，今生做者是"。

变男变女　变变变

前两天讲了个笑话，大家看济公和尚传，宋朝有位太后信佛，夜里梦到杭州庙子有个大彻大悟的圣僧。太后形容梦中和尚的样子，想要问他，她来生做什么？庙子当家不敢说，这个和尚一天到晚疯疯癫癫，衣服也破烂不堪，怎么见皇太后？结果济颠和尚不晓得从哪里钻出来了，皇太后一看就知道是他，他在皇太后面前笑一笑，里面没穿裤子，翻个筋斗就逃走了。这还得了！如果皇太后发了脾气，庙子里的和尚都没命。皇太后说："我懂了，圣僧已经答复我了，就是来生要变男的，因为这生做了很多好事。"济颠用"现身说法"，翻个跟头就是来生翻个身。管他是小说或真事，总是写得很好玩、很有意思，说明因果现象。等于我们几个同学讨论，"你的前生是女的。""以何为证据？""你看看，一出来这样的扭两下，又进去了。"

有因有果　千差万别

但是因果不是你打我一拳，我踢你一腿，不一定，所以叫"异熟"，异时而熟、异地而熟、异因而熟。今天做了坏事，种了恶因，并不一定明天受果报，也许三十年后，也许来生受果报，这个为什么不能定？用电脑计算出来？它是因缘生法，要各种条件、机缘遇合才成立。戒律方面有个偈子："假令千百劫，所作业不亡；因缘会遇时，果报还自受。"这个果报是异熟的果报，所以构成一切众生不同的生命现象。佛法不是讲唯物思想的空，我们所做的善业、恶业，永远不会掉，不会亡失。"假令千百劫"，你今天讲了一句话，乃至对他瞪一眼，这么一个因，即便经过百千万亿劫，只要因缘凑合，"果报还自受"，因此叫"异熟"。

"自受"，不是谁做你的主宰，无主宰，非自然。他说一切唯心所变，"**生诸分别法体之果，及异熟等分位之果**"，分别法体，是思维的、理念的境界；异熟分位，是现实的境界。什么叫异熟分位？例如在座的，很明显有四种异熟分位：男人、女人、老的、少的，其实详细分还很多。譬如有人活一百岁才死，有人活两三岁就死，有人变成中国人，有人变成外国人，这些都是业力上的异熟分位。

不昧因果

再来，我们提过，因果是缘生，因果既是缘生，缘生就性空嘛！性空怎么有因果呢？前文讲"**大乘圆顿，识智俱亡**"，大乘佛法讲空嘛！无所谓唯心唯识，离心、意、识了嘛！般若心无所谓知，既然是空的，怎么还有因缘生法的因果呢？现在就从这个问题开始答复：

> 所以上至诸佛，下及众生，皆因果所收。何得拨无，堕诸邪网？

所以说一切唯心，无主宰非自然，上至一切佛，下到一切众生，站在因果的立场，可以说没有跳出这个因果。他之所以成佛，是他多生累劫，种了成佛之因，这生得成佛之果；我们这生不能成佛，是因我们种了不能成佛之因，报得未能成佛之果，不过我们现在开始种因，慢慢修这个果。

所以说"**上至诸佛，下及众生，皆因果所收。何得拨无，堕诸邪网**"，你怎么认为佛法讲空就是没有因果呢？"拨无"，拨开、丢开。如果认为佛法说空而把因果整个空了，是"**堕诸邪网**"。邪网用得好极了，邪见如被网网住了，解脱不了。偏见也可以说是偏见之网，把你控制住了，你告诉他这样、那样，他总是在网子里转。有时碰到一些人讨论佛法，头大了，那只好向他投降，"都是你的对"。一句话说好了，因为他被网住了，我们不要再钻进去。

第十二讲
狂禅报得一狐身

有因有果非自然

一了能百了

贪绳接欲索

为老子喊冤

狂禅报得一狐身

书毒

因果与平等

有因有果非自然

只为一切外道,不达缘生,唯执自然,拨无因果。

所谓外道者,心外求法,与一切唯心原则违背的谓之外道。外道并不一定是骂人的话,它指的是一个内外界线的范围。外道认为万物的发生都是自然来的。学哲学的要问:"自然怎么来的?""种子来的。""那种子怎么来的?""种子就是种子,是自然来的。"这是自然外道,只到自然这里为止。

那么,相反的呢?种子是有个大神造的。在很多民族的创世传说中,不同名称的大神创造了人类,以基督文化传统来说,这个大神就叫上帝。那就要问上帝:"上帝怎么来的?上帝有没有妈妈?上帝妈妈怎么来的?上帝的外婆怎么来的?"问题很多,这就牵涉到哲学关于先有鸡还是先有蛋,世上究竟先有男、先有女的问题。据说西方极乐世界无男女相,一律都是莲花化生,不从妈妈肚子生,那又是一套理论。拿因果道理研究,问题重重无尽,佛法基础就在这里。

"不达缘生"之理,不晓得一切法是因缘所生,他们只执着是自然的,没有什么因果。很多哲学思想都是如此,认为人死如灯灭。这是个大问题,凡是这一类思想都是"拨无因果"。

一了能百了

二乘眇目,但证偏空,灭智灰身,远离因果。

二乘,指小乘声闻、缘觉这些圣人,到了罗汉境界少了一只眼睛,一只眼睛看不见,就是中国禅宗讲的"担板汉",一个人背着一块板子走路,只看到一面,另一面被板子挡住了。"但证偏空,灭智灰身,远离因果",二乘圣人,认为只要证到空就完了。

讲到这里,有一个问题很严重。现代佛教有一位大师,比虚云老和尚年轻一点,已经圆寂了,他的著作几乎都落在这境界里,可是很多人恭维得不得了。当年我们在云南碰面,云南昆明最大的饭店叫商务饭店,等于台北的圆山、国宾饭店,而且那时沿用法国人的传统,旅馆门前站卫兵。这位和尚披着头发,像个女的,拄根拐杖、戴副眼镜,穿个西装皮鞋、和尚裤子,一切都很怪。这位大师来看我,却被卫兵挡住;我在楼上看见,亲自把他接进来,谈佛法问题。在他的见解中,认为一证了空、一进了涅槃就不来了。我说这个不得了,流到偏空外道之见,然后引经据典把他驳得一塌糊涂。可是现在我发现,他留下来的著作问题还是非常严重,甚至认为永嘉大师的《证道歌》也是伪的。你看!文化思想的力量之大,后果堪忧。讲到因果,虽然他是我的朋友,我还是很替他担心,千生万劫,不晓得哪一天再碰到他,会变成什么?这个很严重,思想以文字写出流传,一偏差便耽误了众生的慧命。

因此"二乘眇目",证了空以后"灭智",不求深入,不求大般若成就;"灰身"不是灰心,譬如白骨观修成,念头一动,三昧真火一起,身体哗一下就化掉,不用耗费一点能源。所以大阿罗汉口吐三昧真火,鼻子一吸气,火光不起即化,这是功夫,可以做到的。"灭智灰身"后认为这样可以"远离因果",可以不来。小乘经典上常有大阿罗汉的四句偈:"我生已尽,梵行已立,所作已办,不受后有。"这一生是最后一站,修行功夫到家了;清净梵行并非说善行,梵者代表清净,修清净的目的已达到,并不是讲道行已立;"所作已办",这一生所做的事完了,账也还完了;"不受后有",再也不来了。

放心，这个话是他自己说的，但他不能不来。大阿罗汉、二乘圣人入定八万四千大劫，非动不可，就像睡觉一样，睡十夜还是会醒。醒来以后怎么办？一动念，因果又来了，动则得咎。所以说"二乘眇目，但证偏空"，落在偏空；"灭智灰身，远离因果"，也是错的。换句话说，二乘圣人境界的思想，"几乎"与"拨无因果"思想相同。你看佛法做学问的偏差有这样复杂，这样严重。

贪绳接欲索

> 世间业系，无闻。凡夫，五欲火烧，执着因果。尽成狂解，不体圆常。皆背法界缘起之门，悉昧般若无生之旨。

第一层批判一切外道的观念，外道包括一切心外求法的宗教、哲学思想等。第二层包括佛学、内在的声闻、缘觉圣人，等等。第三层讲"世间业系，无闻"的普通人。凡夫二字最早的意思就是平凡、一般，现在变成专称。人生在世遭遇各有不同，世间业力拴缚使你不得解脱，智慧又不够，所以叫"世间业系，无闻"。"无闻"是没有智识，虽然读了点也听到了点，但"闻而不闻""听而不听"。我经常答复许多"无闻"的人，他问问题，我答了，没有等我答复完，他的问题又来了，这是他没有听进去，"无闻"。

"世间业系，无闻"，一天到晚在"五欲火烧"，在世间受煎熬，"执着因果"，有许多人太相信因果，有时我劝朋友改变，他说："没有办法，我的命啊！"认命也是执着因果。算命算什么？人家问我："有没有算命这门学问？"我说："有。""那成佛算得到吗？""算得到。"因为算命是算因果的定业，看你前生在什么规格中，那个规格是大致的，不是详细的。如果一点一滴都知道，那我请问最高明的算命的人，算我明天第一个念头想什么？如果他算得出来，你尽管皈依他，他已经是佛了。最高明的算命可以说出过去是什么，未来他一点办法都没有。算命算定业，可是并非完全不可转。有谓佛不可转定业，不然哦！在某一个时间，佛的方法便可以转，不是不可以转。世间凡夫为什么转不了因果？我们的命为什么自己变不了？说我没办法，没有这回事。

譬如今天有位六七十岁的朋友来看我，功夫做得非常好，一打坐半天一天的，气脉也通了。我问他："怎么样？""身上长了一个包子一样的东西，也不痛，一摸里头呼噜呼噜响。"我说，"去看病去！"他说："死了都不看，医生一定说我长瘤啰！长癌啰！然后通个管子，弄半天被他搞死了，我才不给他玩哩！"我说："那去看中医啊！"他说："中医一定弄熬水的药、解毒的药，吃了半天苦死了。"又接着说："我来让老师看看怎么样？"我说："没有怎么样。你不是修定做白骨观观得很好吗？""对啊！"我说："你不会观太阳照钴六十？""嘿！我知道了！回去照钴六十，下次一定好。"我说："你这么大年纪，为这个事那么担心做什么？"这就是在五欲火烧当中执着因果。

为老子喊冤

这是没有跳出三界外，还在五行中。算命讲金、木、水、火、土就是五阴之色、受、想、行、识及五欲之色、声、香、味、触，眼睛要好的看、耳朵要好的听、环境要舒服、思想要自由，这些都是五欲。五欲火烧，因此"**执着因果，尽成狂解**"，都是狂人。他不晓得在生命因果之中，无主宰非自然有个东西叫作道，叫作如来，叫作真如，也叫作圆常之体，也等于中国南北朝有位弥勒菩萨化身的傅大士的偈子所说：

有物先天地，无形本寂寥。

能为万象主，不逐四时凋。

就是这个东西。这句话本来出自老子，这个"物"也不要解释错了，不是物质的物。很多中国哲学著作认为老子是绝对唯物的，真是冤枉了老子，我看了真替他们担心。老子有很多地方提到物，像"道之为物，惟恍惟惚。惚兮恍兮，其中有象；恍兮惚兮，其中有物。窈兮冥兮，其中有精"，以及"有物混成，先天地生，寂兮寥兮，独立而不改，周行而不殆，可以为天下母。吾不知其名，字之曰道"。老子几千年前所讲的物，其意不是现在物质的物。这个"物"代表什么？你想想看，那个地方有个什么"东西"，"东西"是现代人讲法，你也懂，我也懂。不过，几百年后这句话变了，不用"东西"，后代考据现在的人所讲的"东西"是什么？东：东方；西：西方。那时，东方与西方，东西文化交流。未来的考古学家有可能像这样注解得一塌糊涂。

孔子周游列国没有到过楚国，为什么？据说他到了湖北边境，在汉口渡江时，车子坏了过不去。孔子叫子路想办法借点工具修车，子路在汉水边看见有个女人在洗衣服，孔子的学生当然都有礼貌，"请问大嫂……"女人回头问："干什么？""我子路想向大嫂借样东西用用。"这女人说："好！你等着。"也不问他要什么，回头拿了一把斧头、几根钉子、几根木头给子路。子路一看吓住了！她怎么知道？"请问大嫂我还没讲要什么，你怎么知道？""东方甲乙木，西方庚辛金，一定要木头、斧头、钉子啊！"子路一听不敢想，"对了！"赶紧回来向夫子报告。孔子说："楚国不要去了。楚国的女人都是哲学家，学问通，五行都明白，车子修好回去了。"所以孔子不敢到楚国。有时跟两湖的朋友讲笑话："你们楚国厉害，连孔子都不敢来。"

我们现代语言讲"什么东西",几千年以后的人们可能也会认为是五行。老子说的物不是物质,为什么几千年后硬说他是唯物思想,奇怪!那傅大士也是唯物思想?这个物等于我们现在所讲的"东西",禅宗讲"这个","这个"就是"那个";"那个"就是"这个",讲不清楚只好用这个代号。凡夫"不体圆常",不知道就是这个,若知但莫执着。

狂禅报得一狐身

因为凡夫不知道缘起性空的道理,"皆背法界缘起之门",不晓得这个功能,起一切果报、三世因果、六道轮回的是自己那个道体本性。法界是个名称,所指非物质、非精神,超越物质、精神世界。"法界缘起"即《华严经》说的:以一法成一切法,以一切法起一法,所谓万有缘于万有而起。同时,凡夫"悉昧",完全忘记了"般若无生之旨",不知道般若大智慧心性的本体,本来"生而无生"。

这便牵涉到不昧因果、不落因果、不住因果的重要课题,禅宗最有名的公案——百丈禅师说法的公案,再向大家提一下:

百丈禅师每天上堂,上堂即说法,现在讲上课。老和尚规定每天下午上课,这是佛的制度,佛在世时都在下午说法,《金刚经》说,佛化缘、吃饭、回来洗脚,可见泥巴沾在脚上,并不是步步莲花;如果步步莲花出去化缘,那个佛就不稀奇啦!他是普通人,脚也踩在泥巴上,回去还是洗钵、洗足、敷座而坐,自己把座位排好,衣服一拉坐上去,《金刚经》描写的佛多平实啊!别的经步步莲花、顶上放光,一出来,人家要吓死了!佛每天饭后打坐,大约二点多出定说法,后来成为佛教规矩,上堂说法多半在这个时候。

百丈禅师每天上堂,一位白发、白眉、白胡子老人家在旁边听了好几年。百丈说法，在家、出家听的人很多，也没管他。有一天老和尚兴致来了，这位老人家最后走，百丈问："你好像听了好几年，有什么心得？"老人家跪下来说："师父啊！我不是人，我是狐狸精、狐仙。"据说动物修道要先变成人身，变人身之前要经过好几个转折，很可怜！他说："五百世前我是个和尚，人家问我一句话：'大修行人还落因果否？'换句话说，跳得出因果否？我当时答复说：'大修行人不落因果。'这句话错了，我也不晓得错在哪里，可是所得的果报就变狐狸（所以后世骂人"野狐禅"，由此而来），解脱不了畜牲道的果报，求老和尚慈悲给我解脱。"百丈笑了，他说："这样啊！你问我。"老人家问："师父啊！大修行人还落因果否？"百丈答："不昧因果。"此即《宗镜录》所言："上至诸佛，下及众生，皆因果所收。"可是不能困在因果里。但是受不受果报？受，大彻大悟乃至成佛也要受。

佛经上讲，佛有一天坐在地上说法，地上忽然长出一根刺，刺到脚心，释迦牟尼佛是印度人，光脚的，不像我们出家人穿袜子把脚包得好好的，他跳起来移开脚，刺跟着长，佛就用神通跳到空中，刺也跟着长到空中，一直刺到脚流血，没事了。佛的弟子就问怎么回事，佛说是果报，过去那一生做了某一件事，虽然现在成佛，果报转轻，但是应该流血还它，所以这次要流血。流血也同耶稣钉在十字架上流红血一样会痛，到了四禅定的人，血流出来是奶油色的不痛。大家看，佛也不昧因果。

那么，这个老人家一问，百丈一答，哦！悟了，他要求百丈禅师第二天带领弟子、搭袈裟到后山洞找他的肉体，不要把他当畜牲看待，而要把他当老和尚死了那么烧化。百丈第二天带领全体弟子，果然在后山洞看到一只小牛般大的狐狸，也不管它五百世野狐身的果报，披上袈裟，还是把它当成老和尚烧化了。

书　毒

禅宗这个故事包含了多少意义，大家以中国文化、佛法的角度研究看看！所以我们知识分子要特别注意！迷惑后代种了这种因还了得？如果错讲因果，害的是多少人的慧命！精神文化的寿命被断，那不得了的！所以"一字之差，五百世野狐身"就是指这个公案。大家喜欢写文章、写书的小心啊！好多人说我写了很多书，我说，"著作等身，罪业等身"，不只这一生，只要你有身，罪业就跟着来，所以不能乱写，千万注意！

"悉昧般若无生之旨"，不昧因果的昧字，一般凡夫都"昧"去了。我们讲昧良心是这个昧，一般白话错写成没有的没。昧，就像被黑影遮住了。"悉昧般若无生之旨"，忘记了因果生而不生、空而不空、不空而空的道理，所以谈空不是那么简单。空而不空，不空而空，后来演变出答即不答，不答即答的笑话。

因果与平等

> 今所论因果者，唯以实相为因，还用实相为果。但了平等一心故，终不作前后同时之见。若能如是信入一心，皆成圆因妙果。

永明寿禅师写这本书，集中了佛教经律论的精华。他说我现在所讲的因果"唯以实相为因"。实相无相，实相是什么？前面讲"般若无生之旨"，我们始终不把般若翻成中文，中文意思是智慧，实际上，智慧二字的含义不足以代表般若，般若有三重、五重意义：第一重意义是实相般若，第二重是境界般若，第三重是文字般若，第四重是眷属般若，第五重是方便般若。古德对般若有几个不同的归类，观照般若也包括在内。

明心见性悟了道，是证得实相之体，空而不空，不空而空是实相般若。同时般若也可有境界。一般人打坐，哟！我还在空的境界里，又想把境界空掉。他忘记了般若（智慧）到了，是有境界，有你的意境，为什么要把意境空掉？经常有人以为入定是什么都不知道，那你去学死，不要学入定，对佛学都没有搞通。定修得好，自然有文字，文字并不一定是诗文作得好，而是真、善、美所起的表达，文采便出来了。此时心境宽了，布施持戒，对人一切慈爱都来了，这些都是它的眷属，附带的都来了，然后方便般若，做事、讲话等方法多得很，都能现前。

般若包括五般若或三般若、二般若几种的分类。因果以实相为因，实相是空相，就是禅宗六祖说的："本来无一物，何处惹尘埃。"至于六祖师兄神秀说的偈子"时时勤拂拭，莫使惹尘埃"也对，那是观照般若，不完全错。六祖认为神秀错了，是说同实相般若不相干。六祖的"本来无一物"还有待讲空而不空的另一面。

讲禅学的人一提到"本来无一物，何处惹尘埃"，就拿六祖的偈子打人，对不对呢？六祖只讲了一面，你不要被他瞒过去。那个时候他只悟一半，没有大悟，是偏空之果，后来大悟还有偈子。后来的黄龙死心禅师悟道作了首偈子幽默六祖：

> 六祖当年不丈夫，倩人书壁自糊涂，
> 分明有偈言无物，却受他家一钵盂。

自己不会写字请人代笔，不是讲"本来无一物，何处惹尘埃"吗！文字是有物嘛！结果还接受人家的衣钵，这算什么嘛！一语双关，很妙!

讲实相的道理,"实相为因,还用实相为果",这中间告诉我们,真的了了,"平等一心故,终不作前后同时之见",没有时间、空间的分别观念,不是断见,绝对的空灵,我们只好加个字:空灵了。这个是平等一心,所以真到了明心见性的境界,看一切众生没有哪样不慈爱,没有哪个怨亲不平等。"终不作前后同时之见",因果同时、先因后果的观念都错了,你们研究佛学教理的,对这个"理"要多研究龙树菩萨的《中论》,非前后际,非同时。他说"若能如是信入一心",假使有人真相信、真了解绝对唯心的道理,那包你成佛,"皆成圆因妙果"。

第十三讲

命河推出因果浪

爱美好学佛
「爱」字何辜
佛的好心好报
梦幻非无
长在短里
生灭成因果
唯心缘起
往事只能回味
你相信前生吗
心的变形
小动作 大来由
无明缘行
生命的惯性作用
习在定中转
前因后果须端详
迷糊常伴善恶行

爱美好学佛

如《贤劫》《定意经》云:"指长吉祥,见者悦然无不吉利,此者皆是一心之报。"又云:"其演光明无所不照多所安隐,是一心报。"又云:"威光巍巍无见顶相,是一心报。"

永明寿禅师引用佛经说明,大藏经有一本经叫《贤劫经》。我们这个劫数叫圣贤劫,有一千位佛出世,释迦牟尼佛是第四位,弥勒佛第五位,下一次算不定你们哪一位是第六位。《贤劫经》里说"指长吉祥",成了佛的人功德圆满当教主,有卅二种与常人不同的相,有八十种随形好。佛的手指特别长,指头均匀非常漂亮,当然不是长臂罗汉,长臂罗汉是异相;也不是瘦子的手指像筷子不好看。为什么有些佛像把佛的手指画成结印如莲花?这是展现姿态很美,圆满吉祥,甚至指头放光,使人看见其指而生欢喜心。见到佛的相,心中安详得大吉利。人为什么会有这样的相?皆是前生心地果报来的。

我们这个身体叫报身,这一生为什么多灾、多难、多病苦?前生自己造的业,今生受此报。你看看有些人的相,让人一看就喜欢,也讲不出来为什么喜欢他。他口袋有两毛钱你喜欢?不是的。有些人对人特别好,怎么好都令人讨厌,都想躲开他,不愿意亲近他。这都是前生多劫之报,心地法门的报应。

我们有很多同学一天到晚吊着脸,好像可以吊十八个夜壶,这样一来,搞得来生猪看到你都要躲掉,何况人!我经常叫他们多笑一点,多点笑容多好呢!虽然人家不理你也好看嘛!那个脸挂下来多难受!所以为了修行必须买面镜子。

佛的"指长吉祥","见者悦然,无不吉利",为什么得如此果报?

"皆是一心之报"。经典又说"其演光明无所不照多所安隐",身体放光,受他光芒照射,有烦恼的一照他,心里安详了;有痛苦的一见到他,痛苦放下了,"是一心报",也是他过去对人平等一心的心地果报。

"爱"字何辜

拿西方文化讲,"爱心"就是佛家讲的"慈悲",也同中国人讲仁慈的道理一样。许多搞佛学的人没有文化基础,引证佛经辩驳西方人讲爱心是不对的,说爱是业,打击爱心的不对。佛教刊物有很多这种幼稚的东西,被人笑死!他不知道西方文化讲的爱心虽然名称不同,其实就是中国人所讲的"仁慈"。

所以,注意啊!这也是一字之差,五百年野狐身!你到西方文化的语境中用英文讲慈悲,只好用英文的"爱心"来表达;你另创一个词"慈悲",人家不懂你的意思。文字般若不够,方便般若也不懂,不知道人类文化演变,这么写文章岂不是妨碍了慧命?

佛的好心好报

佛经又说"威光巍巍无见顶相,是一心报"。年轻时,看佛经看到佛的卅二相之一无见顶相,越想越奇怪,世界上的人,看不到头顶,一定跟水桶一样,你说好看吗?三十二相,如果我成佛只要三十一相,这一相我不要。

实则,这是形容高不可攀啊!把它翻译成"无见顶相",有人想不通!那样佛像头成了什么样呢?"无见顶相",仰之弥高,一看肃然起敬,也是一心之报。

这是永明寿禅师引用佛经说明相好的果报、现象的果报、生命的果报，都是自己前生行为的因果来的。

以上，"悉昧般若无生之旨"，前面一大段是讨论因果问题。从"今所论因果者，唯以实相为因，还用实相为果"开始，则讲唯心因果。"指长吉祥，见者悦然，无不吉利，此者皆是一心之报。"又云："其演光明，无所不照，多所安隐，是一心报。"这段就是说成就佛果的报身，而色身甚至放光照见一切。这是什么果报呢？就是心地修持所得的果报。又云："威光巍巍无见顶相，是一心报。"其意同前。现在永明寿禅师继续引用《华手经》的经偈，这里要注意了！

梦幻非无

《华手经》偈云："汝等观是心，念念常生灭；如幻无所有，而得大果报。"

严重的问题来了，这可以说是因果报应的哲学问题。真正的佛法讲一切果报是唯心所造，无主宰、非自然，每一位众生都是唯心，心物一元的心。《华手经》偈首先指出我们思想、感觉、知觉的心念是生灭的心，像电一样，它一下一下跳动，跳动以后没有了。

譬如，我们都能体会到自己，从早到晚的每个思想、念头，都不能永恒存在，一直生灭不停，像海上的波浪，像电光、像风吹，随生随灭。它是如幻的，佛经就常用"如梦如幻"来形容。幻就像幻灯片一样，如同电影影像一般；但是要注意，研究佛学看到"如梦如幻"很容易犯一个错误的观念，把"如梦如幻"当成没有。"如梦如幻"并非没有，幻相来时，或当人在梦境中时，的确是有；不过，不是永恒不变的存在。

长在短里

譬如，中国文学受佛学影响，经常用一句话："人生如梦。"不错，人生是如梦，但是梦也是人生。我们在刹那之间做一个梦，有时几十年的生活都反映在梦中。像有名的"黄粱梦"，是中国佛道两家的名人吕纯阳得道以前做的梦，他梦到自己考功名、中状元、出将入相，四十年功名富贵、家庭儿女样样圆满，最后犯罪被杀头，头一砍，醒了。醒后看到旁边有个老头在煮饭，饭还没有熟呢！四十年中一顿饭还没熟，形容人生的短暂。因此吕纯阳梦到这个就修道去了。

实际上，一个梦几十年在一顿饭里还太长，真正的梦再长，也没有超过五分钟的。有些梦从年轻梦到老，经历很多事，其实没有超过五分钟。梦中的时间与现实生活的时间是相对的，证明一切时间都是唯心相对。人生如梦，梦也是人生。活到八十岁的人回头看过去的八十年，仿佛昨日的事。我经常说走路可以看到人生，爬山走路看前面还有那么远，回头看看走过的路，很短，人生就是这么一回事。

生灭成因果

生灭当中是有，但它不是永恒的存在，这个地方要细细地体会。念念是生灭，但是能够使你的念头发动、跳动的那个东西，它不生不灭。因此，我们晓得"汝等观是心，念念常生灭；如幻无所有"，它本来是空的；"而得大果报"，为什么最后要受大果报？不要认为念头空，无所谓，想一想没有关系。真正了解佛法的人，单独一个人坐在房间，或坐在高山顶上四顾无人，一个念头都不敢乱想乱动；一想，因果历然。

所以中国文化儒家曾子的《大学》讲"慎独"，单独一个人要小心谨慎，连念头都不敢随便，乃至曾子引用"十目所视，十手所指"，有这样严重，所谓"戒慎恐惧"也是同样的道理。东方有圣人，西方有圣人，讲心的力量，成了因果有这样厉害。从现代科学的层面来说，如果这个理论成立，并且能够证明心力之强；那么，把心力用到善业上，或用到其他方面，它有无比的功能。

所以，看佛经看到生灭法、如梦如幻，马上把它们打入空无的观念是错误的。生灭法在如梦如幻中，此心的功能有无比强大的力量，甚至超越宇宙的力量，将来或可得到科学的证明，今后人类的文化会慢慢向这方向去摸索；其实，现在已经在开始探索了。

唯心缘起

接着又续引《华手经》的偈子：

又偈云："是心不在缘，亦不离众缘；非有亦非无，而能起大果。"

心不在缘，什么缘？老子有句名言讲得很对："不见可欲，使民心不乱。"一个人没有看到过那个东西，没有习惯，心里不会乱。物质文明愈发达，人类的欲望愈提高。换句话说，物质文明愈发达，犯罪的行为愈复杂，犯罪的因果也越来越错综复杂。这是当然的，因为是外缘所引起的。老子这种思想说明外缘的可怕，儒家、道家都一样。曾子也知道外缘的可怕，所以有"慎独"的说法。

我们的心本来是依外境而引起。譬如我们当年晚上看书是点一盏青油灯，后来用洋油灯已经相当奢华了，现在离开电灯就不能过活了。当年出门走路、坐牛车也很好，拿把草扇扇凉，凉风习习，无比的舒服；现在好像离开冷气不能生活。这些心理状况的变化，都是外缘所引起的。但是，当外缘引起这心的功能，它的作用并不在外缘的上面，而是内在的、唯心的，所以说"是心不在缘，亦不离众缘"。

往事只能回味

简单地说，外境可以影响心理，心理也可以造成外境，心理因缘很难说一定属于哪一方面。所以此心与因缘的关系不能说没有，是有。当你被外缘一引，它是起作用，不是空的，是有；当这个缘过了，好像没有，实际上还是有。譬如做一件事，做过就忘了，尤其年纪大的人，几十年前做过的事，自己想不起来；没有了？不会的。我告诉你，到了什么时候想起来？快死的时候。为什么？因为心理的反应有一个特殊的作用，几十年前的事像放电影一样，很快回转来，都会再想起的。

所以我经常告诉青年同事，老年有一个很明显的现象，他跟你讲话多半讲过去的事，他当年如何如何。这次碰到讲这个，第二次、第三次碰到还是讲这个。遇到这一类朋友，我真是痛苦得要命，阻止他，他还是要讲，因为他没有新的观念、新的话题，只晓得旧的。那么，你在这个地方就可以看出他的心理。过去经历的事情，本来在中年阶段已经忘记了，为什么到晚年又重新提出来？研究心理学的同学要特别注意这个地方！心理的功能有这样一个作用，从中就可看出它的因果，看出它的因果律有这样可怕。所以老年人回忆往事，在心境上非有也非无，说有，早就灭了、忘了！说无，一下又现前。

你相信前生吗

如果告诉诸位，人死了以后会有另外一种功能，把我们现在、过去、前生的事情都会回忆起来，大家不容易相信。现代人喜欢讲："拿出证据来！"有一个证据，除非你得定，证到宿命通晓得前生了，可以做得到。过去多少生，变男人、变女人，跟哪个是夫妇、是兄弟，都清清楚楚。有时兄弟这一生跟你是冤家；有的这一生是夫妇，前生是仇人，这一生爱你爱得要死，让你受不了，这是报复你最好的办法。各种各样的因果报应，方式不同。

所以我经常告诉学佛的朋友最好不要有神通，有了神通最好不要有宿命通，一晓得前生做过什么，蛮难为情的。前生做过狗也吃过大便，心里不大舒服，没有神通就没有这困扰。要证明这些很难，以现实文化思想而言，认为这些虚无缥缈，所以我们只能拿现有的人生来体会老年跟少年的差别，说明此心非有也非无，"而能起大果"。现在还在说心的功能，它本身具备因果的作用。

心的变形

《显扬论》颂云："由彼心果故，生已自然灭；后变异可得，念念灭应知。"

心理的状况，一生一灭、一生一灭地跳动，这是心的功能所显出来的成果，即所谓过去生种子识所带来心的果；后天的教育只能稍稍影响他一点，很难有大的变化。心果，只管这个阶段；生已，便自然灭去了。生出来又变灭，灭去并不是没有，那个功能、那个影响还在，当然现代科学还很难证明。

有一点大家要小心，虽然现在科学知识进步到这个程度，有许多足以被我们证明是不错的，但如果认为科学是定论，常常会闹笑话。所以大家研究佛学著作，尽量少引用科学，因为一引用，很可能三年以后，定理整个被推翻，你那篇论文因引用错误而整个失去价值。

如果拿科学的光学来说明，譬如人在这里，两个钟头以后离开，在几个小时以内照相，每个座位都可以照出每个人的影子。也就是说，生灭早过去了，人也早离开了，那个影像的功能都还在。现在科学只能到这个程度。如果拿哲学、佛学道理讲，这个影像不只几个小时，而是一直还在，但存在的是影像，影像则随时间而不停在变异，早已不是你原来的那个形态。由你原来那个功能发出来的形态，变异、变掉、变去了；变去了不是没有，而是变另一个形态，所以说"后变异可得"。

所以，尽管我们随便一个思想、行为生灭马上过去了，它的后果的功能依然存在。在念念的生灭上，我们应该知道这个道理，思想、起心动念要特别注意关照自己，非常可怕的。我们常常在现实生活中看到，一个人动了杀机想害人、杀人，立刻气色就变了，如果当时把血抽出来验，血液变成带蓝色，有毒；当然太高兴，血液的糖分就特别多，也是有问题，过分的都不对。所以心性修养与生理有这样复杂的关系。这些都是借用现代科学、医学的一点点道理说明这个东西。现在再说《显扬论》。

小动作　大来由

《论》曰："彼一切行，是心果故。其性才生，离灭，因缘，自然灭坏。又复后时变异可得。当知诸行皆刹那灭。"

这道理怎么说呢？我们一切行为，佛法说的"行"字，在五阴中是"行阴"，阴也有译成五蕴皆空的蕴，不管是阴或蕴，都有含藏的意思。行是功能，永远在动，像地球物理一样，永远转动。等于大家静坐，想一下把心念静下来做不到，做不到也不要着急，因为心理与生理功能这个机器永远在动，要慢慢地沉静下来，这就叫功夫，所谓功夫是时间的累积。此外，我们心理的思想活动也是一种行。

前几天我跟女同学讲笑话，我说："你们女同学真是讨厌，手始终要动。"女孩子打电话，手喜欢摸电话线，再不然，一边讲话一边这里摸摸，那里动动的，不然无意地摸摸衣服、扯扯头发，像这些无意的动作就是行阴。当然不是天下女孩子都是这样，也有很庄重的。而这种习惯性，也不是一生的事，可以看出她前生的业力来的。有些同学比较没有这个动作；有些就特别厉害，叫她不要动了，讲着讲着又摸起来了，这个下意识的动作，就属于行阴，是前生心理习惯带来的果报，当然它是生灭的。

无明缘行

"其性才生，离灭因缘"，譬如动一个东西，摸一下，等一下就没有了，念头又跳动过去了。再举一个明显的道理，有人讲话喜欢摸衣服，有人喜欢抠鼻子，有人喜欢摸头发，每个人都有特殊的表演。有些人一讲话就抠大指头，问他怎么了？他说没有啊！等于骂人骂惯了，问他为什么骂人？他又一声："他妈的！我没有啊！"像这些地方，就是"离灭因缘"，他不知道自己当下言行是怎么回事。注意啊！这个"行阴"就是业果。

所以，业果在什么地方看出来？就在这些中间，只是自己不知道；它就是一股力量，促使你人生的形态自然会向这里走。譬如有人讲话、动作特别啰嗦，叫他简化一点，嘴里答应说"是是"，然后又讲一大堆；叫他说结论，他说"是是"，就是结不了论，真是没办法。行阴、业力的果报，在这个地方就是始终转不过来。真正学佛修行是要注意这些地方，千万不要认为盘腿打坐念佛就叫修行。

打起坐来念佛时很好，下坐以后，却"阿弥陀佛，阿弥陀佛，你好讨厌……阿弥陀佛……"，像这样念佛，你念再多也没有用。没有把那个东西转过来就往生西方？往北方也去不了。你那个行阴没有改正方向，加强动力，就像要开车往西方，结果却向东方走，乃至于向下方走；向东方走还好，有个琉璃世界。

真正的修行人要确实反省的是行阴，结果我们硬是转不过来。我经常笑自己，人家讲不对了，我眼睛一瞪："你干什么的？"真对不起，习惯动辄训人，那个一下就来了，毛病大，这是行阴的力量。所以"**其性才生，离灭因缘**"，看起来才生起，自然灭了，过去了、没有了，自己觉察不到。但是要注意后面一句："自然灭坏，又复后时，变异可得。"它是变异的，怎么说？比方我们刚才举的例子，有时习惯讲人不对了，脑里就烦起来了："怎么那么讨厌，那么笨呢！"这也是行阴的毛病！

"**当知诸行皆刹那灭**"。佛学中对刹那有两种说法，有说这么一弹指有二十个刹那，有说六十刹那；管它多少刹那，反正刹那是很快的。我们的心理作用刹那、刹那跳动，现在是刹那生灭、生灭；那个能够生灭的功能，就像流水一样永远在行，你看流水就知道行阴。一条河流前一个浪头早过去了，后一个浪头接上来，中间在生灭，可见它这股力量是一条河流，我们的心理状况也是这样。

生命的惯性作用

云何应知诸行是心果耶？

我们晓得一切因果都是唯心，怎么样可以知道呢？刚才我表达得不好，但是我也只有这么大的本事，把行阴说明到这个程度。这个行阴为什么都是心的果呢？

颂曰："*心熏习增上，定转变自在；影像生道理，及三种圣教*。"

永明寿禅师摘录《显扬论》中的原文。他说，我们讨论心的行阴、心的果，这其中与唯识有关。我们的心是熏习的增上。"心熏习增上"这句话讨论起来真要命，佛学最难懂的是"业"，业很难解释，不是孤臣孽子、冤孽的"孽"。善、恶、无记都是这个业，拿现在的术语讲，是一种力量，无形的一条绳子，一个动力、功能。

业也翻成"习气"，习气是中国文化的讲法，我们习惯性构成一个气，这个气当然不是呼吸的气，也不是空气的气。气是一股力量。比方刚才说有些人有许多无意的动作：抓抓头、摸摸鼻子，打电话摸电线、拿东西，这是习惯，习惯形成力量，很难把它转变。最近有些同学说笑话，某某同学前世大概是女人，好多动作女性化；有些女同学前生是男人，好多动作男性化。这个笑话说明什么呢？业力、种子，过去带来的习惯甚难调伏。这里所说的过去是讲前生，看不见的那一生。

"熏"，熏腊肉，熏鱼一样，香烟抽久了的人指头发黄，熏出来的；佛像前点香，熏久了佛像变黑。菩萨不好做，做菩萨一脸都被熏黑。"熏习"这个名词有二个说明：种子生现行，现行熏种子；过去的种子慢慢熏习惯了变异成现在的行为，变中有异，与过去生不一样，而且"增上"，愈来愈严重。讲过去世、现在世太难啦！我们小时候都喜欢研究自己；再不然嘛，找个对象来研究。大家小时候在一起都晓得他人的习惯，长大了，有些大学毕业、有些当博士，乃至在社会上有事业成就，他童年的习惯还在，因为他那个种子熏习变成现行；现行呢？变了一个样子还是那个习惯，现行变成未来的种子，这是熏习来的。

习在定中转

还有另一种情况，是受到教育环境的影响。很多青年人到国外搞久了回来，讲话："耶、耶！"我说："耶个什么？是就说是。"但他是有意的吗？他是无意的，搞惯了，这也是熏习来的。外文搞好了，三言两语夹两句外文并不稀奇，讲惯了。所以说种子生现行，现行熏种子。这个心的作用接受了外境，慢慢熏习可以增加。要什么时候转变呢？大家学佛、打坐、修定，只有真正得定的人才转得了这个习气，才能把这个熏习转了，定到最高处才得自在，像观自在菩萨一样，才可以自由自在，这就是"定转变自在"。

反过来说，普通人、不修道的人、不学佛的人，他已熏习的坏习惯，久了以后，做个凡夫也很自在，爱怎么样就怎么样，"你要我转变办不到，我习惯了"。就是这个样子，这是凡夫的自在。你说："你改一改好不好？""好。"过一会儿一忘记，老毛病又犯了。菩萨自在，凡夫也自在，两种自在方向不同。凡夫变成定业；修道的人变成定的功德。其定一也，定的作用一样，一个是向造业的路上走，一个是向升华的路上走，定的功能如此。定就是确定、固定，变不了谓之定。

所以学佛为什么叫你念佛、打坐？或者讲修养的人总有种好的方法让你练习。天天念佛、打坐不过在熏习而已！以为自己打坐、做功夫就有道，那还差远了。大家都在熏习，向好的路上慢慢练习久了变成定心，固定那个形态，把变异变成不变异，不追随外境转，那才能转变，"定转变自在"。

譬如有许多朋友告诉我："某人学佛那么多年，年纪又大，脾气还是一样坏噢！"我说："他佛也念得好，脾气也发得大，对啊！同我一样。"这有什么用？没有用。修持尽管修，坏的业力同你并驾齐驱，念佛这一念的定没有转变熏习的习气，我告诉你，据我所知可惜了，当然还有许多非我所知的。所以要深入了解这个道理，打坐也好、念佛也好、修密宗也好，"心熏习增上"，你可以自我检查，有没有"定转变自在"？

前因后果须端详

"影像生道理"，什么叫影像生道理？人生一切的遭遇，是自己过去的因果所发生的一个影像而已。以这个道理来讲，我们今天活着，几十年人生，自己所遭遇的一切，怎么样长大、怎么样受教育、怎么样成家，这些不过是第二重生命的反映。而第一重生命的反映也是过去力量带来的影像，懂了这个影像，在这个中间要找出它那个原理。所以，真正研究佛法，在现实人生当中，透过这个现象找出它的原理，而形成三种圣教，圣教就是佛的遗教，大乘、中乘、小乘三种，下面是解释这些道理的。"心熏习增上，定转变自在，影像生道理，及三种圣教"这四句偈含意很多，包含一切唯心业果的道理纲要。

《论》曰："由道理及圣教，证知诸行是心果性。道理者，谓善不善法，熏习于心，由习气增上力故，故行得生。"

由上面"影像生道理，及三种圣教"，我们得以知道这个唯心业果的原理，然后还要去求证。用什么求证？上面所说的"定转变自在"，靠定心去求"证知诸行是心果性"，定这里面也已包含了戒。诸行，指我们一切心念、思想、习惯，乃至一切行为的习惯。诸行是心的果性，都是本性心的功能所带来的种子。所以每个人个性不同，乃至兄弟姊妹那么亲近，彼此个性却绝对不同。一个喜欢玩弄聪明的人，你叫他规矩一点，做不到；一个笨的人，叫他稍稍学聪明一点，不行；有些讲话慢的，快一点好不好，改变不了，有些讲话快的慢不了，没得办法改变。

现代人喜欢讲禅宗，禅宗不是"青蛙跳下水，噗通"一下就开悟了，不是那么容易啊！真的禅宗是转变你的心性。所以古德说，真正悟了道的人自己晓得："不异旧时人，只异旧时行履处。"人还是这个人，你自己的心性自己晓得突然转变。一个懦弱的人变得坚强；一个讲话啰嗦的人变得简单扼要。如果这些动作都没有动摇，你说悟了，那是误了，聪明反被聪明误。那一点理悟没有用，要心行的转变，这是禅宗的真义。所以达摩祖师注意行，要"行到"，不只是"理到"，聪明一点的人理都会到。

迷糊常伴善恶行

什么叫"道理"？简单地说，善与不善（就是恶），两者对立，中间不善不恶叫无记，我们心理的行为经常在这三种状态。大家反省看看，思想不是向好的想，就是向坏的想，你说什么都不想，像有些人站在那里愣了半天，愣住了，那叫无记。无记是什么？你看嘛！有两个朋友，一头牛、一头猪，就经常在这里头享受——无记。注意哦！打坐修道的人经常把在无记中当成定了，所以要特别小心。

"道理"就是这三样：善、不善、不善也不恶（停留在呆呆的状态）。换言之，从这里你要知道，心理的行为是两个相对的状态，没有中间，不善就是恶，中间那个不善不恶的好像平行在走，那是小昏迷、不清醒的状态。一清醒的状态，心理思想作用不是善就是恶，那不善不恶是一段无明状态，佛学名词叫无明，禅宗叫黑漆桶。这其中差别很大很大，我们要注意这个。

所以，熏习由心理作用而来。我们这一生带来过去生的个性，加上现在的环境，"习气增上力故"。"故行得生"，所以生命这个"行"，生命生生不已的功能永远不会断绝；心理的作用也永远不会停止。大家打坐、学佛那么久，为什么心念不能得清净呢？行阴不能断。你说我想去妄想，怎么去得了？有意地控制妄想不起，正是行阴的功能，正是大妄想，这个理要通，我经常告诉大家，学佛用功修道，理不透彻没有用，那是大家哄自己好玩而已！在那里消耗光阴，庄子所谓"不亡以待尽"，坐在那里看起来没有事，其实在等死！

第十四讲
心中自有黄金屋

灭障得自在
意解心自开
大自在心能转物
暂时活着的人
我们的果报
同是天涯沦落人
大富法
贫富两难
一人有庆　兆民赖之
一念之间

灭障得自在

又脱定障心清净者，一切诸行，随心转变。由彼意解自在力故，种种转变。

现在再来解释"定"，前面谈到"定转变自在"，定可以使我们产生转变，而得到自在，原来是"由习气增上力故，故行得生"，众生因习气而不能自拔，被拖着走，"又脱定障心清净者，一切诸行，随心转变"，一旦借定而求得解脱，解脱什么呢？解脱心性的一切障碍，便能反过来转变一切习气的牵引，不再受制。大家学佛求解脱，学道求逍遥，结果学了佛、学了道以后，更不解脱、更不逍遥，这是很糟糕的事。

要"脱定障"，脱去这个定业，那些过去累积起来的种种习气，须要真正入定了，一解脱这些障碍，心就得清净。当然我们学佛、学打坐，有个大障碍，身体有病的人更糟糕，坐坐就难过起来了。这里痛、那里痛。这是业的果报！病由业，业由熏习。过去的种种熏习，现在都出现了。所以要"脱定障"，才能心得清净，"一切诸行随心转变"，而得自在。但这要得大定才行。所以打坐的人，两腿发麻了，即使"阿弥陀佛"，念个不停，麻还是照样麻，转不了。道理在什么地方？在第六意识的功能。必须要把第六意识解脱了，"由彼意解自在力故，种种转变"，才能初步得"自在力"。意识的功能力量有这样大，然后而起种种心性的转化。

我们很多学佛、学道的朋友，对第六意识还认识不清楚。只晓得第六意识浮面的那些妄念而已，就如水上的游鱼一样浮在上面。真正的第六意识还不是这样。等到完全做到了清净，这个身体坐在这里，意识很清明的时候，那就是第六意识的出现，但还没有得到解脱。所以要第六意识解脱了，得自在力，这时你的习气慢慢的才开始了种种的转变。这不是那么简单，不要以为参个话头，或如马祖将百丈禅师的鼻子一扭，就悟了。

意解心自开

又由定心自在力故，随其所欲，定心境界，影像而生，是名道理。

真得到定，前面有个条件，要"意解脱"，所谓"意解心开"，同时也有"脉解心开"的作用。真的意解脱了，心理立刻起了变化，除了身心气质的升华外，还可以逐渐明了心物一元的作用。因此"**定心自在力故**"，意解脱了以后得了真正的定，而此定有超出一般平常的功能。

"意解脱"所产生的现象也可说是很唬人的，其中涉及道家、密宗气脉的道理，像是心脏的气脉"叭"一声扒开了一样，有如心脏病爆发。这些道、密的道理不清，真会吓死人；被吓死了，那是业，何苦！有的变成神经病，那也是智力不够、定力不够。

有些人佛理懂了，生理、心理没有起变化，根本没有被吓到的机会，那也很可惜。"**定心自在力故，随其所欲**"，此"欲"不是后天的欲望。所以不要欲想一个西方极乐世界看看，究竟有没有；或想要变化一个境界，就会立刻起作用。一切只是自然而然。"**定心境界，影像而生，是名道理**"，有些人打坐，往往会看到一些光、一些影像，或是这儿气通，那儿通气什么的。记住，那只是你妄生的影像而已。如果把这当成了不起，当成道，那是自己欺骗自己，没有用的。道理不通，把自己弄得苦恼、弄得神经。我非常反对迷这一套,何苦来哉!

诸位看了《金刚经》所提的"空"。怎么空啊?就算真的做到了"空",那"空"也只是意识的影像产生的境界而已。所以要通这个理:"定心境界,影像而生",其中是有其深刻原理的,学佛就要把原理弄得清清楚楚。

大自在心能转物

圣教者,谓三种圣言,如经中偈云:"心将引世间,心力所防护,随心生起已,自在皆随转。"

这里提出"三种圣言",也就是告诉我们有三个重要的纲要。同时引用佛经中有的话"心将引世间"。佛法绝对唯心,这物质世界,这宇宙的构成,是所有众生共同生灭的业力所构成,"心将引世间",由心引发出来的。"心力所防护",这物质世界的存在,也是在心力的防护影响之下。所以一切的影响都"随心生起已,自在皆随转",只有大自在的人才能转得了物质世界。这种唯心的力量,主要是由定境来求证的。

又说:"是故苾刍,应善专精,如正道理,观察于心。"乃至广说。

永明寿禅师又引用经句。苾刍就是比丘、出家人,佛严格的吩咐出家弟子,"应善专精"去修持。但修持不是那么简单,应善为抉择,依据正确的道理,好好的反省、观察自心,这就是"如正道理观察于心"。"乃至广说",一切经典上说的很多,到处都这么讲。

暂时活着的人

又说:"苾刍当知!言城主者,即是一切有取识蕴,是名圣教。"

宇宙人生不断的如音乐的流转,最后谁做主的啊?另外有一个不离于形色、音声以外,又不拘于其中的一个做主的力量。一切由自己的意识来做主。这意识又如城主,如帝王一样。怎么来的呢?"**即是一切有取识蕴**",有、取与识是十二因缘中的三支。我们众生有个习惯,要抓个东西,认为有。为什么?我们怕死,以为死了什么都没有。因此习惯把这个世界的"有",当成实在的"有",抓得很牢。一旦失去了,就非常痛苦。

当然除了证道的人,真正才晓得这物质世界一切皆非我所有,只是暂时借用而已。而且只是影像不是真实的。因为观念的颠倒错误,把影像的世界当成真实的有,抓得牢。这就是"取""有"。

诸"有"当中,最假的就是"名"。许多不认识南某某的人,可能会谈论南某人这么样、那么样。我还当面碰到一个人说:"南某人还没死啊?"当然没死,因为他说的是一个名,跟我有什么相干?那只是三个字而已。本想说:"我就是,还没死。"但那样不美,我只有这样回答:"大概还没死,我也不知道。"你看"名"多假!可是世界上的人,把"名"看得非常重。第二个就是"利",金钱等一切利益。这些"利"固然有其"用",但钱财等本来就是聚散无常的,眼看他起高楼,眼看他楼塌了。①

在不同时空的因缘变化下,哪有永久不变的东西?可是我们把一切当成非常实在,这就是"取"。这些都叫"有蕴""取蕴",当然最重要的是"识蕴"。心识不了解这些东西的假合，势必对它追逐不已。众生时常没有办法在智慧上，也没有办法在求证上看破。这是圣人给我们的教诲。故说"是名圣教"。②

我们的果报

是知福随心至，患逐心生。如响应声，似影随质。

以下段落我们可给取个小标题，就叫作"我们的果报"。儒家、佛家都一样晓得唯心的道理，所以经常引用"自求多福"这句话。"是知福随心至，患逐心生"是永明寿大师的好句子。"福随心至"，换个角度来讲，就是"福至心灵"，不过，就少了唯心因果观念的味道了。患，就是毛病，就是罪恶。"患逐心生"，其理亦同。好像影子随着身体走一样。双手一拍一定出声，也一定有回应。又如人到太阳下面，由于身子一动，影子立刻跟着转变，那么快！我们一生的遭遇，乃至今天的遭遇，罪、福都是由心来的，而且是"如响应声，似影随质"。③

同是天涯沦落人

下面是段佛经上的故事，一般学者都认为是神话，实在不能令人相信，姑且当神话看也好，当真的看也好，大家想想其中是否有其道理。

如阿那律，供辟支佛之一食，甘露而常盈空器，金人而用尽还生。

佛有一个弟子叫阿那律，出了家。他的果报，佛后来在戒律部分说出来。这个人很有钱，佛的出家弟子好几位都很有钱。他的一生有什么果报呢？他在很多生以前，供养了一位辟支佛（独自修道成功的佛）一餐饭，因此所得的果报是"甘露而常盈空器"。一直到他每一次投生以来，他家里都是富有。谁家生了这个孩子，都受菩萨保佑。米缸空了，自然会生出米来，大概连稻子都不要种。

他家里还有个金人。没有钱，把金人手指砍了，换了钱用。结果回来，金指又长出来。砍了腿又长出腿来，就是这样。

> 阿那律者，此翻无贫。《贤愚经》云：弗沙佛末世时饥馑，有辟支佛利吒行乞，空钵无获。有一贫人，见而悲悼，白言："胜士，能受稗不？"即以所嗽奉之。食已，作十八变。

"阿那律者，此翻无贫"，阿那律翻译成中国文字的话，叫作永远不穷。永明寿禅师指出来，故事典故出在《贤愚经》。过去很早很早以前，在弗沙佛的时代，到了末世；末世也就是地球、世界快要毁坏之时，发生了饥荒。当时也有位辟支佛，他的名字叫利吒，他在行乞，却"空钵无获"，到处化缘化不到一口饭吃，因为大家都穷苦，都没有饭吃。当时有一位穷人，非常的贫困，看到这位出家修道的人，端个碗，到处化不到食物，很难过。

世界上同情穷人的人往往是穷人，等到你有钱的时候不大会同情人。患难中的人最会同情患难中的人，痛苦中的人容易同情痛苦的人。像我们现在没有痛苦，看到痛苦的人，"哎呀！好可怜"就一句话，是讲了，但不痛不痒。"好可怜"，就走了。人在穷苦中那一念发出来的动机，是至善的。有钱人如果施舍了一亿的黄金，不及那个没有钱的人布施一毛钱的这个念头。果报是这样，唯心的，不是讲外在形态。

所以在那时，这个穷人看到他，并不是尊重他是有道，我来培养个功德，会得福报，那错了。你放心，这不会得真正的福报，这是做生意的心理。他当时没有管这个人有道没有道，他只觉得这个修道人饿得这样扁了，很可怜！他就向他讲："胜士（就是有道的高人），我穷得很，你能不能吃稗子（空谷粒）啊？米都没了，家里还有些稗子。"这位修道的人说："我可以吃。"他马上把自己剩下的稗子，"奉之"拿给他吃。那位得道的辟支佛吃了以后，故意现了神通给他看，现出了十八种变化，这不是"女大十八变"，可不要误会！但也有其道理。十八是个奇妙的数字，佛经上有许多跟十八有关的，例如准提佛母十八臂就代表十八空，亦代表十八变。④

大富法

> 后更采稗，有兔跳抱其背，变为死人，无伴得脱。待暗还家，委地即成金人，拔指随生，用脚还出。恶人恶王欲来夺之，但见死尸。

后来这位穷人，阿那律的前生，自己饿得很，没得吃，到外面去采那空壳子的稻子。在拨开草的时候，有只兔子跳到他背上，黏住了，变成了死人，"无伴得脱"，自己推不开，也找不到人帮忙。等到晚上，回到了家，死人才掉到地上，就变成金人。

拔了根指头，去换了钱用。"随生"，又生了个指头。"用脚还出"，砍了脚，又生出来了。因此他就发财了。

可是有坏人晓得了这件事情，到他家里抢，抢到家一看，是个死人的尸体嘛，又不是金人。因此，还给了他。到了他家，又变成了金人。作恶的国王也来要，结果一样。

> 而其金宝，九十劫果报充足，故号无贫。其生已后，家业丰溢，日夜增益。父母欲试之，盖空器皿往送，发看，百味具足。

他为什么有这样的福报？因为他有这样一个动机——这动机是什么？

他是那么穷困饥饿，但看到别人没有饭吃，很痛苦的时候，却很真诚地发心出来："我只有这一点稗子，请你拿去吃。"他还先问："你肯不肯吃啊？这很不好吃的，很粗糙的。"他是这样的诚心做到了。所以"九十劫果报充足，故号无贫"，永远富有。

又这一生，生下来以后，"家业丰溢"，家里自然就发财了，"日夜增益"，钞票滚滚而来。"父母欲试之"，父母也觉得奇怪，自从有了这个孩子以后，从前没有钱，钱也来了，这钱来得也奇怪，所以父母"盖空器皿往送"，他在外面做事，故意拿个空的便当送给他。等拿到他手里，便当打开一看，里面什么都有，"百味具足"。

> 而其门下，日日常有一万二千人。六千取债，六千还直。

佛讲阿那律他这一生，还没有出家以前，"而其门下"，天天常有一万二千人宾客，靠他生活的有那么多人。由此看出，他这一生更是非常慷慨、好义。

"六千取债，六千还直"，就算有六千人花了他的钱，就有六千人帮他赚了回来，就是那么怪。

> 出家已后，随所至处，人见欢喜。欲有所须，如己家无异。

出家以后，无论到哪里，大家见了他都很欢喜。这很难啊！这也是果报。有些长得很漂亮的人，看了却让人很讨厌。所以这一生，要多跟人家结欢喜缘。不要见了人，老是挂起那讨债的面孔啊！

同时他这一生"欲有所须，如己家无异。"出了家以后，他心里想要什么，就有什么！还是果报之故。

贫富两难

听了这故事，是神话也好，是真实也好，上古的事无法考证。可是有一点，故事的精神要知道。

佛经上也提到"富贵发心难，贫穷布施难。"人在富贵得意时，要学佛、修道、做学问，太不容易。人在富贵时，要发心是很难的。但是也有啊！那就成佛了。释迦牟尼佛做到富贵发心；达摩祖师——也是王子出家的，富贵发心。这太难，不是绝对不可能。

"贫穷布施难"，穷人自顾不暇，的确是很难，这是就客观来说，然而就主观来说，只有穷人最了解人家的苦处，而肯施援手。你说我口袋有一百块钱，布施十块，这不稀奇。所以因穷人布施难，故难能可贵。菩萨道讲求"己未度而度人"，就是这个道理。这是第一点要注意。

其次要注意，是这种经文从"阿那律者"起，佛说他前生种种的果报，固然不可查证；但这一生，在没有出家以前，他是如此慷慨、好义，就像孟尝君养门下三千客一样，广结善缘。宿世因缘，这一世他是如此，将来也必然显现这一世的果报。所以读书要多出一个眼睛来，才能把这种经文的两个要点看出来。我们平常人喜欢说："我看得开。"其实，一点也看不开，而是"看进来"，只看到自己，看不到别人。

一人有庆　兆民赖之

接下来这段是富贵中发生的故事：

> 又如金色王，施辟支佛一饭，后满阎浮提，于七日内，唯雨七宝，一切人民，贫穷永断。当知此七宝不从余处来，皆从彼王供养心中出。因起自心中，果不生异处。

金色王供养辟支佛一餐饭，辟支佛现身时，不会告诉你："我是辟支佛。"都是过后方知。那现身的样子，又穷又烂，很可怜。不会现身时，放光给你看，让你来供养，没这回事。他现身时，各种形态都有，你不知道他真实的身份。所以看佛经时，就如此处所引述的《佛说金色王经》，若以为只有供养辟支佛才有这个功德，那你慢慢等好了。

金色王后来的果报充满阎浮提。"阎浮提"是佛学名词，我们这个世界总称阎浮提；范围大一点又叫娑婆世界。娑婆的意思也叫堪忍。

因为这世界是缺陷的世界，不会圆满，人生定会有缺陷。中国的《易经》也这么说。《易经》开始讲解乾坤两卦，最后的结论是"水火未济"，"未济"就是缺陷。这宇宙是缺陷的宇宙，别的宇宙不是这样。娑婆的堪忍，是众生在一切缺陷中能够忍。娑婆世界分四大洲，我们这部分属于南方，称"阎浮提"。

因为这位帝王发了一个大愿，全世界的人都得了好处。这里有个重点要注意，这也是儒家孔子《春秋》责备贤者的道理，身居上位的人领导下面的风气，全体行善，全体都得大福报。

"后满阎浮提，于七日内，唯雨七宝，一切人民，贫穷永断。"在他的国土中，七日内下雨，下的都是七宝，大家都发了。因此，当家长的，领导一家行善，一家得福报；做社会上一个小单位的主管，能够领导这个单位行善，这个单位整个得福报。以此类推，职务愈高的人，领导行善的责任也愈重，而产生的福报也愈大。

佛说，当知天上掉下来的七宝是怎么来的？当知"此七宝不从余处来，皆从彼王供养心中出。因起自心中，果不生异处"。是因为这帝王、这领导人，他自身之一念至诚，由他供养心感应道交来的。有所感，就有所报应。心念的因果，是如此井然不乱。因为"因""起自心中"所以现生得到的"果"报，也就"不生异处"。

有人说："我也做了很多好事，怎么我那么受罪啊？"只要有这句话的问题，你的果报早就没有了。心不诚啊！所以做好事，不是做生意，关键就在这里。

一念之间

> 如阿那律金人，自作自受。所以福者，见为金宝；恶人观是死尸。故知转变从心，前尘无定。

以上故事，告诉我们阿那律得到金人，就是佛教所言"自作自受"的道理。所以有福德的人，看了是金宝；坏人看了，却是死尸。看了这段传奇故事，想到我们的所作所为，很可怕，后果实在不堪设想。

有人要问："那做恶的人，为什么现在很好？"我说，你注意了，依佛家道理，不是不报，是时候未到。而在儒家的典籍中也指出："天将祸之，福而报之。"有时候一个坏人，是上天帮忙他得意，因为他得意了，就会快造恶业，快受恶报。你慢慢会看到的，这是很严重的。西方文化也提到"上帝要毁灭一个人，必先使他疯狂。"只有使他快一点疯狂，忘了自己是什么，才会招致毁灭的果报。这也就是"天将祸之，福而报之"的道理。

接着是永明寿禅师了不起的文句："故知转变从心，前尘无定。"一切因果的转变，为善为恶，就在你自己一念之间；至于外界的情形、景象，没有固定的，是会变异的。

这个道理就是说，同样一件好吃的东西摆在这里，那个福报好的人，胃口好，吃得津津有味。我们生病，尤其是胃病的时候，吃也吃不下。在酒席上，就可看到很多人的果报。好吃的菜，请他多吃一点，他却不敢吃，怕晚上要吃胃药。明明是享受，有的人只能活活瞪着眼睛看，晓得好，就是享受不到，这就是果报。真的，果报就是这个道理，不要看这是小地方。所以说："转变从心，前尘无定。"

  又如未开空器，甘露本无；随福所生，百味具足。善恶之境，皆是自心。

永明寿禅师根据佛说阿那律的故事来评论，像阿那律的父母试验他，把空的器皿交给他，结果盒子打开，有东西；但是"未开空器"时，"甘露本无"，其中本来就没有好吃的甘露。然而因为他的业力带来这个福报，所以"随福所生，百味具足"。

像有些人胃口好，一切好吃，不论吃什么都有味道。有些人钱也很多，环境很好，但什么都不能吃，吃了也不好吃。我经常说笑话，在座的不要见怪，我们现在已经堕到某一道去了，哪一道？各位自己去研究。有些人就是看得到吃不到，像我现在也落到这一道——"饿鬼道"，不想吃东西，胃口不好。所以说："善恶之境，皆是自心。"一切皆是唯心所变。

  故《唯识论》云："境随业识转，是故说唯心。"则无有一法

不归宗镜。已上是世间因果。

所以永明寿禅师做结论说，一切的境界转变是唯心，是本体的心，不是你现在思想的心。那个本体心造境形成的环境，是业力所构成。业力当然是你本体心所起用，所以讲"**万法唯心**"。他把这个道理及佛经全部道理的精华，形而上、形而下的道理，都收归到《宗镜录》这一本书上面。永明寿禅师在这里又做了他这一本书的广告。以上所讲的，还只讲到世间的因果，以下会讲到出世间的因果。

编　案：

① 到死还牢抓不放的例子，古今中外都不少。在莎士比亚的戏剧中，转战东西的恺撒大帝，于公元前四十四年被弒，在倒下前，除了指责出卖他的心腹，惊愕莫名地说"也有你呀！布鲁塔斯！"，还傲然宣布："我啊，恒定如北辰，正确而安稳的方位，整个天穹都无匹俦。"

② "有""取""识"三支之浓淡，因每人业报之不同而有所差异；然就一般人而言，则随岁月之变迁，而有由浓至淡之趋势。蒋捷的一阕"虞美人"词，即感性的勾勒出人生少、中、老三个阶段的情境："少年听雨歌楼上，红烛昏罗帐。壮年听雨客舟中，江阔云低、断雁叫西风。而今听雨僧庐下，鬓已星星也；悲欢离合总无情，一任阶前、点滴到天明。"同一听雨，而唯有至情怀老去，乃能智思清明。

③ 响、声皆有多重意义，于此之用法，如《淮南子·主术篇》之："天下从之，如响之应声。"响即声浪之回声。

④ 根据佛经记载，许多大罗汉都具备此十八种神变的能力。又据《高僧传》所载，汉明帝时应邀前来中土的摩腾、竺法兰这两位尊者，亦曾在白马寺现此神变，并宣说偈语，云及："显通希有事，处处化群生。"有关此十八神变之生理、心理的修持依持，在南怀瑾先生讲述之《禅观正脉研究》（老古出版）中露出端倪。

第十五讲
随缘了缘成佛缘

成佛因缘
隐身法的秘密
万事皆休小乘果
行善不怕劫数长
往生净土爱他乡
华严世界随处成
道在方便中
生命的完成
前因接后果

成佛因缘

次论诸佛因果者，如《华严论》云："显佛果有三种不同：
一、亡言绝行，独明法身无作果。
二、从行积修，行满功成多劫始成果。
三、创发心时，十住初位体用随缘所成果。"

前面所讲的是世间的因果，以下所讲的是出世间的因果，我们可以给它下个小标题，就叫"因成佛缘"。

"次论诸佛因果者"，学佛、出世间道的因果，据李长者的《华严经合论》所提，修出世道有三种因果。第一种"亡言绝行，独明法身无作果"，浅显地说，就是我们修持佛法，打起坐来，没得妄想；平常也没有妄念。"亡言"就是无话可说，不可思议，心念也没有起来。

所以古德有两句诗："不是息心除妄想，只缘无事可思量。"当然，修行功夫到达了这个境界是相当高了。这也是经论所讲"亡言绝行"的境界。

一切妄想不起，心性不动，念头不动，就是达到一般所谓真正的空。到了这个境界，只能说达到初步独觉佛的境界。但可千万不要小看这初步，我们一般人还真不容易做到，因为我们有一个"空"的境界，就已经不是了。

如果自然到达"不是息心除妄想，只缘无事可思量"，一点功都不要用了，所谓"无功用行地""无修无证"，几乎类似于道家的话"无为"。当然，这其中是有层次的。真正达到"无修无证"，那是完全成就了，是成佛的境界。

假使真做到了"亡言绝行"，只能说明白了法身，只证悟到了法身。所谓成佛有三身，也就是道的体、相、用三个层面。有趣的是，中国的《易经》八卦，基本上也是三爻推演而成。①

所以"亡言绝行，独明法身无作果"，这个法身到达无作果，不造作了，不需要修持。当然，什么是不造作的情形呢？就是这个境界"不是息心除妄想，只缘无事可思量"。这是第一种，属于小乘的基础。

第二种不是说光坐在那里把念头空了，绝不是这样的；而是要从行上、事上去磨炼、去修持，叫作"从行积修，行满功成多劫始成果"。所谓"心行"，就是有此心，更重要的是有此行。譬如说，佛法讲慈悲，如果我心里好慈悲，那没有用；心里想只是因地，不是果地，慈悲的事情没有做出来。又譬如说，一个人生疮了，我们学佛的人看了说："好可怜，好臭哦！"这已经不慈悲。心里还是可怜他，是很慈悲，不过好臭哦！心想走开一点。或者为人治疗敷药时，怕自己传染到。当然防止传染是应该的，并不是说戴个口罩就不慈悲了。

所以"心行"是很微妙的。比如自己最心爱的儿女生个烂疮会传染，当父母的不会顾虑，（但是子女对父母就不一样啦！）有时虽然心里还是会怕传染，但对自己儿女也就顾不了那么多。所以我说"孝子"，是孝顺自己的儿子。要以那一种爱心，对一切的人，这就行了。

行是多方面的，所谓"行"八万四千，这是个笼统的数。这个数不是这样算的，就是我们人一念间（一呼一吸叫作一念），有八万四千差别的烦恼念头。所以我们在修行上要转八万四千烦恼念头，都要做到至善的行，而不是只做一样。

"从行积修，行满功成多劫始成果"，要积功累德，就必须从行上去积修。修行不是拿一生来计数，而是多生多世的成果，要经历多劫才能功行圆满，这是论"诸佛因果"的第二种，属于中乘。

第三种是大乘菩萨的初果，上乘的成佛之路。"刱"就是开初，就是你开始这一秒钟说我要学佛，最初发心的时候，要发心修大乘行，经过五十二个程序。所谓十信、十住、十行、十回向，等等，然后到了十地，已经要无数劫了。这之间要"体用随缘"，明那空的体，起善行的用，随缘而修行。

有些人非要躲开人世间，找个清净地方修行不可，那不是随缘行。随缘行，是没有清净的环境，热闹中也可以修。即使是厕所那样的环境也可以打坐，也可当禅堂；但却不要以为打坐就是道。行是到处都可以修，要随缘而行，而且不限于这一生，要多生累劫的精进修行。以上是学佛的因果。

隐身法的秘密

> 初，亡言绝行，所明法身无作果者，即《涅槃》《无行》等经。是隐身不现，万事休息。

从最初开始"亡言绝行，所明法身无作果者"，这是《涅槃》等几部大乘经典大概的宗旨；这是就其中偏重的路线之一而言，但不是全都这样。

永明寿禅师用汉字来说明，"隐身不现"，包括有两重意义。活着时，做隐士，不求名、不求利。譬如现代人特别感兴趣的寒山、拾得这一类，以他们外表所现行履而言，就是小乘果。有些以寒山、拾得相标榜，其实却求名又求利，相距又何止十万八千里！

还有已到涅槃果位时，不想再到世间来，这是罗汉果。在教理上是做得到的，但却是暂时的。教理上称之为有余依涅槃，又叫作有为涅槃。

什么叫"有余依"呢？依空的境界。以为空的境界，什么都不动念、"万事休息"就是佛法。实际上，以为清净就是空，那么这清净就是习气。爱空、爱清净就是一大习气。如果认为清净不是习气的话，那你错解了佛法。不过佛法并不是反对清净，暂时贪恋可以。

在有余依涅槃里，这个生命好像暂时不来了。实际上，八万四千劫以后，还非来不可，这是大问题，大家要去研究。为什么大阿罗汉入空，到了最高境界，念空了，却最多只证到八万四千劫，最后还是非出空不可？没办法不出来；出来以后，还要回转小乘的心，再发大乘的愿，行道才能成功。

另外还有一点要注意，在我们看阿罗汉入空八万四千劫，就算我们把牙齿等老也等不及，我们再投几百几千个娘胎来，他的劫数还没到，这八万四千劫好长。可是在入空的人，八万四千劫是一刹那之间就过了！道理在哪里？大家知道吗？

我们睡觉六个钟头，睡醒时也只觉得是一下子，当然这不是入空。白天的时候，要打坐四五个钟头，蛮难受的；晚上睡觉几个钟头，为什么只觉得一下就过去了？这是凡夫、普通人的境界。我们讲大阿罗汉入定，最高定境到八万四千劫，在他们定境界中的人，只觉得是眼睛闭一下就出定了，也是很短暂。这两个都要去研究。为什么情况会如此，为什么经八万四千劫非出定不可？第二个情况已经跟大家讲明了。

所以说"隐身不现"包含两种意义。这一类的人在世的时候，走绝对清高的路子，当隐士；到涅槃的时候，以为住空，不来了，"万事休息"，一切放下。

不过讲老实话，我们想学佛的，初步先要到这里。在教理上，我们要看得起这小乘的境界。事实上，这最困难达到，我们就做不到万事休息，做不到万缘放下。

万事皆休小乘果

又云："罗刹为雪山童子说'诸行无常，是生灭法；生灭灭已，寂灭为乐'。"是无作果，不具行故。

此段再解释第一项。"又云"，指经文再说。我们看到罗刹以为是鬼，不是的。罗刹、夜叉类似，属非人，与我们的生命不同，有些罗刹是护法神，也听过佛法；有个罗刹他告诉雪山童子，佛当时说过的话，真正的佛法，小乘道的基本精神："诸行无常，是生灭法；生灭灭已，寂灭为乐。"

一切行，一切所作所为都是生灭，都是缘起生灭。我们的念头，前念已灭，后念不生，当体则空，停留在这里，"生灭灭已"。这个境界，姑且把它当寂灭。这个境界正是妄念之觉醒的一部分。真正学佛的人，初步做到这样，"是无作果"，初步的罗汉境界。"不具行故"，担板汉，背一个板子走路，看到这一面，另一面看不见。不具足菩萨行，行上没有完全做到。修行、修行，行上一点都没有做到，怎能叫修行！所以千万不要以为没事打打坐是修行，这不是修行，充其量叫"修心"，修修心而已。这要注意的，佛法道理说种什么因，得什么果。大家要反省自己。学佛的朋友们，你念念如此，就得如此的小乘果。

行善不怕劫数长

二、从行积修，行满多劫，方成果者，即权教之中说："从行修成，三僧祇劫行满所成佛果"是也。

第二种所讲的是从修行来的，从功德来的。从行为上修起，要经过多生累劫的修持，才得证果。这还不是彻底的佛法的了义教；是权教、权变、方便的说法。权，是姑且这么讲；教，是教导的方法。从行为起修，要经过三大阿僧祇劫，不能以地球的成、住、坏、灭来计算。三大阿僧祇劫古代翻成"尘沙劫",一个劫数拿一个灰尘来计算。你看世界上有多少灰尘、沙子!所以阿僧祇劫是算不清的劫数,三大阿僧祇劫更是无法计数。

"尘沙劫"这个词,翻得很好。要尘沙劫来修行,生生世世做好人、起好心、动好念、做好事。不是只这一生,不是昨天做了好人,今天做一下坏事没关系。念念是好念,修行才能成佛。

往生净土爱他乡

> 此以不了无明十二有支,本是法身智慧,厌而以空观,折伏现行烦恼,忻别净门。

为什么佛经上说,权教里要三大阿僧祇劫才能修行成佛呢?诸位研究佛学,要认清楚佛法修持的目标,在此已经归纳说明得很清楚,所以要特别注意。第二种修行的方向应该是对了,但是有一个毛病,"不了无明十二有支,本是法身智慧"。

十二因缘,是无明缘行,行缘识,识缘名色,名色缘六入,六入缘触,触缘受,受缘爱,爱缘取,取缘有,有缘生,生缘老死。平常研究十二因缘,应该写成圆圈,怎么写呢?如果学过阴阳五行,把十二地支配起来写。无明是亥,子是行,识是丑……如此配合起来研究。因为无明是一塌糊涂,阴极。又阴中已经生阳,非动不可,所以行就来了。以此类推,这又是一个研究专题。

有时候打坐,腿容易发麻;老实讲,是你那个心姑息自己身体,爱得很哪。真要你命的时候,就坐得住了,当然那是强迫,可是虽然是强迫,你却可以做到。所以我们愈静的时候,愈动。无明极了,阴极了,就行动了。十二因缘一般的认识是这样了。但是真正能进一步认识十二因缘，以"有"来讲，"老""死"先不要谈，才知道它本来就是"法身智慧"。

不明此理的人"厌而以空观，折伏现行烦恼"，以为十二因缘的轮转都是生灭法，靠不住，因此尽量地、慢慢地，在行为上折磨，把自己的修持，把十二因缘每一个行、每一个项目，都解脱了，变成清净的空观，使现行的烦恼不起，"忻别净门"，向往另一种清净的生命境界。比如人在世间是入世的，不是出世的，能够当下做好事，心中一点都没有烦恼，行一切善行，这就是心的净土，心境界的净土。心境界的净土修好了以后，东方有琉璃世界净土，西方有阿弥陀佛世界净土，一般人认为我们娑婆世界最脏了，所以要脱离这里。唯心净土，互相交感，自然就往生净土。

永明寿禅师说这是权教的说法，还不是实在的。佛学上有个名词，"开权显实"，只有《法华经》这一部经打开了权教的大门，把权教临时搭的房子都拆掉；最后告诉我们，真实的佛法在那里。现在是说明权教第二种修法。

"厌而以空观，折伏现行烦恼，忻别净门。"因为他的动机是出于怕烦恼，因而把现行烦恼折服了，转化了。第一项是把念头空了，这与在行中不起烦恼，也就是在十二因缘一样的轮转中不动心的第二项的这个空，两样喔！后面的境界要大得多了。这须用心再研究，不多讨论。

华严世界随处成

三、从凡十信初心，创证随缘运用所成果者，即《华严经》是也。

第三种成佛道路，非常推崇《华严经》的境界，是大乘菩萨行。

换句话说,也是引发后世唯识法相的修持学理。从凡夫开始起修,经过菩萨十信、十住、十行、十回向到十地,等等。由初发心开创、证道,随缘运用,以至成就果位。

比如"万事随缘过",有大小乘二解。大乘菩萨的"万事随缘过",不是不了了之,"过"不是过去的"过",而是在"随缘过"当中修功德,修善行,乃至一念,说一句话,一行、一个思想,如实为善去恶。不像小乘那样,只是消极地去恶,而是积极地行善、利他。是这样地"随缘运用"自在。这是《华严经》的境界。

《华严经》有两句话"一花一世界,一叶一如来",大家在文学上都运用得很熟,谈到行上就用不到了。当一个你不愿看的人,那就变成了:一看一烦恼,一理一麻烦。就会有这样的感觉。所以这个时候,大家学大乘菩萨道就要反省,检查自己的心地,不要把这话看得太简单了。

依《华严经》的境界来说,好的是佛法,坏的也是佛法;光明面是,黑暗面也是;善的菩萨面是,那凶恶的夜叉面也是;这是蛮困难的,由此看出《华严经》的伟大。《华严经》没有分世法、出世法;出世法就在世法中,世法本也没有离开出世法。

世界上许多文化、宗教、哲学差不多看世界是悲惨的,看人生是悲哀的,佛教也离不开这样。但是佛教到了《华严经》的境界就不是这样。《华严经》看这个世界,看这个人生是至善、至美、至真。无处不善、无一不善,所以这是《华严经》的伟大。以华严境界看人生、看宇宙万有,无一不净,不垢不净是纯净。这也点出来,真正佛的胸襟、佛的境界、佛的成果是这样的。

道在方便中

十信终心,即以方便三昧,达无明十二有支,成理智大悲,即具文殊、普贤，体用法界法门。

所以说由"十信位"至最后成佛，处处都有方便方法，依《华严经》的境界是什么方便方法？为他好或为我好？重点在先为他好，给人方便，后谈到为我好。由此整个过程在通达十二因缘，串穿宇宙人生的一切变化与事理，成就了理智的大悲心。理是体、智是用，体用成就而起大慈大悲之心，这就是所谓等妙二觉的境界。

普贤菩萨、文殊菩萨代表等觉、妙觉的境界。请注意！这是一段讲"方便三昧"的运用。方便三昧成就了，便能成为佛果。学佛法的人，如果修持或做人处事不懂得方法，不懂方便，总是拿一个模子来印天下人，那就是笑话，根本连佛法都没有入门。

佛法处处方便，所以有千手千眼观世音菩萨；千手千眼，即代表方便法门。他的手、眼特别多，看法、方法也就特别多，所以方便很重要。

通常我们讲六度波罗蜜，严格说来应是"十度波罗蜜"，布施、持戒、忍辱、精进、禅定、般若、方便、愿、力、智等波罗蜜。

第七个就是方便波罗蜜。譬如大家念佛没有得效果，那是因为心力没有形成。大家明白心物一元，心能造物。念头能不能造得出来？比如心里想有只鸟儿在飞，等你心理定力到达了，就会有印象出来，称作力波罗蜜。所以力波罗蜜很难。又比如我们大家练武功、练拳的人，为什么练久会有功夫呢？实际上是心理造成的，就是力波罗蜜的道理，最后就是大智的成就，智波罗蜜。由给人方便的布施善行，能够开发力量与智慧出来。

生命的完成

又如化佛所施因果教行，定经三僧祇中，所有功德，总是修生，百劫修相好业。

佛在说《华严经》时，尤其说菩萨戒律如《梵网经》时，据说不在人间说，超越了人间，在宇宙之顶的色界天说法，呈现卢舍那佛的境界。依据佛教一般说法，释迦牟尼佛是化身佛，卢舍那佛是报身佛，毗卢遮那佛是法身佛。②

真正的佛身，是由父母所生的肉身经由修行、转化而成殊胜的报身，那就是报身成就。《华严经》说一切佛，皆是毗卢遮那佛法身的化身。一切众生也是毗卢遮那佛的化身。我们也是化佛之一，不过现在忘记了回家的道路。

以"化佛所施因果教行"，从开始发心学佛，一直到成果，"定经三僧祇中"，必须经过三大阿僧祇劫的修持。所有功德之圆满，皆从修行来。从心地，处处念念为善，孜孜为道。"所有功德总是修生，百劫修相好业"，一切为了开拓生命，完成生命的庄严。

前因接后果

燃灯得光明，不杀得长寿，布施得资财，忍辱得端正。

点灯，转生的地方不会常处在黑暗中，有些众生还非在黑暗中过不了呢！这都是果报。供灯，不是一定供佛，燃灯给众生，给世界光明，他生来世果报永远有光明。

多灾多难，一生在病痛中，是多生累劫杀业多。吃荤的人一定带杀业的，不杀就得长寿，少病痛，此生健康。此生多病痛，那是前生因果带来，当然有方法去医治，但要明白这是业报。这一生很穷，因为多生累劫不肯布施。能够忍辱，他生来世相貌自然端正。这皆是果报。

编　案：

① 有兴趣研究《易》与儒、释、道关系者，请参阅南怀瑾先生所著《易经杂说》《易经系传别讲》等书。

② 佛之三身，各种经论开演多途。小乘以戒、定、慧、解脱、解脱知见等五品之功德为法身；以王宫所生相好之行为报身；以化猕猴、鹿等为化身。若就大乘来说，则天台宗有法、报、应，法相宗有自性、受用、变化三身之说，等等，分别详见各种经论。

若依《宗镜录》，有"转三心得三身"之说，即：

一、转根本心，得法身：根本心即第八识，善恶诸法依此出生而得名。此识转时，一切烦恼断灭已尽，即得法身。

二、转依本心，得报身：依本心即第七识，依于根本心而生而得名。此识转时，一切智慧，无不具足，即得报身。

三、转起事心，得化身：起事心即第六识，对六尘之境，能起分别等事而得名。此识转时，则能怜愍一切众生，随类设化，即得化身。

第十六讲
恒河只有一粒沙

因果成双成对
慈悲解脱之辨
电脑时代的因果
华严法界观行
全真的佛法
恒河只有一粒沙
密法密密不透风
变与不变是两头话
永远的春夏秋冬
万法无咎错在你
莫将法王变魔王
方便在善巧
一超直入如来地

因果成双成对

——因果属对，相似具足，仍对治种种法门，始得见性成佛。

我们这一生所遭遇的，举凡生理、心理、环境、家庭、社会、国家、天下，等等，都有其因果关系，形成我们现生的报应。

这些因果都有"属对"，也就是有它的来由，我经常体会到的很多例子，有些年轻朋友说笑："这人那么内向，当是前生给仇人杀了，今生再投胎，看到什么都怕得那个样子。"虽是笑话，但何尝没有前因？没有后果？所以这因、果之间，有相对配属的关系。

我们现在的佛教经典是古人翻译的，表达的方式也是古代的。要把它变作现代的方式，依我个人的构想，现代的青年应该朝这一方面努力，由心理学到各种的科学配合起来，整合为一个非常高深的心理行为的科学。当然，其中尤其要寻找出心理、生理、医理及佛法修证之间的关系来。

我们修行人要经常体会自己的行为，有时心里头一念动错了，很快，事情马上就会摆脸色给你看。只是我们在做人做事上，没有在这方面，自己观察自己，所以往往怨天尤人，"怎么我会遭遇到这种事呢？"真要好好观察自己，以后就绝不会骂人。清醒清醒，就会发现自己真有过错。

"相似具足"，在我们修行的时候，好像做了善行，不是彻底的，是相似的善行。但是能够做到相似的善行，并且时时警觉自己的心性，一有不对的起心动念，马上用佛法的种种对治法门来修正。这样修行不息，善的行为真正圆满了，才能够真正的明心见性。

慈悲解脱之辨

不是说你把一念空了，坐在那里，然后飘飘然："哎呀！四面八方都是空，我两脚踩在虚空中。哈！悟了。"不是的，这还是非常初步的。但是，要真正起修，也必须要先有那个境界。归纳起来，这三节说明了：只是小乘境界的那个求空是不对的。

事实上，这三节是连起来的。一个真正学佛修行的人，先要求到"亡言绝行"，这一点境界证到了，即所谓初悟。这三节等于禅宗的三关所讲的"亡言绝行"，见一点空，是初关；起方便之行，是重关；最后圆满成佛，破末后牢关。所以禅宗讲"悟后起修"，也就是说，达到了"亡言绝行"的境界，这个时候，正好开始修行。

谈到禅宗，马祖有一个公案，在此顺便给大家讲讲。你们年轻人现在喜欢谈禅，"馋"得很。有一天晚上，马祖带领了三位大弟子：西堂、百丈、南泉，一起赏月，马祖指着月亮要他们说说看，西堂就讲："正好供养。"百丈说："正好修行。"南泉却拂袖而去，话都不讲。

马祖就笑了。讲禅就归到百丈，讲依经教的修行归到西堂，"正好供养"就是修行。而南泉的拂袖而去是"独超物外"的解脱。解脱是对，不是说他不对。各有所偏，不全。①

再讲第二个公案，有两个徒弟都悟了道，在路上走，看到路上一个死人，一位马上口念"阿弥陀佛"，说："好惨！没有人埋。"赶快挖地要把他埋了。另一位看到死人，眼睛都不看，一直走，头都不回。两位师兄弟有不同的表现。人家来问他们师父："您两个徒弟都悟了，究竟哪个对呢？""都对！""怎么都对？"师父说："埋的是慈悲，不埋的是解脱。"

说的也是！那个骨头埋与不埋都要烂的，差不多嘛！但是要注意！真正的学佛，诸行慈悲。在修行上，埋的是对的。解脱是解脱，没错，但有时候光解脱是不对的！

所以，好像我经常在批驳"禅"，因为"禅"在这个时代产生了更大的流弊，满街是"禅"，不得了！这个禅已经弄成莫名其妙，与佛教正法的形象，差距太远了，非常可怕。怪不得，王阳明的王学，流行到了明朝末年，"满街贤人多如狗"。那个时代真是可怕，民族文化的风气受害很大。大家学佛的人更要小心。甚至我感觉到，现在佛法越昌盛，这个行愿越糟糕了。希望年轻同学特别注意。

电脑时代的因果

真正见到空了以后，正好供养，正好起修，狂不得呀！这一狂，非错了因果不可啊！现在因果可是电脑时代，小心呀！不要随便错喔！

有个朋友讲得很有意思！他说："老师您这样一讲，对了。我们小时候觉得，看因果要等两三代，要孙子死了，才算受报。后来年纪大一点，看到儿子死了，才算受报。现在好像看到自己就受报了啊！"我说："那你还看到了，现在不但自己受报，而且时间更快，算不得个把月就报了，甚至过几天就报了，电脑时代呀！"电脑的输入（因）与输出（果）之间跑起来快得很！

这说明修行的三节，处处跟着因果走。不要以为成了佛，就脱开了因果；佛要注意因果，更重视因果。越是圣人，越是小心。下面提到：

华严法界观行

如《华严经》，即不然，一念顿证法界法门。身心性相，本唯法体。施为运用，动寂皆平。任无作智，即是佛也。

最后境界，成佛的境界，要参考《华严经》。华严所标榜的理不同哦！修行的行门也不同。一念之间，顿证法界法门，空有双方面都具足了。

一念空，这是佛法的小乘法门，不是法界的圆满。一念有也不对，这是凡夫的境界，而且有些外道境界也是一念有，错了。

我经常说："华严法界观行几乎失传了。"这个观行是"**一念顿证法界法门**"，空有双融，一切具备。

下面要注意这几个字。"身心"，换句话说就是"**性相**"，心就是性，身就是相。"**身心性相，本唯法体**"，这个身心性相的根本，整个是法体的大用。

所以你身体生病了，心也病了；身体病好的时候，心也不病了。而且，生理上只要有一点不舒服，你那个心理的病早有了；反之亦然。身心两个互为因果，是很快的。

"**施为运用，动寂皆平**"，这是讲功用、讲修行。施为就是现在所讲的作为，包括一切的行为、作为、应用、作用。

"**动寂皆平**"，动也是道，静也是道。动也是佛、静也是佛。不垢不净，干净的是佛，污垢的也是佛，这就是华严境界。所以把华严的理搞通了，就在一念之间，都具足了。也就是六祖所说："**何期自性本自具足！**"都是一样，都是平等，没有差别。

"**任无作智**"，最后悟道了，佛到哪里去了？佛都再来一切世间，普度众生，这叫无作智。作而不作，为而不为，现生就是佛境界。

你能这样修持，现生就在华严境界。当然打坐可以练习，但不是主要，行才是主要，不过打坐是练习行之一。如果连盘腿都盘不起来，那更不用谈到行了。所以佛法不是那么呆板的，要晓得所谓"**善巧方便**"。

我们往往拿一种观念，一类菩萨，一种法门来确定佛法就是这样，这都是拿偏见来看的。拿一个模子印证一切，这不行的！

要真正讲禅宗，不离唯识、不离华严，这是真正的禅。千万不要落于现在一般的年轻人，一动就是狂禅。禅是讲求行的，达摩祖师就特别吩咐，禅是从行入的。

全真的佛法

> 为一切佛法，应如是无长无短，始终毕竟法皆如是。于一真法界，任法施为，悉皆具足恒沙德用，即因即果。以此普门法界，理智诸障自无，无别对治。别修别断，不见变化。变与不变，无异性相故。

这一段总论理由。一切佛法应该是这样明白的，"无长无短"，这是理由，要证到，不是理论。

口头说："无长无短。"我们做到没有？学佛、学打坐，说："我无坐无不坐。"做到没有？坐与不坐两样，都是没有做到。真做到了，一样平等，盘腿与不盘腿，清净地方与不清净地方都一样。"无长无短"是形容佛法所说的诸法平等不二，开始就是究竟，开头与结果齐一，法皆如是，一道平等。

《华严经》告诉我们一个名词"一真法界"，一切万有就是一个东西，体也是，相也是，这个东西是体，这个东西也是相。它至真、至善、至美，这个是道，所以叫"一真法界"。

"法界"这两个字是中国佛学翻译出来的专有名词。法界不是宇宙，现在通常所讲"国际"这个观念是包含在"世界"里；"世界"这个观念又包含在"宇宙"观念里，"宇宙"这个观念又包含在"法界"观念里面。而法界就是法界，一切事、一切理、一切物都在其中。

所以《华严经》讲"一真法界"，一真，一切皆真；一假，一切皆假。佛法这个道理，在这里不是只讲理！这里有很多求用功修证的人，要小心了，"诸行无常，皆因假立，立假即真。"世间虽是如梦如幻，但是注意，"立假即真"，即假即真。

比方，这间房子本来要做什么，不知道。现在我们要在此研究佛学，很严肃的；供了菩萨，我们觉得这里好庄严，真真确确。能立了假，真的就来了，就严肃正经起来。

有些修法的人，念佛、观佛像，为什么修不成功？有些人念咒子，一方面用功在观，一方面太聪明："哎呀！这是我一时想起，假的。"不虔信！"立假即真"，一念坚定，立刻成功。

不要拿些哲学、佛学道理来注解，那就错了。我们的身体何尝不是这样"立假即真"！这是至理，也是唯心所造的道理。把这些道理弄明白了，你就可以修行。这也是禅！

这里特别提出"一真法界，任法施为，悉皆具足"。一点行，具足了一切法，所以大家不要疑，就安心念佛。

现在很多人都发生这种情形。"某人啊！你教我药师咒、准提法，又打坐、又空、又听呼吸、又要气满，你叫我学哪样好？"我说："都学。""哎呀！那不是很难吗？"我说："都放下！""就放不下！"我说："那没办法！"叫你提起，你提不起；叫你放下，你又放不下。

问题就是不了解修持的道理。你只要"一真法界"的修一法门，信心坚定，一心坚固，万法皆定。"任法施为，悉皆具足。"一即一切，一切即一。

恒河只有一粒沙

佛在经典上说，世界上下多少滴雨，他都知道。我年轻学佛，心想别说三大阿僧祇劫，九大阿僧祇劫我也修不成，世间的雨滴那么多，如何一一观照知道？后来明白了，我也同佛一样，世间上下多少滴雨我也知道。有人问："知道多少？"我说："一滴。"永远就是一滴，无数万亿尘沙之无量滴，也不过是一滴。天下万事，始于一，止于一，终于一。一即一切，一切即一。所以你只要专修一个法门，就成就了，不要三心二意。

为什么我们大家学佛的心理会有那么多花样？都不放心呢？这就看出人性的弱点，又占便宜，又贪多，又患得患失。

"哎呀！我念佛，阿弥陀佛念了，今天没有念观音菩萨，恐怕他见怪吧！"等到明天，"哎呀！糟糕！准提菩萨忘记了。哎！不好！准提菩萨怪罪下来怎么办呢？"好像自己功德又少了。都在那里打算盘。

一即一切，"任法施为，悉皆具足"。只要一门深入，"恒沙德用，即因即果"，恒沙同尘沙两个字一样。我们有一大河，以黄河为标准，印度以恒河为标准。黄河、恒河里有多少颗沙？谁知道？我知道！多少颗？一颗。但是一加一加起来，永远也数不清。无数、无量、无边。恒沙形容数目之多。

"恒沙德用，即因即果"，因即在果中，果也在因中，无尽的法性功用，是即因即果的因果作用。"以此普门法界，理智诸障自无。"永明寿禅师所说的这法门，就是《华严经》所谓"普门法界"。

《观世音菩萨普门品》是《法华经》中的一品。《普门品》讲观世音菩萨的三十二种应身，有感则应，三十二应身，其实其数无量。"即因即果"，随众生感念之因，而现相应救度众生之果，这就是普遍存在的普门法界。所以，真理在什么地方？真理就在你心中，无时不在。

密法密不透风

"理智诸障自无"，理上的障碍没有了，怀疑处没有了，智慧上你看明白了，一切障碍没有了。"无别对治"，你不要想办法来修，那是对治而已，对治是暂时的方便，不是究竟。

真要对治，问题还真多哪！例如：

"为什么我打坐就是静不下来？"

"你杂念太多了。就用听呼吸法，听呼吸也是一个药方。"

"哎呀！听呼吸我不灵光。"

"念佛吧！"

"念佛，杂念还是多！"

"念咒子吧！"

"念咒子还是一样！"

有什么办法？我传你一个密法，密宗的法，那难修啰！那坛场讲究得很，桌子要怎么布置起来，上面要铺什么颜色的布，每天要怎么供养，什么花、什么水、什么灯……然后穿什么衣服，还要什么样的铃杵，还要献曼达拉。要装设得美，装设得精致，东西还要摆得多，摆好了以后，一天已经忙没了。

早上开始修习，在菩萨前面供奉好了，大概要两个多钟头。然后上座，双盘打坐修法下来，三个钟头没了，一天只能修一座。

修法时，眼睛看着经架上那个法本念经，嘴里念咒子："唵阿吽"，一手摇个铃子，另一手摇个鼓，两个要配合好，然后嘴里念，头脑要观想菩萨，观想完了，两只手里的东西放下，赶快结手印，手印结完，又忘记什么东西了！保证你没妄想。所以密宗的办法太好了，你爱忙的够你忙。然后要发脾气，它有忿怒法；要欢喜的也有，面容还要笑。样样都现场表演，热闹得很。

当年我很诚心学过密宗，也是这个情形。怎么样赶都来不及，一天忙得很，忙出一身大汗来，最后忙得连洗澡也没有时间。一天想修三堂，一堂法修下来，两、三个钟头。又要吃饭，又要做事，又要每天换供养。那供养要具备三白：白米饭、白糖、白芝麻，还要把它捏拢来，做成馒头，亲手捏好了供起来。供佛的东西不能过夜哦！不恭敬！明天又得重新做。哎呀！这个法一忙下来；真的，立刻可以见到空性。忙完了，累坏了！没有你妄想的时间了。

所以大家打坐，为什么有时候感觉到"哎呀，老师，打坐好像不行！"都是给你太清闲了。所以我教你修密法，等你这个咒子练会了，我又来教你下一个咒子了。有位同学的报告就这样写道："老师今天教了新咒子，我一边开车，一边背那咒子，一点妄想都没有。"

当然没有妄想！一边要注意开车，一边要注意那咒子是什么。等他熟了以后，他一边在开车，咒子也在背，妄想却也在打。人的心理就是这样。所以注意，为什么不成功？不是方法的问题，理不透，心不专！不能做到理入。

"无别对治"，这就是华严境界。"无别对治"，为什么要修个法来对治自己的心？此心本来平静，本来空，本来现成，说它有也可以，说它空也可以，根本没什么问题，很自然，你偏要修那么多对治。

变与不变是两头话

"别修别断"这四个字有两种意义。刚才我讲密宗的修法，大家不要当笑话听，太不恭敬了。真照密宗这方法去修，效果还真快！这是特别的修法，别修就别断，断了其他的烦恼，成就其他的功德。

又如修禅，参话头有参话头的效果，修空有修空的成果，别修就别断。一个学佛的人，每个方法对治成果不同。等于我们练功夫一样，练手功，这手练惯了以后，手上肌肉就发达，练腿功，腿的肌肉就发达，这叫作"别练别壮"，同"别修别断"一样，这是一个道理。

第二个道理，可以由这个世界上晓得"别修别断"，念念生灭中，你修了的功夫，摆在哪里？一点也不存在。不存在吗？还有些作用现象，但也生灭了。所以是"别修别断，不见变化，变与不变，无异性相"。因此，明了这个道理，看一切世间就无所谓变化，看我们这个宇宙天地似在变化，但又不变，因为变与不变二者，在性之体与相之作用，本来就是即因即果的普门法界不二之法。

我昨天想，看了几千年的历史，好像没有变化过。现代人穿的衣服不同，一切的作为都是同过去一样。所以一念万年，万年一念，都没有变化的。

永远的春夏秋冬

我经常喜欢提到，一位禅宗和尚的两首诗。这位和尚很怪，名字叫怀濬，五代人。他在湖北、广西一带很有名气。每天疯疯癫癫的，酒也喝、肉也吃，可是很多人信他信得不得了。他讲的话非常灵光，有神通。当时的刺史一听，认为这和尚妖言惑众，去抓他来问。刺史问和尚哪里人，和尚始终笑而不答。最后，和尚说："你拿纸、笔来，我写给你看。"就写了一首诗：

家在闽山东复东，其中岁岁有花红；
而今不在花红处，花在旧时红处红。

这位刺史虽然掌握兵权，到底还是很风雅，一看笑了，就客气地再问和尚："你不要跟我开玩笑。你究竟哪里人？"和尚就又写了一首诗给他：

> 家在闽山西又西，其中岁岁有莺啼；
> 而今不在莺啼处，莺在旧时啼处啼。

这位和尚据说是位大士，菩萨化身。

因为"不见变化"，所以"其中岁岁有莺啼，而今不在莺啼处，莺在旧时啼处啼"。一年有四季，春、夏、秋、冬的代谢，但是年年有春三月，没有变化，生命也是一样。大家所以畏惧生死，不能了生死，是没有见到自己那个法身自性的本无变化。

因此，"无别对治。别修别断，不见变化。变与不变，无异性相"。变化是现象，不变的是功能、自性。一年春夏秋冬，四季是现象，而这虚空是永恒不变的。一年四季在动，整个却是不动。

万法无咎错在你

> 普观一切，无非法门，无非解脱。

故以华严境界看，处处都是法门。你不要被困住了，每一种方法无非都是通向解脱的途径。

> 但为自心强生系着；

都是因为你自己把自己绑住了。

> 为多事故，沉潜苦流故；

就是因为我们自找麻烦，所以沉沦在六道轮回的生死苦海里。

　　劳圣说，种种差别。

因此才有释迦牟尼佛等圣人出世，说了各种的方法。

莫将法王变魔王

下面一段，是佛骂我们了。当心啦！

　　于所说处，复生系着。

可怜我们这一般人，因为佛在没有办法中想办法，说了那么多办法记录下来称为佛经。结果我们拿鸡毛当令箭。佛说的法是教我们求解脱，结果我们把佛法死记在脑子里，还要翻字典，什么叫十二因缘？什么是法身？一天到晚在求空呀！有呀！"于所说处，复生系着"，你让佛法把你魔住了。

所以从前我老师说，什么魔都不可怕，有一个魔碰到，你就没办法！什么魔？佛魔！一般人学佛都被佛魔魔住了。佛所说法，是叫你解脱的。结果呢？一般人反把那解脱的方法，拿来把自己绑起来。

方便在善巧

　　以此义故，圣说不同。

因此，佛的说法只好有各种不同。有人喜欢有、喜欢密，就拿些东西给你抓。

刚才讲学密宗，抓得才多。头上要戴什么样的帽子，而且每一个法一串念珠，念佛拿的方式又各有不同。真正学密宗的人出门，后面行李有好几个大皮箱，法器就是要带那么多。不像学禅宗的人，一双草鞋、一个布包，背起来就走了。禅宗要丢掉，密宗要抓着不放，两个方法不一样，所以"圣说不同"。

或渐或圆，应诸根器。

总而言之，佛经上说的话，或者渐修，或者圆顿，都是看各人根器。

如此经教，顿示圆乘，人所应堪受。

所以《华严经》的经教，是顿教，也是圆教。属于圆乘根器的人，就可以接受了。

设不堪受者，当须乐修：究竟流归，毕居此海。

假使有人不懂这个道理，乃至不敢接受，自信不过，但慢慢去修行，最后总归到这条路上来。

一超直入如来地

是故余教，先因后果，不同此教，因果同时。

总结起来，说明了一个道理：圆教是因果同时，即因即果。所以《华严经》告诉我们"初发心时，便成正觉"。你一发心的时候，就已经大彻大悟了，成佛了。为什么呢？"因赅果海，果彻因源。"就是因果同时，不见过程。

发心不是有人要化缘，发个心，捐个钱，而是发菩提心。初学佛法，一念清净，纯是求道之心、大悲之心，那个时候，当下即是，即空即有。这一念，就成正等正觉，立刻成佛。

而其他的修法呢？是先修因后证果，只有华严是圆教，因果同时。

> 为法性智海中，因果不可得故；为不可得中，因果同时无有障碍也。

在我们法性的智海，就是众生与佛共同的本有自性上，"因果不可得故"，它的体本来空的；一起动、微微一动，就会有因果。比方在清净无波的水面上，有没有因果？不动是因，清净是果。也是有因果，但不易看出因果。它因也不动、果也不动，所以好像觉得没有因果，其实还是有。它的因果报应还真快呢！当清净无波的海面上，微风一动，微波就起来了。有感就应，感应是非常的快。

所以，法性的智海当中，"因果不可得故"，是平静的一面。但在不可得中，因果同时存在。

佛法的基础在因果，因果不明，以后研究唯识也没有用。先把因果明了，唯识通了，才能对自己修行有一点用。所以讲解得烦琐一点，帮助大家了解因果的道理，坚定一点信心。

编　案：

①《指月录》原文为："一夕，西堂、百丈、南泉随侍玩月次。师（即马祖）问：'正恁么时如何？'堂曰：'正好供养。'丈曰：'正好修行。'泉拂袖使行。师曰：'经入藏，禅归海，惟有普愿独超物外。'"西堂即是智藏，百丈即是怀海，南泉即是普愿。

第十七讲
法尔如是水同云

都是因果
因果不二
离四句、绝百非的中观哲学
流变
缘起不碍性空
无常不是鬼
因果无时空间隙
绝对唯心论的佛法
达摩祖师的留影神功
你是谁
如何安心

都是因果

《宗镜录》到此第四十二卷,是说明因果的问题。将世间、出世间法的因果和三乘道的修行因果都说明了。最后提出来,以《华严经》所标示的"因赅果海,果彻因源"为彻底究竟。

对于因果的问题,为什么要讨论得那么严肃,大家也许会觉得很奇怪。主要的道理,是再三说明,一切世间与出世间法逃不出这个因果律。

从现象界来讲,是逃不出因果律,而在形而上的本体来讲,是因果平等,寂然不动的;但不能说它无因无果。如同我们再三提出来的《易经》道理一样,这宇宙万有的本体是寂然不动的,但感而遂通,一动就有因果,而因果是同时的。

这个道理是佛学、哲学上一个非常重要的问题。在我们中国古代思想里头,有一点与印度文化、西方文化不同的,即对逻辑推演的方面,不太喜欢。

我经常感觉到:每一个中国人,尤其是没有受过教育的人也都是哲学家。到乡下问那些非常困苦的老太婆、老头子:"为什么这么苦啊?""哎!命啊!"这一句命,什么都解决了。命是什么东西?命就是命,不必啰嗦!不需要再问了。

这中间再没有什么思考的,一句"命"等于西方宗教、哲学最后的总结,什么都把它归纳起来,解决了。当然问题并没有解决,可是我们这民族性喜欢简单,不喜欢分析思考。

当然也有人喜欢分析思考的,譬如在战国时,很有名的公孙龙、惠施等名家,喜欢讲"白马非马"等论题。在当时,像庄子也是讲逻辑,但是觉得逻辑只能够论到形而下现象界的东西,形而上的东西再怎么讨论，永远没有底。如果有人认为自己经由推理解决形而上的本体问题，结果还是落在形而下的现象里。

印度的文化思想一直到佛的时候，同样地也存在这些问题，所以关于因果的讨论非常多。反观我们中华民族文化的个性，因果，要么不相信，若相信的话，"是嘛！都是因果啦！"万事如有因就有果，因果怎么来？那不管。因果就是因果！啰嗦个什么？这就是我们的民族个性。喜欢简单并不一定是毛病，也有它的好处。喜欢研究清楚，也并不一定是不对，也有它的好处。对于这些情形我们要有所了解。

因果不二

在这里，我们要想清楚的重点是：一切世间、出世间都有因果。在人世上的因果叫作报应，如同中国观念称为"因果报应"。在物理界不一定叫作报应，物理上称为变化、演化或者是迁流。

所以后期在翻译佛学时，有见于"因果"与"众生"这两个观念，在梵文里头是很难分开的，所以勉强翻译，叫作"异熟"。

因此，有时候"异熟"就代表了"众生"这个观念，有时"异熟"的观念代表了三世因果。其实这几个（众生与三世因果）观念连在一起就是"异熟"。

就我们中国文字来讲，"异"就是变易，包括了时间、空间。"异熟"即是异时、异地、异因而成熟的。因此，在物理世界来讲，称为变化，称为迁流。拿人的立场来讲，叫作报应。

现在，回过头来说明《华严经》所说的"因果同时"，这又是什么道理呢？

因为在人们的观念上，讲因果，已经把这个观念自然分成横的先后，或者竖的上下，很呆板地执着有因才有果，现在说明不是这样的。

果在哪里？果就在因中，因就在果中。就拿供桌上的橘子来说，下一代的橘子在哪里？就在这橘子里面的种子。把这种子埋在土地里，它又成长、开花、结果。这个橘子是个果，但果中有因，中间有一个种子，这种子就是未来的因。所以因果是互相为因果，因果是同时的道理，这是第一个理由。下面要说明的，是第二个理由。

离四句、绝百非的中观哲学

我们晓得，在般若系统的佛学中，龙树菩萨著的《中论》是很重要的一部论著。它所翻译出来的偈子，等于我们中国的诗，首先它提出一个纲领：

> 诸法不自生，亦不从他生。
> 不共不无因，是故知无生。

大家研究佛学、修道，称菩萨证到无生法忍。什么叫无生？

一切万法不自生，不是自然来的。现在一般科学思想或者唯物思想都认为万有是自然来的。

也有认为宇宙万有不是自然来的，而是另外来自一个超自然的能力或者神，也就是主宰；在哲学上不叫它主宰，称第一因，比较客气，不把它神化。如果把它神话起来，譬如基督教的教义，上帝创造了世界又照他的样子，塑造了人。他这个样子是什么样子？不知道。这些都属于他生的看法。

除外，认为另一个时空中的某种力量，能够控制一切，乃至于旧时社会的老太太们认为这是菩萨管的、神管的、阎王管的、玉皇大帝管的，从广义上来说，这些也都是他生的观念。所以诸法（包括形而上、形而下）不自生，不是自然来的；也不从他生，不是另外还有一个主宰。

那么既然不是自生、他生，又是什么呢？"不共不无因"，不是自他两个力量合起来而生的，就叫不共生。那生命是怎么来的，莫名其妙来的吗？不是莫名其妙来的。不共生，但也不是无因生。是有他的因，有因就有缘。因此佛法对此整个就叫作无生。

所以"无生"这名词包括了那么许多的观念，每个观念讨论起来，什么叫"自生""他生""共生""无因生"，等等，都是专论，都须专题讨论，那研究起来非常复杂。

因此龙树菩萨这首偈子："诸法不自生，亦不从他生。不共不无因，是故知无生。"生而不生，不生而生。就像有位学者说禅宗，"答而不答，不答而答"，等于没有结论。

流　变

实际上，无生也是中国文化所讲的生生不已。有如《易经》上的两句话："神无方，而易无体。"这"神"等于佛家所讲的明心见性，那如来本性，在中国传统文化中就用这个"神"字，它不是宗教性的神。这神没有方所，无处不在；易无体，没有固定的体位。

所以讲《易经》，是"变动不居，周流六虚"。我经常提醒来学《易经》的朋友，卦一出来，"哎呀！怎么这么坏！"但是不要忘记了"变动不居，周流六虚"的道理。卜到一个非常坏的卦，人为的可以把它变好；非常好的因缘，也可以把它变坏。为什么？因为它"变动不居，周流六虚"，没有定位。这个道理也是说明了生生不已，与儒家讲的因果论相同。

缘起不碍性空

"诸法不自生，亦不从他生。不共不无因，是故知无生。"实际上是讲因缘法。佛法认为宇宙这一切，万法的构成都是因缘而来，有连锁性，由这个关系到那个关系，转了一圈，都不相干，也都相干。一切都是缘生，而缘起性空。缘生而本体是空的；因为是空，所以一动就起缘生的作用。这分两点，请诸位注意。

我们在座有许多人只管修道、念佛或者打坐、做功夫的，不喜欢听这些理论。"这些理论与修道有什么相干？"实际上，功夫做不好，就是这些佛学理念没有搞清楚。所以到了某一阶段，永远停留在那里上不去，智力不够。因为我两方面大概都沾过，所以我了解。有时觉得做功夫起来，"这些理论东西干什么？讨厌！"当我研究这些理论的时候，又觉得"做功夫、打坐干什么？那么麻烦。"好像是矛盾了。

实际上是同一个，这理论与功夫中间很难，要慢慢去体会。所以讲学理，老子有两句话："为学日益，为道日损。"学问是一天天累积来的，今天懂一点，明天再懂一点，后天再懂一点，这样堆上去；修道是要把习性灭掉，今天丢一点，明天丢一点，损之又损，以至于无，统统丢光，什么都没有了，合于道。这两个有矛盾的样子。真正大智慧的人、大功力的人，这两个矛盾是合一的，绝对合一。

所以真正做功夫，想要如禅宗所说的大彻大悟，这些理还必须要通，不通的话，悟不了。

坐在那里，什么都不想，又想无念、又想大彻大悟，你看多矛盾，对不对？一般学佛的，遇到第一个问题说，首先打坐要无念，然后说："我怎么不大彻大悟？"早误了！可见无念不是悟哦！关键也在这个地方。

因为引用《中论》中的一首偈子，是告诉大家，这个是讲现象界，一切万有生起，过去了，都是缘生，就是"不共不无因"，不自生，不他生，无生而生的缘生法。

那么缘生这个道理与因果的关系是不是有连带呢？是有连带的关系。从逻辑结论的方面来看，缘生的道理自然推演到因果的观念。

每一件事情有它的起因，就有它的结论。譬如人，生下来是因，最后一定是老了，老是好听点。生是因，死是果。在形而上的本体功能，死是因，再生是果。所以这观念推论下来，其思想理论是非常深刻而复杂的。我们现在只是简单介绍一下。

无常不是鬼

这一卷把下一段讲解完了就跳过去讲下一卷。因为后面讲人生的生、老、病、死、苦的道理，容易看得懂，就不要逐一讲解、拖延时间了。希望大家自己多看看。我想如果我能帮助你们的，就是把我看懂的告诉你们。

前面讲到"因果同时，无有障碍也"。现在我们照原文继续看下去：

> 可得因果，即有前后；有所得者，皆是无常，非究竟说也。

在一般人的思想观念里头，提到因果这个名词，马上在脑子里头，以为有个前因、后果的观念，就把它分成两个阶段。如果我们没有特别提起注意，通常会那么想。事实上，因果不是前后，也不是左右，也不是上下。假使有先后、有所得，有一个因，然后得一个果，把这个果造一个实体的东西，那么这个所得、所造"皆是无常"。凡是世界一切的东西，有一个形状，有一个作用，都是无常。

无常是佛学的名词。佛学认为世界一切无常，任何东西不可能永恒存在，世界一切东西都是暂时的。例如，一间房子刚刚落成的那一天，就是它开始毁坏的一天。就人的生命来说，庄子也提到过"*方生方死，方死方生*"，说明人刚刚生下来的那一天，也就开始在死亡。假使他活了一百年，等于死了一百年，不过是慢慢死而已。

佛法这个"无常"的抽象观念，传到了中国民间以后，就慢慢转变成具体的鬼，变成了城隍庙里的白无常、黑无常。实际上，无常是佛学上一个最高哲理的名称，称为"*一切法无常*"。物理世界一切的存在，乃至精神世界，一切有现象的东西都是无常，不永恒、靠不住、暂时的存在。所谓一百年、一千年的存在，从宇宙的眼光来看，也只是一刹那间，就过去了。

我经常提到，佛学上的"无常"是讲现象。就现象而言，因为它容易变化，所以讲无常。在佛学还没有来以前，原始中国文化虽然讲求可久可大的原则，但也有个名词，那就是《易经》上说的"变化"。天下万事都在变化，随时随地，无一不变，无时不变，无地而不变。当你懂了《易经》这个原则，算命看相有什么看头！

有时候，有人一定逼问："我现在好不好？"我说："好啊！我告诉你非常好。"那好了，他高兴了。但是我说的是现在非常好，他一转过身已经不是现在了。我怎么知道好不好！他一出门那更不是现在了。因为万物皆在变化，将来好不好，我就不知道了。

因此一切万有皆是无常，既然无常，因果也无常。譬如我们八点钟开始上课，开始那一秒钟是因，说到现在，前一句话是果，这个果已经过去了，又是无常。那个果又变成未来的因，念念迁流不断。因此若认为因果是个固定的实体，实际的作用，"*非究竟说也*"。

因果无时空间隙

> 若先因后果者,因亦不成,故果亦坏也。缘生之法,不相续故,即断灭故,自他不成故。如数一钱,不数后钱,无后二者,一亦不成。为刹那不相续,刹那因果坏。多劫不相续,多劫因果坏。待数后钱时,前一始成。因果亦尔,要待一时,中无间者,因果始成。

按照我们普通人的观念,一提到因果,觉得因果有先后,现在告诉你因果同时,而且也是无常的。所以佛法真正告诉我们,一切缘生,缘生是同时而起,所以叫因果同时。

假如你一定要说有个因,才得个果,那因与果中间是什么?在逻辑上,在理论上,在辩论上讲,那中间还是有个过渡的东西,那这里头就有时间、空间的作用。但上面这一段文字,却说明不是这样的。因为因果相连一体,若非如此,则缘生之法就"不相续"了,断了,"即断灭故",因也不成,果也不成,"自他不成故",一切法的现象都不成立。永明寿禅师特别以数钱为例,如数一不数二,那么一不成为一,有二,一才为一。所以没有一个与其他数目切断的"一"在那里,说"一"时,"二、三"等已在那里了。"一"与"二"它们不分,没有另外有一个中间的东西,所以说"要待一时中无间者,因果始成"。其中理论已经讲过了,《中论》也提出来过了,就是说明因果是同时的。

像我这个拳头一拿出来的时候,握举拳头是因,握举拳头成形是果,此二事没有前后。因在,那个果也已经在了。这个中间,有这样一个深刻的问题。永明寿禅师说,从真正逻辑的观念来看,说因果有先后是错误的。一定"要待一时中无间者,因果始成"。

若尔者，如数两钱同数，无前无后，谁为一二？如竖二指，谁为因果？

这里举了例子，譬如说两个铜钱一起拿出来，这中间不分前后，就是两个。两个手指伸出来，就是两个，因果同时。讲了半天，就说明因果是相互为因果，缘生的，连带出来的。

以前年轻时，同学大家研究佛学，这个缘生是什么呢？讲了半天，我干脆画了个圆，缘生的，因为是缘生，所以是无生的，缘生所现的各种现象，就在那里，不是多生出来的。这个圆的东西无所谓前后，无所谓左右；不是圆圈，是个立体的球。缘生也就是圆的道理。当然，这是无法解释中的解释，此中无时间、无空间。它的体是唯心所造的，本体唯心。这一段文句，大意如此。

绝对唯心论的佛法

下面我想大家自己研究一下。因为下面文章讲人生的生、老、病、死、苦，不外劝我们赶快学佛修道成佛。这些生、老、病、死、苦，都要变成老生常谈了。有时我不太喜欢再讲了。因为一提到生、老、病、死这个东西，万念都没有味道的事情，再讲下去也差不多，而且文字很容易看懂，所引用的经文也讲得很详细。不过，其中的确有许多好文句，我倒是奉劝我们初学佛的青年同学应该看。假使我觉得大家可能有看不懂的地方，我绝不偷懒，一定帮忙大家讲下去。

现在我们开始研究卷四十三，也就是唯识学要正式开始了。学佛的基本道理在三世因果、六道轮回，这个基本道理是唯心的。唯心因果，也可勉强的说，是心物一元的因果。因为"物"在佛学里头根本不大承认的，依佛所说，物是心所变现的一种现象而已。

严格而言，一切万有的物质世界与心量是不能相提并论的。以哲学来讲，说"心物一元"，已经是有问题了，依佛法标准是要打手心的。

因为物不过是心所生法的一部分，也就是心性法身本体功能的作用之一。例如：希腊哲学家柏拉图把这个世界分成两重世界——精神世界、物质世界。这两重世界依照佛理是心的功能的变现，而心的功能在精神世界、物质世界里头都存在，都能起作用。因此严格而言，就佛家唯心的哲学来看，是不承认心物一元的哲学，换句话说，它还够不上；讲心物一元，都已经是低了一级。明白了这些，现在正式讲到我们中国最流行的禅宗，所谓明心见性、悟道、直指人心、见性成佛。既然是直指人心、见性成佛，后来为什么又要讲唯识学，把这个心像西瓜一样分成八部分，为什么要这样切，现在开始讲这个道理。

达摩祖师的留影神功

夫初祖西来，唯传一心之法。二祖求缘虑不安之心不得，即知唯一真心圆成周遍。

《宗镜录》第四十三卷一开始，就首先标榜出禅宗。禅宗在印度，第一代祖师是由释迦牟尼佛亲传迦叶尊者，第二代是由迦叶尊者传给释迦牟尼佛的弟弟阿难。如此传到二十八代的达摩祖师。

达摩祖师也是印度的一个王子，同释迦牟尼佛的身世一样，为求道而出家，在印度继承了禅宗的二十八代祖师，到中国正是我们南北朝梁武帝的时代，成为中国禅宗的初祖。所以一般提到禅宗初祖就是指达摩。

达摩从印度来的时候只传一心之法，我们所谓心地法门，直指人心、见性成佛、心即是佛。如果还要进一步问："什么是心呢？"问题就来了！是身体里面这个心吗？不是哦！这是心脏。那头脑思想这个心呢？也不是！

那心是什么？我们普通晓得达摩祖师西来传法的公案，这一段公案故事一般大家都知道，不过怕年轻同学不知道，只好浪费年长先生的一点时间。达摩祖师西来，先到南方，后到北方，住在中国的嵩山，面壁九年。实际上他到中国有十几年，不过有九年当中住在嵩山。也不是九年都在那里打坐，面对着岩壁。不过这也很好玩的，日本禅宗，都学这个，打坐面对着岩壁，把背露在外面吹风，号称这是禅宗。以达摩面壁而坐的方式为标榜。

当然在中国的岩壁留影的也有一些，譬如在嵩山的岩壁上有一个人像，据说是达摩祖师的功夫，当年他坐下来，这个身体就投影到岩壁上留下影像，不晓他修的是不是武侠小说上写的留影神功！这是说笑的。这些后世流传的真与假，都不去考虑。他来到嵩山是住了九年，这一点没错。[①]

你是谁

达摩是印度人，首先到中国来，中国话讲得怎么样标准，不知道。像我到现在，自己是中国人，国语都讲不好。当然他有神通，佛法高，中国话比我们讲得好一点。为什么？我经常举《指月录》的例子，常说达摩祖师讲了一句中国话。历史上的记录，我读了三十年，才读懂。

梁武帝问他，两人对答一来一往，梁武帝最后给他逼紧了就问他，圣人得了道是什么境界？你已经得了道，你祖师爷到我中国来传法，你已经悟了道，得道的人境界是什么呢？达摩答复说："廓然无圣。"

那就是说无量无边，空空洞洞，那心境之伟大，包容万物，但是其中无一个圣人，没有圣人与凡夫的差别。也无所谓得道，若自己还觉得有个道可得，那我们就要问，你那个"道"卖几毛钱一斤？有个东西可得，那不就有价钱可还了？那还不是道！

梁武帝也很厉害，你祖师爷来传法，居然什么都没有，既然无圣，那你跟我讲，你又是什么东西？当然皇帝也不能那么粗鲁，总要文气一点，就问："对朕者谁？"达摩祖师只讲了两个字："不识。"这两个字我读了三十年。我们素来读解成不认识，在我也认为是不认识。

卅年后，到了广东，有一天，我也不会讲广东话，朋友派了一位广东的小朋友跟到我旁边走，帮我做事情，两人无聊乱扯一顿，反正也没人，也不怕脸红乱说。后来我问了一句："不知道，广东话怎么说？""不识。"哎呀！这下《指月录》里的这一句读懂了！"不识"就是"不识"。因为达摩是从广州上岸的，甚至今天的广东话与闽南话，还大部分保留真正的唐朝的音，所以现在研究古书，研究唐诗，最好学会讲闽南话、广东话、客家话。我读了三十年书，我说："老弟呀！"他看到我那么高兴，那个广东小孩子说："南先生，你笑什么？"我说："你不晓得。我总算在你身上读懂了一句话，我很感谢你。"

梁武帝当年一问他，得道的人既是"廓然无圣"，那当着我面，你是谁呢？达摩祖师说："不识！"不知道！我也不晓得我是谁？你是谁？就是闽南话"莫知影"！这妙得很！后来我愈发现愈流汗，我们读书往往都读错了的！每位祖师一定要查他们的籍贯，如果他是福州人的话，有时候福州话就出来了；苏州人的话，苏州话就出来了，没得办法！不懂这细节，读书、读语录一下就错了。因此，以这句话告诉年轻同学们，读书之难，尤其是读这些禅宗语录。

如何安心

后来达摩祖师在嵩山面壁碰到二祖来,二祖当时已是三十多岁了,早已经在山东、江苏一带讲学,讲《易经》,讲《礼记》,讲中国文化,听众满座,很有名声。可是他忽然发现这些世间的学问不能满足他解决宇宙人生的大问题,因此看佛经,看了《大般若经》,结果出家了。出家了以后,他又在河南香山,自己一个人在那里打坐修道了很多年。

因此,我们了解:第一,二祖学问好,读书人出身,而且佛学研究得好,不是盲目信仰的。第二,他做过功夫,他一个人跑到香山去打坐已经好多年了。一般人,我们先不管他有没有道,总得有腿呀!两腿总要能够坐得住呀!我们两腿大家坐坐看,坐四十分钟就麻了!

二祖最后来找达摩祖师,达摩祖师理都不理,他只好一直站在那里,就有这样的画像。后来儒家到了宋朝有一个故事叫"程门立雪",这个故事是作者借程夫子套用二祖的公案来的。

冬天下雪,二祖见达摩的时候,站在那里站了好久,或者是一天一夜,或三天三夜,很难确定,反正大雪都超过膝盖头了,二祖都没动过。那诚恳求道的样子!最后达摩祖师问他:"你找我干什么?"二祖说:"我听说师父您从印度来,来传正统佛法心印,我要求道呀!"达摩祖师看他这样讲,就痛骂了他一顿:"诸佛无上妙道,旷劫精勤,难行能行,非忍而忍,岂以小德小智、轻心慢心,欲冀真乘,徒劳勤苦。"

我们通俗一点来讲,就是说:"你这个小家伙!佛法岂是那么容易得的!要经过多少年呀!凭你这样子拍拍马屁,站一下,又算什么了不起!"他是不是会骂这么好听的中国话,不知道!反正是很会骂人!

结果,二祖听他这一骂,抽出了刀。以前和尚的袋子里带着有刀的，相当于我们过去军人腰上配刀。和尚的刀叫戒刀，受了戒就有这把刀。这把戒刀不是叫你去杀人、抢人的，是警戒自己，自杀用的！如果做错了事，甚至做坏了，自己了断！后来当然有些和尚拿这把刀不是自杀，而是去做了别的坏事，也有杀人的。因此后来政府追回了，不准带，只保留袋子代表那个意思。

因此当时二祖抽出刀就把膀子给砍了！以表示自己的心意、决心。当然，那时候河南嵩山天气冷，下雪，血马上就冻结了，不过也是痛得很！所以后来庙子所塑、所画的二祖像少了根膀子。

看到二祖表现出这么大的决心，达摩祖师就问他："你求什么？你为什么这样做呢？"当然我们想得到，他又冷又饿又痛，那真不晓得多痛苦呀！人世间的痛苦在一刹那间都加拢来，身体的痛苦、肚子的饿，又冻得要死，而还要求道，当时不晓得他是怎么挺过来的！所以达摩祖师问他："你为什么？"二祖只讲了一句话，他说："此心不安，请师父给我安心！"

我们后世学禅宗都忘了这个公案中，二祖他的学问、他的功夫、他的福德资粮、他的决心。好严重！一般人认为他有道，他还是觉得此心不安。人生最难的，就是这个心，怎么样安？尤其这个心是什么？

所以有许多青年同学来学禅，要参话头，这个就是话头嘛！这个是什么心？这个心怎么安？我们大家坐在这里，听佛学的课，你的心是什么？安不安？自己知道不知道？

编　案：

① 郭元兴居士尝费心论证："壁"为"璧"之误，璧为心净之喻。则"面壁"义同"观心"，堪称别解。然即使形为面壁，亦不碍观心。录此别解，聊供谈助。

第十八讲
不费一字三藏全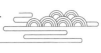

莫错用心
做人要老实
神无方
心动干戈声即响
思与想
禅和教
万法尽在不言中
眼高手低
伈侗为病
三种心态
四种体相
因缘果报由识定

莫错用心

二祖向达摩祖师求安心，不但修行人，任何一个人都觉得安心之难。因为许多人学佛、修道，学了一辈子还是安不了心。反过来说，此心真安了，返回佛性了，就是普通人也成佛了。

为什么花那么大力气一再重复说明二祖见达摩这故事呢？这里有一个话题，点出这个题目来，也就是大家一般人学禅宗、学佛法时搞错了的。我们现在能够思想、能够感觉的心，佛称之为"缘虑心"。这个心，一个思想接着一个思想，永远连续不断着。

我们一提到佛法的唯心，就把现在这个能思想作用、能感觉作用的，当成是心，那就大错特错了。所以唐代诗人，学佛的白居易有一首名诗：

空花岂得兼求果，阳焰如何更觅鱼。

我们眼睛坏的时候，或眼睛碰压了一下，就看到虚空中的光点，好像虚空之花，这个本来是假的嘛！但你要说它是空的，却也是有个现象，是病态的现象。所以，以这个空花来求得正果是不可能的。阳焰就是沙漠里头的海市蜃楼，太阳光照在海面上，因水蒸气蒸发所产生的光影。另外，在高速公路上，尤其在炎热夏天，车子开得快的时候，坐在车内看到前面马路上都是水，车开到跟前的时候，地上却没有水，干的。可是那水真像，你就晓得这就是阳焰。所以，"阳焰如何更觅鱼"？根本就没有水，哪里可以找到鱼？我们的缘虑心，一个思想连一个思想的心，以这个心打坐、做功夫，以为自己在修道，无以名之，就叫作阳焰境界吧！

要注意哦！不管学什么！禅宗也好、密宗也好，管你天宗、地宗，随便你哪一宗，都是"阳焰如何更觅鱼"。你以缘虑之心去修，以为这个是"一心"，那是笑话。对佛法基本都没有认识清楚！

一般学佛的人注意哦！一切唯心不是这个，这个是意识缘虑之心。大家都以为缘虑之心，是可以做功夫的东西，例如佛法的调心，道家的炼心，儒家的养心，都还是缘虑心。像密宗修观想念咒子，或者参话头、做功夫，甚至练气功，都只能称为调心，都是以缘虑心起修，不是究竟。你要求的，应是后面那个本体的心。

所以直指人心、明心见性，事实上不是指这个缘虑心，首先要明白，要搞清楚，不然错误大得很；尤其现在国内外讲禅宗的，我们只好根据白居易的诗称它"阳焰宗"。"阳焰如何更觅鱼"呀！再不然叫它"空花宗"，"空花岂得兼求果"！不可能的呀！

做人要老实

所以我们要了解一件事情：二祖当时同我们一样，达摩祖师问他："你找我干什么？"神光说："此心不能安啊！"但是先前，二祖没有剁膀子以前，不是讲这个话；他说的是："师父您从西边印度来，有无上甘露的法门。"换句话，像我们有些年轻人，比如我年轻时候，找师父也是这样，看到就跪，跪下来说："师父呀！听说你有大法、大道，您一定要传给我，你叫我怎么样都可以！"那句话，嘴巴骗死人不要钱，好甜哦！反正我要求道嘛！缘虑心！

所以二祖去见达摩祖师，也同我们年轻人一样，那个嘴巴真会侍候人！"您有无上甘露法门"，反正好听的名词都给它堆上去。碰到达摩祖师不受骗的，被祖师骂一顿，当然自己心里有数，那些都是空话，捧了空花要来求道。剁了膀子以后，这一句话大概是又冷又饿又痛，痛出来的。达摩祖师说："你干什么？你为什么这样？"二祖说："此心不安！求师父给我安心！"嗯！这老实话来了。

但注意哦！他学问已那么好，至少在求学方面比我们在座的人好，打坐修道的功夫也比我们只有好没有差，一切胜过我们，而他说心不安。最后又冷又痛又饿，剁了膀子，当然此心不安，恐怕手还在发抖，不过下雪天没有关系，血马上冻得凝固了。他问这个心怎么安，这句话问的倒实在。达摩祖师经他一问，当然我们看书没有味道，文字记载不够写实，当时没有录影，他那个眼睛一瞪："还没有安心，拿心来，我给你安！"尤其那外国人讲话胡子一翘、眼一瞪，蛮吓死人的。

二祖被达摩祖师问呆了。我的心，在哪里？找不到！怎么拿心给你！心到底在哪里？毕竟找不到！要知道，在那种情况之下，二祖的缘虑心没有了，更没有第二心思去造一个假话来了，他已经被整得差不多了，仅剩半条命，才有最后一句实实在在的话："觅心了不可得。"达摩祖师说："那好了，我已经给你安好了。"这一下才开悟。

神无方

达摩祖师的教育方法好厉害，但是也很客气啦！假使是我就坏了，"那你怎么会讲话！"对不对！说我心找不到，却晓得答复我找不到，这不是心在讲吗？可见还有一个心。但达摩祖师的教育方法不走这个路线。这样一逼，会把人整神经的，不可以这样！所以赶紧告诉他："你在这个地方，我已经给你安心啦！"无可安处嘛！不需要安处，有一个固定安处，就已经不是了。

就如《易经》上的话："神无方，而易无体。"我们一般人总喜欢捉住一个方位，捉住一个东西，定在那里，以为是安心。那错了！那都是缘虑心，不是真的。这是一段中国禅宗开始的公案。

所以，永明寿禅师提出来说："夫初祖西来，唯传一心之法。二祖求缘虑不安之心不得。"缘虑之心本来虚妄，找不到。因此可以了解，"即知唯一真心，圆成周遍"。我们现在用的心，无以名之，为了分辨它，把它叫作"假心"，我们那个本自具有的本体之心叫作"真心"。因此你就晓得，天下唯我独尊的唯一不二的真心，圆满普遍，无所不在，处处都在，处处现成。但是要怎样才能达到这个境界呢？

心动干戈声即响

当下言思道断，达摩印可。

你只要当下"言思道断"，但不是嘴巴不讲话；嘴巴不讲，心里头却还在讲哪！所以，我非常感谢一位朋友。当年我到峨眉山，想要闭关，就写了封信给这位朋友说，我三年闭关，禁语不说话。这位朋友回了信，他也是学佛的，他说禁语就不必了，你把嘴巴禁得不说话，你禁得掉你的心声吗？我看了信，突然一震！对！心声。一个人自己心里头常有两个人在对话，不只对话，有时候还吵架，甚至有三个、四个吵得很厉害。庄子称之为"心兵"。我们心里头有干戈在作战，就像现在新名词"心战"，心头自有干戈。①

思与想

所以"言思道断"，光是表面上的不讲话不行。"思"呢？那又是另一个问题来了。"思"与"想"原是两个不同的作用；现在人却把它们连结起来称作思想。"想"是粗略的，譬如我们坐在这里脑子里在想，感觉到的这个是想。这"想"变化得很快，虽然无常，却可以看得很清楚；"思"就不容易找到了。

在座诸位，有很多用功修道学佛的，学净土的也有、参禅的也有、学密宗的也有，乃至修道家的也有。据我所知，各路的神仙济济。但是不管你禅定做得怎么样好，你那个思的境界没有断。那时你好像不在想，你觉得非常静，非常沉，什么都不知道，或者偶然有一点影像，这都是思的境界。所以非要把法相唯识学研究得透彻，然后才能讲唯心的道理。

所以"言思道断"，思不是想，想比较容易断。譬如说，我们都有这样的经验，早上刚睡醒了，眼睛还没有张开，迷迷糊糊的还睡，那个若有焉、若无焉的境界，是思的境界，不是想的境界。

还有，我们晚上将睡着未睡着之际，还有点迷迷糊糊，有点影子，你说不知道吗？还有一点知道，真知道吗？不知道。那也是思的境界。往往有许多人把这个当成是正路，当成是心宁静的标的，这是绝对的错误，千万要注意！要"言思道断"才能够了解到真心的境界，才能得到达摩祖师的印可。

禅和教

> 遂得祖印大行，迄至今日。

二祖了解了真正佛法的心印。"祖印"也就是佛法的心印。中国禅宗所谓的大乘禅开始了。"迄至今日"，这个"今日"是指永明寿禅师（九〇四～九七五）写《宗镜录》的时候。他是五代末年，宋朝初年的人。

> 云何著于言说，违背自宗？

这段文字，永明寿禅师用的是假设的语气。禅宗是言思道断，不立文字的，为什么你还要写这部《宗镜录》，违背你所学的禅宗哪？不过，永明寿禅师后来提倡禅净双修。

　　义学三乘，自有阶等。

中国的佛教人物大体上有两种差别，一种是专门讲修行功夫的，例如禅师，过去学天台宗的也叫作禅师。另一种是"义学"，义就是理，是专门研究佛学，讲经教的。

所以，过去一般人称那讲经教的法师，就叫"义学沙门"。古代修禅的人多半是义学出身，例如临济禅师，是唯识宗的大师，最后却绝口不提唯识了。如永明寿禅师等，每一位大祖师，三藏十二部的义学都是透彻极了，二祖也是。不像后世修禅，经教不研究，只得参个话头，偷得个缘虑之心，这后果很严重。

当然，修行与义学这两派自唐、宋以来，素来有点不太融洽的。从南北朝以来，禅师穿的是修行的灰衣服；义学沙门穿的是紫色的衣服；讲经忏则穿的是银灰色的，有五色衣服的分别。义学沙门穿的比较讲究，而禅师邋邋遢遢像小说写的济公和尚一样。

有一天，有个义学沙门在一个地方吃饭，刚巧有位禅师来，晓得他是大法师、讲经的，故意逗他玩：

"法师，您也在这吃饭，阿弥陀佛。法师您讲什么经的？"

"我讲唯识，大乘宗的。"

"您讲了多少年了？"

"二十年了！"

"我要请教法师一个问题。"

"什么问题?"

"法师啊!我请教您:'昨天下雨今天晴'这是属于哪一法啊?"

(在唯识宗有一部《百法明门论》,归纳一切法一百种。)

这法师呆了!答不出来!脸红了。这禅师故意逗他,大概是老朋友了,于是说:

"那您反问我,我回答!"

"'昨天下雨今天晴'是哪一法啊?"

"这是二六时中心不相应行法。"

一点也没错,心不相应行法,所以我们的缘虑心没有办法控制它。譬如时间,说一切唯心,但这自然的现象,根本上是心识控制不了的,总共有二十四种心不相应行法。所以说,过去有许多禅师,你看他不上讲经法座,他照样有阶等。"义学三乘,自有阶等",义学三乘:声闻乘(小乘)、缘觉乘(中乘)、菩萨乘(大乘),还是有阶梯次第啊!《宗镜录》是完整的一部佛学大法。为什么还要将佛学举个完整的大纲?在此,永明寿禅师自问自答:

万法尽在不言中

答:前标宗门中,已唯提大旨。若决定信入,正解无差,则举一例诸,言思路绝。

"明心见性成佛,当下即是",这宗旨在前面第四十二卷时,说得很清楚。一般人都晓得一切唯心,但是哪个心?心在哪里?若说:"我也相信啊!一切唯心。"那你是迷信。一般用的是缘虑心,因为你没有见到自性。没有明心见性以前,你虽然相信,还不能算是真正的正信;要"**决定信入,正解无差**",一切知见没有差错,功夫到,见地也到,那才是真正的正信。

"则举一例诸，言思路绝"，言思道断，心行处灭，没有话可说。所以释迦牟尼佛到了最后只好不说话，拈花！说了没有？说了。语言，不完全只是嘴巴，有表情，全身都在说，才表达完全。但人与人之间往往当面不用开口，也知道对方心意，迦叶微笑，正是一种"身体语言啊！"《指月录》记载，佛说法而后否定一切："吾四十九年住世，未曾说一字。"

当年在大陆上研究佛学的一些朋友很顽皮：

"唉！要讲扯谎，我看释迦牟尼佛第一。"

"去你老兄，怎么这么讲！"

"他自己说的，'说法四十九年，无一字可说'，当面不认账。"

这么说叫人笑得肚皮都笑痛了，大家都知道在说笑话。事实上佛是否定了一切言思，但是也真说了真话。这一切理论说了都不是的；直到了"言思路绝"才是。但是为什么还要写这一部书呢？

眼高手低

> 窃见今时学者，唯在意思，多着言说。但云心外无法，念念常随境生；唯知口说于空，步步恒游有内。"

注意了！为什么要写《宗镜录》？因为慈悲心。看到现在一般学者，用思想头脑，好高骛远来学佛，"多着言说"，对于佛法吹得很厉害，吹得头头是道。"但云心外无法、念念常随境生"，理论讲得很高，"心外无法"，但里头贪、瞋、痴、慢、疑，样样俱全，念念常随境转。"唯知口说于空"，嘴里讲空，"步步恒游有内"，每步、每步他都空不了，执着得很厉害。这是永明寿禅师说明为什么要著这一部书的原因。

禅修到宋朝已经变了样，不得了，口头上的佛法太多了。这几句评论，文章好、字句好、意境好，且都对仗："但云心外无法，念念常随境生；唯知口说于空，步步恒游有内。"

侗为病

只总举心之名字，微细行相不知。

而且一般修禅的人，都在"笼统般若，颟顸佛性"中，抓到一点"心"的影子，就认为悟道了；一点"证"的影子，在无明中便认为是证了禅，这严重得很。

现在一般人只总是举一个心的名字，对心的功用体会到一点点，可是"心"那微细起的作用，一点都不知道。这个要注意！尤其我们在座用功多年的人，你坐到进入一个定境，却被心的妄念，思的一面，牵走了而不知道，一样是走入外道喔！所以见地不明，是一个严重的问题。

若论无量法门，广说，穷劫不尽。今所录者，为成前义。终无别旨妄有披陈。

进一步说，佛法是无量无边，方法多得很。现在一般修行的人，抓了一点鸡毛就拿它当令箭；抓了一点，就以为都学完了。"法门无量誓愿学"，你学了几个量呢？要广说佛经无量法门，穷劫不尽，这劫数完了，再来个劫数，永远说不完。现在永明寿禅师把三藏十二部的精华节录下来著成这本书，"为成前义"，为大家学佛找出了一个正统的真正的理论。"终无别旨，妄有披陈"，并不想另标教旨，也不敢妄加意见。

> 此一心法门，是凡圣之本。若不先明行相，何以深究根原？

凡夫心地迷了，转入六道轮回；而悟了本性，就成了圣人。这一明心见性的心地法门，是凡圣的根本，但心的现状怎么样呢？现在国外的心理学、心象学（心的意象，也是心的作用）研究得很多。所以我们打坐，有时候得到清净，正是心影喔！拿佛学来说，正是心的行相，还在动相哩！还没有证到心的本体。

所以永明寿禅师再三告诫，"若不先明行相，何以深究根原"，先明行相，它的动向，你没有看清楚，我们打坐得到清净，那也是行相之一。有时候打坐有光影，有各种境界，那是第六意识，独影境界之一。这一认错，严重得很，自己对不起自己。

三种心态

> 故须三量定其是非，真修匪滥；四分成其体用，正理无亏。

这里唯识点出来了。达摩祖师当时传法二祖神光时，叫二祖以《楞伽经》印心，《楞伽经》是法相唯识中的五经十一论的重点，也是禅宗的重点。

唯识讲三量——现量、比量、非量。什么是心的现量？大的心的现量是很严重喔！举凡三千大千世界，一切山河大地，都是心的现量。所以有时候，我们大家用功，偶尔一念清净，三际托空，前念已灭，后念未起，中间好像是空，这不过是意识的偶然现量的一部分。你不要认为前念已灭，前一个思想过去了，后一个思想没有来，这就对了。

我以前强调过,你们再体会一下。前面过去了,过去就过去了。未来?未来还没有来。中间这一段空空洞洞,要你先认识心意识现量的这一面。但是有许多同学,把这个观念弄错了,认为这个意识清明面,就是现量,也错了。你假设观想得起来,前念已灭,后念不生,当前一念,真能观想阿弥陀佛屹立而不动,制心一处,无事不办!这也是意识的现量。一个是空相的现量,一个是有相的现量。千万不要弄错,弄错严重得很,不要说没有讲过。我讲了,如果有一点表达不完全,我有口过的;你们听错了,不关我的事。

当然,这是个人小的现量。大而言之,诸位真到达了大悟的境界,身心桶底脱落,与山河大地,整个三千大千世界,混而合一,三千大千世界如庵摩罗果在手掌中一样,如一点灰尘,如梦如泡,那才是证到了心意识的现量。不要妄认为,喔!前念已灭,后念不起,当下清净,我这一下就做到了,那很严重。平常有一点"空",就认为这就是"禅",那更离了谱了。

比量:我们一切缘虑心,一切的思想,一切的学问,一切的聪明,都是比量来的。比量是由计较心来的,一切后天学来的知识,比如我们买东西,这个大,这个小;这个是,这个非;这是因,这是果,这是缘,这都属于比量。

那非量呢?精神病的时候,或是到我们要死的时候,脑子毁坏的时候,有时打坐的时候,出现的那个境界是非量的境界。非量不能完全说它错觉,以现代新名词"心影"来说,是另一种幻觉的现量。如果着了魔境,就会把非量当成真实现量。

所以永明寿禅师说,要修禅悟道,"**故须三量定其是非**",不要笼统。笼统而认为那就是悟了,那真是"误"了,聪明反被聪明误。一定要在这三量上分别得清清楚楚。"**真修匪滥**",真的修行不可以有一点马虎,不能掺水。

四种体相

"四分成其体用",四分,唯识的相分、见分、自证分、证自证分。一切物质世界与精神世界都是现象,现象就是相分。而见分呢?我们知道,相分的那个能知之性,后面是见道的见分。所以明心见性,是见道的,见道不是证道,不可把禅搞笼统了;以唯识学来说,见道就是见道,不是证道。

《楞严经》上说,"见见之时,见非是见;见犹离见,见不能及",第一个"见"是能见之见。第二个"见"是所见之见,见相分之见。我们眼睛能看东西,这是眼识的作用,能见到眼识作用的那个能见之见,是那个见道。"见见之时,见非是见",那个见道之见,不是所见之见。看到光,看到空,那都是影像。"见犹离见",那个能见之见,能所两空了以后,"见不能及",姑且称"见道",不是我们心见、眼见所能到达的。

这是《楞严经》上所提到的,但是现在不少的人都在拼命批驳这部经典。有一预言,《楞严经》是所有佛经中最后传入中土的;将来佛法衰微时,它又会是最先失传的,那末法就来了。所以我要将《楞严经》翻作白话,就是怕它失传了。因为到了清末民初,梁启超指《楞严经》是一部伪经。梁氏对佛法的研究较晚,且无深刻功夫造诣,但他当时颇负盛名,所以一举此说,随声附和者不少。所以盛名所致的因果很大,为人千万莫出名,一句话错了,所种的因不只一生啊!②

唯识中指出,见分,见道还不算数,还要自证分,自己身心投入证到这个境界。你说"空",眼睛一闭,什么都不知道;那不是空,那叫"大昏沉"。现量没有弄清楚。若说:"我有一点知识,大概也清楚。"那叫"细昏沉"。佛学要有一点研究，心性要分清楚，不然误了自己，何必学佛？所以要自证分，证到与这山河大地合一的法界同体。这不是一句空话，要证到；证了还不算，你证的对不对？还要考查考查，考查叫证自证分。

唯识的三量四分，有条理、有次序、有理论、有实验，步步丝丝入扣，是非常科学的。所以永明寿禅师说，你们用功，明心见性而证道的，就拿这佛理尺码来量一量自己。"故须三量定其是非，真修匪滥；四分成其体用，正理无亏"。

因缘果报由识定

> 然后十因四缘，辩染净之生处。

你悟了道以后，以十因四缘来辩，来决定生处。那么你爱生西方极乐净土也好，东方也好，都可以。③

> 三报五果，鉴真俗之所归。

三时报应，五种果报，你爱出家求真入道也可以，在家、在俗修行也可以，只要你正见清楚。④

> 则能斥小除邪，剖情破执。

懂了这个道理，自然不会走小乘的路子，也不会走邪门外道的路子，更不会被妄想情感所困住，不会落在一般的执着上面。所以他再三的说明，著《宗镜录》是为了后世的学者，才有这慈悲的著作。

编　案：

① 现代心理学类皆假设有一统合之人格存在，但弗洛伊德却将人格从发生学上分成原我、超我、自我，又从实存上划分为意识及潜意识。荣格又将后者划分为个人及集体潜意识。至于乌斯宾斯基，又分为知、情、意的我，详见其所著《人可能进化的心理学》，真是热闹得很。

② 有关《楞严经》之传入经过及论证，请阅南怀瑾先生所著《楞严大义今释》之叙言部分。

③ 十因为：一、随说因；二、观待因；三、牵引因；四、摄受因；五、生起因；六、引发因；七、定异因；八、同事因；九、相违因；十、不相违因。详见《瑜伽师地论》卷三十八。

旧译四缘为：一、因缘：六根为因，六尘为缘。二、次第缘：心心所法，次第无间，相续生起。三、缘缘：心心所法，由托缘而生还，是自心之所缘虑。四、增上缘：六根能照境发识，有增上力用，诸法生时，不生障碍。

新译四缘为：因缘、等无间缘、所缘缘、增上缘。详见《瑜伽师地论》卷三、卷五十一、卷八十五，《成唯识论》卷七、《俱舍论》卷七以及《大毗婆沙论》卷二十一。

④ 三报为：一、现报：依现在之业，受于现在之果报。二、生报：依此生之业，受于次生之果报。三、后报：由作业之生，隔二生以上后所受之果报。

五果为：一、异熟果，二、等流果；三、离系果；四、士用果；五、增上果。此五果顺序及解释，各种论典略有不同，详见《显扬论》卷十八、《俱舍论》卷六、《瑜伽师地论》卷二十八、《辩中边论》卷下，尤其《大毗婆沙论》卷一百二十一，除总说外，别说更为详细。

第十九讲
醒来乾坤是个眼

实证的心物一元论

一心清净　万法圆融

要能空能有

须知微细心相

小心患上宗教病

临终见真章

知识也会误人

现量生妙智

佛眼照大千

螺蛳壳里死人无数

心明幻灭

黄叶止儿啼

实证的心物一元论

上文讲到"三报五果,鉴真俗之所归,则能斥小除邪,刳情破执",重点是:要讲禅宗的明心见性,就必须把唯识讲心的作用弄清楚,才能够真正彻底的明白明心见性的道理。

下面是介绍当时弘扬唯识的人:

> 遂乃护法菩萨,正义圆明。西天大行,教传此土。

护法是个人名。佛后六七百年间印度之无著、世亲、护法等人,都是弘扬唯识宗的大将、大宗师。西天指印度。印度后来唯识之学大行,慢慢传到中国来。

> 佛日沉而再朗,慧云散而重生。遂得心境融通,自他交彻。不一不异,触境冥宗。

这些文字都容易看懂。但如果谈修证,一般所谓参禅或其他佛法的修证,偶然的心境上得一点涵养,清净、安详则有之;但是心地法门与物理世界能够彼此融通,不是理论,而是事相。事相就是事实、功夫。真正理悟与功夫到了,心与境才能够融会贯通,所以说"心境融通"。

一心清净　万法圆融

其次,"自他交彻"。我们普通学佛,一般在境界上达到自己的清净则有之，心念安详一下，他力方面就没有办法。比如我对于你，对于他，彼此能够发生感应之作用则做不到。何况过去有成就的，如诸佛菩萨或诸天神，种种境界，与之"自他交彻"谈不到。若不能达到"心境融通，自他交彻"，就不是禅宗所讲的悟道。理论上通一点点，心境偶然的安详不算的，必须要达到"心境融通，自他交彻。不一不异"，与古佛先圣、后圣会通，二而一，一而二。

"触境冥宗"，碰到外面的境界，冥，就是能清清净净，了无所了，这是佛法心宗的宗旨。文字看得非常清楚，一讲修养，真的境界事相来了，做不到。平常打起坐来，参禅啊！自己觉得蛮清净的，修养很高，八风吹不动；外面遇到一点不如意的事情，却火冒八丈。所以真修要"触境冥宗"。佛法并非光闭眼打坐，图自己的清净；要在利人利世中，诸境了无罣碍，完全到了心而无心，念而无念。能够做到这样利人利世的功德才是，假使不能，则不算佛法。

要能空能有

非有非空，随缘合道。

同时要能够做到"非有非空，随缘合道"才可以。这句话也是听起来很简单，实际上做不到。达到空的境界已经做不到，有的境界更难。你说："我们现在就有。"现在的有是假有，一个念头都把握不住，一个思想都停不了，这个是假有，受业力的牵流而变动，自己不能做主。

要把现有的业行，生理、心理方面空得掉，然后再抛去这个空的境界，就是非空，非空就是有了。做到了妙有，起一切作用，在心物之外，心物之内，能够相互起交感作用。比如神通，有这个感应作用。

神通能够起来，起来以后，又抛弃掉，就是非有。有而不有，空而不空，做到了，然后才能够说得上"随缘合道"。

这一节的话是永明寿禅师说的。佛法到了后来，随便谈空，随便说有。从龙树菩萨以后，般若宗谈空，说空说得太过分了。所以他在前面提到"唯知口说于空，步步恒游有内"。因为这个流弊的产生，所以才有唯识法相宗的出现。经护法菩萨的整理，在印度大为流行。到了唐太宗年间，玄奘法师去留学时，印度佛法已经很衰微了，只剩一位已一百多岁的戒贤法师，忍死等待玄奘的到来，传法后就圆寂了。所以唐朝以后，唯识宗也曾在中国大为流行。

须知微细心相

若不达三量，真妄何分？若不知四分，体用俱失。

一般学佛的人，如不能通达"三量"（现量、比量、非量）境界，什么是真心，什么是妄心，就无从分别了。如不能了知"四分"（相分、见分、自证分、证自证分），心的体用也就搞不清楚，一团笼统，自己还以为是道。

故知浪说心之名字，微细行相，懵然不知。

一般学禅的人，名词都懂，偶然眼睛一闭，心理得到的一点清净就以为都懂了。尤其现在的人讲禅，"青蛙跳下水，噗通！"空了，这就是禅。或者雁飞过去了，花掉下来了，以为这就是啊！这个时候觉得很宁静；但这哪里是宁静？你还在那里感想哪！早已不空了。这叫作"浪说心之名字"，而对于自己的起心动念的各种微细现象，都懵然不知。

有些人做得不错，什么都空空洞洞不知道，殊不知那个空空洞洞不知道的，正是你心理造作的一个境界，已不是现量。换句话说，你感觉做得好，很清净，那个是比量，假的，不是真空。那是比较的，因为你心经常在动乱中。就像瞎猫偶然碰到死老鼠，你觉得空了，那个境界是你在忙乱中偶然得到的，下意识还是知道呀！

你认为这很清净，空，大概这个就是禅。这是比量，不是真空，不是现量。而且这个比量的境界，一下就成非量的妄想境界，然后就进入昏沉状况，好像清楚，好像不清楚。或者，前面有一点光影；或者，这里跳一下，就以为不得了，任督二脉通了。其实，哪有那么容易！这是非量境界。自己落在非量境界不知道，还以为证得心性之体了，这很严重。换句话说，这只是生理感受。

小心患上宗教病

有些念佛、学密的人，更神秘了。什么得到感应，又是做了什么梦，神秘兮兮的，不晓得自己早落在非量境界上，很严重。所以心理状况搞不清楚，我是不赞成人家学的，生怕走入非量境界，说好听是非量，讲不好听是宗教心理病。所以一定要把心性特别搞清楚，要懂得唯识。

> 终不免心境缘，拘自他见缚。

否则，最后自己的心境被外缘拘住了。外缘就是你心里头在宁静的时候所产生的一个现象，被这个现象拉走了，就是外缘动了。这是心外去求，"自见"被自我主观意识束缚。"他见"，如各种二分法的宗教信仰都是。就学佛的人来说，如见菩萨现前，见光影等，一般往往已走入比量、非量。那所见的就是佛菩萨，那个他力究竟是真是假？你见地不够，被它束缚了，就是假。

临终见真章

目下狐疑不断，临终津济何凭？

学了半天道，自己现在还搞不清楚。问问自己：能够肯定这件事吗？绝对的肯定无疑吗？直到无疑之地，做不做得到？这都是问题。平常打起坐来，还能无病无痛，俨然有道，还有点清明。真到了死亡边际时，手忙脚乱，前路黑茫茫的，一身痛得不得了，也叫不出来，那时"津济何凭"？茫然无路。这几十年来，看多了大神仙、大教主，临终时，又如何呢？

知识也会误人

回转来说："不达三量，真妄何分？"比如大家在研究《宗镜录》，我在讲，是比量。大家懂了，还是比量。比量的心理就是相对性、比较性的。如同样讲一句话，听众不同，各个领受也不同，甚至有的把意思都听反了。世间的一切知识，都属于比量心的作用而来的。非量就是幻想的境界，乃至于精神病等病态境界都是，有些人杯弓蛇影地见到鬼，也都属非量境界。

现量生妙智

至于现量境界，比如大家念佛，念到念而无念，心里很清明，一个思想都没有，看起来是意识的现量，只能说是相似的意识不起分别，相似的现量。在这相似的现量当中，还有妙观察智哪！心念不起，什么都不动，很宁静的在那里。如果什么都不知道，那是无知，那是昏沉，昏沉也是意识呈现的。假定说这里头我知道，前一个思想过去了，后一个思想未来，中间空空洞洞，都不起分别，我也知道一切来，过去了就过去了，而不昏沉。清清明明，可是你知道清明自在，没有障碍，这是第六意识现量，能够起妙观察作用。

佛眼照大千

但是个人意识现量，拿真正整个的现量来讲，是相似的，不是明心见性那个性，大彻大悟，所谓"虚空粉碎，大地平沉"。什么是我们的真现量？心物一元，三千大千世界如掌中观庵摩罗果，就是跟宇宙合一了，大而无内，小而无外，圆明清净，才是心意识的真现量。所以这个世界、这个宇宙也是阿赖耶识的现量而已。

因此我们用功学佛，心境没有达到这么一个境界，坐在那里偶然的一念清净，认为这个就是意识现量，把握这个境界就认为自己已明心见性，身心修养得到把握了，这是错的。禅宗形容这是在黑漆桶里，这不是参禅，普通修养的人都做得到。沿海地区的禅师把这种情况叫作"螺蛳壳里作道场"，自以为得道了，大作法事。

"量"字翻译得非常好，有扩大的意思。心量要越坐越广大，结果我们坐在那里，心境是无限的缩小，螺蛳壳里作道场去了，不知道整个三千大千世界是阿赖耶识的现量。所以现量的道理，我们先要了解清楚。同时，研究唯识法相，不要给那呆板的文字困住。大宗师们讲得很多，但是为什么自己做功夫却用不上，是什么道理？就是没有把三量的道理参透。如果三量的道理搞清楚了，才晓得原来我们在"螺蛳壳里作道场"，闭着眼睛认为是清净的，还是妄心，不是真心。因此生死到来，抵不住。四大分散时，那个妄心的清净不来了。

螺蛳壳里死人无数

因为我们晓得现在坐起来，偶然的清净、宁静，还靠这个螺蛳壳里头的结构都还好，没有坏，而形成这一点清净。要是里头哪里出毛病了，那时你的小量境界毫无用处，那时"心境缘拘"。四大分散，死亡的痛苦把你拉住了，一样的起恐惧，一样的没有用处。大家平常做功夫，自己以为了不起，真到了四大分散，还不要四大分散，病时就不行了。所以《百丈清规》也说，修道的人不求无病，有病时才会小心，才肯修道。其次，真正的考验在病，一下来一个大高烧，快要崩溃，自己一点作不了主时，大痛苦时，测验你平生的道力够不够就在这里。恐怕那时不要说谈禅谈密，连叫哎哟都叫不出来了。所以不要妄谈理论。

所以般若是送神符，临终能令生死无滞。

刚刚讲唯识之理，现在又转到般若性宗。一般学佛的人，认为般若是龙树菩萨系统，而唯识是无著菩萨系统。事实上，由印度到中国，中国而欧美、日本，研究法相唯识的人，多半连带研究般若，与玄奘法师一样。这两宗表面是相对的，一空一有。但研究般若的人，多半不喜欢研究法相唯识，觉得太啰嗦。谈空容易，一切都不管，来个空就好了，干脆利落。讲唯识是科学性的，一点一滴要分别得清清楚楚。

不过，研究法相唯识，必须要以般若智慧为基本。所以般若智慧有这样重要，是"送神符"，了生死全靠般若。佛法的成就不是功夫，是智慧的解脱。学禅打坐做功夫,是要由定生慧,是培养智慧的最好一个办法。欲了生死全靠智慧,不是靠功夫。功夫在螺蛳壳里做道场,抵不住事的。临终要生死无滞,完全靠智慧的解脱。

心明幻灭

> 只为盲无智眼,教观不明,从无始已来,不能洞晓。违现量而失自心体;逐比非而妄认外尘。

而我们一般学佛的,"盲无智眼",都是瞎子。"教观不明",佛学的理谓之教理,教理没有求证,那是空谈,没有用。教理拿到心境上求证,由止观的真正修证,就是教观。所以,教与观要明白透彻。

一般人从来没有搞清楚心的体和用的关系,因此违背了现量而丧失了自心之体。严格地讲,心物(精神世界与物质世界)都是一个唯心的现量而已,而一般人"违现量而失自心体",自然"逐比非而妄认外尘",跟着比量、非量在跑,把物质世界的一切当成真实。

> 终日将心取心,以幻缘幻。

我们一般学佛做功夫的人,搞了半天在做什么?"将心取心,以幻缘幻"。请问:"你那个清净境界是怎么来的?"若说因为坐得好,那么清净是从腿来的?若说因为作功夫做得好,那么清净是从功夫来的?若说从心来,那么心是怎么清净的?造得出来吗?实际上,心的清净可不是心造出来的比量。清净并非外来,放下就是。怎么放下?你还来一个放下,已经不是了,早已不放下了。

现量就是当下清净,不要加一点力量。不一定闭着眼睛才行,开眼闭眼是一样的。心本来清净的，被自己求个清净的心扰乱了。心物两个都是本体心的一个现量而已，还另外去找一个心，就是"将心取心"。每一境界来，都是虚幻的，结果我们不肯认平凡，喜欢找稀奇古怪的，那就是"以幻缘幻"。

幻境多半由生理的毛病而来，有些是心理的幻想配合生理作用而来，非常复杂。我们打坐时，心理渐渐宁静下来，可是生理还在活动，气、血都在活动。身心两个一摩擦，各种境界就出来了。每个人境界不同，因为每个人的性别、年龄、生理状况、健康状况与心理思想不同，反应也不同。可是一般人喜欢在幻境中去玩弄自己，都是"以幻缘幻"。

黄叶止儿啼

似狗咬枯骨，自咽其津；如象鼻取水，还沐己体。必无前境，而作对治。

"似狗咬枯骨，自咽其津"这句话，永明寿禅师骂得妙，众生把虚境当实有，其实是自心的自作自受，却不自觉，而在那里痴迷，如狗啃枯骨，津津有味的样子。"如象鼻取水，还沐己体"，水喻外境，取水浇自己的身体，这是"心境缘拘"，自己被自己所造的境界困住。实际上，"必无前境而作对治"，本来没有这些境界，这些境界是幻，本空，根本不须用方法除它。但是有些人发生了这种心理状况，这样、那样的境界一来，又不明道理，于是诸佛菩萨有八万四千对治法门。

众生无智，叫他放下，却放不下，一定要求个法，自己骗自己对了，大叫："真灵！"有大智慧的人只好"黄叶止儿啼"，"将心取心，以幻缘幻"了。其实，人最烦恼痛苦的事，三天、最多一个礼拜就过去了。经过时间的变化，自然变去了。不过，这里有个话头：七天一个周期是生理的还是心理的？

任何一种情感或烦恼，喜怒哀乐，经过一段时间自然变去了。俗话说，"孩子见到娘，无事哭三场"，不理他，他哭不久就不哭了。又如碰到伤心痛哭的人，你不可劝他不要哭，就让他哭，哭过了，也就雨过天晴了。他哭不出来，那才叫人担心。为什么经过一段时间一定会变去呢？不只时间，空间亦然，所以到外头散散心，也就好了。那么究竟是空间变去了它，还是它变去了空间？又是个话头，值得研究。

同一理由，你的功夫出了某一个房间就不同了，在不同地方又有不同反应，道理何在？这些都是现代的话头，要好好参究。总之，心理的喜怒哀乐，外境的风云雷雨，"必无前境"，本来是空的，何须用方法去空它？

第二十讲
多闻如烛助道明

识身合一
即物即识
觉受为修道大障
精神在肉体中轮回
是非圈多幻想狂
爱来怨去 死去活来
慧舟能渡生死海
文殊骂阿难
知行合一无心迹
虫画符
蛤蟆神功
智光如日耀大千
多闻如烛助道明

识身合一

> 自从受身,含识已来,居三界尘劳之内。犹热病见鬼,于非怨处认怨;若翳眼生华,向无爱中起爱。妄生妄死,空是空非。都不觉知,莫能暂省。今更不信,复待何时?

"受身,含识"四个字要特别注意。譬如六道轮回,我们现在都是人,有身体存在,身体是有机的,中间有个东西,就是心、意、识。活着叫精神,死了叫灵魂,不过佛学不称灵魂。刚死时,还没有转胎以前,即还未受身得到另一个身体以前,叫中阴身,是过渡期间的存在。

"受身,含识",身体内部包含这个识。暖、寿、识三样东西是连着的三个作用。身体的暖气在,寿命就存在,识的作用也还在。人死亡是从下部开始,年纪越大,两条腿越没有力,慢慢两只脚也冷了。有许多人身体特别健康,到老年两只脚底心还发热,袜子都穿不住,那他的寿命一定很长。一般人从下部冷上来,风湿病也来了,慢慢腿也走不动了,最后两条腿拖着走,这两条腿已半死亡了。冷却到什么地方,寿命就切断到什么地方,这个识就分散开了。所以我们临终,一口气不来,整个身体就很快都凉了。

因此,有些学者曾将八识配合身体做研究,眼、耳、鼻、舌、身前五识分布在前面五官;第六意识在头脑部分;第七识与生命俱来的我识在内在;第八识在哪里?在督脉背脊骨一直到大脑。不过,这是后世研究西方心理学、生理学、医学而附会的说法,不一定完全对。

反正我们的精神作用,在每一个细胞、每一个指甲上都有,很奇怪的。头发、指甲可以常剪,在没有剪断以前,拉你一根头发,整个人还是有感觉。动一根汗毛，识还是起作用。当头发或指甲剪下后再踩，没有关系。所以研究心、意、识的关系，有很多课题很有意思。唯识学家问学禅宗的："一切唯心，那么一条蚯蚓或一条蛇砍成两段，两头都在动，本性在哪一头？"有些厉害的，自己还会接合活起来；那么本性在哪一节？何必说蛇，当我们的指头用菜刀一下斩下来，指头细胞还在跳动，你说那里头有没有我？没有我，它怎么还会跳动？有我，已经跟我们身体分离了，我们只觉得这里痛，砍下来的指头晓不晓得痛？还是会痛，只是你没有去体会。

那么，唯识学家对于上述自己所提的问题，有没有自己预设的答案？有答案，很简单，这是"余命未断"。所谓余命，就是剩余的生命。也可以说是"余力未断"。比如汽车在高速行驶中，突然紧急刹车，轮胎还往前滑，就是余力未断。所以生命也是一股力量，业也叫力，所以称业力。

即物即识

以佛学来说，人的生命与其他生命不同，当一个男子的精虫和女子的卵子结合时，没有含识、灵魂的加入，不会形成生命。有很多人问我："试管婴儿有没有含识的加入？"我说一样有，这个同男女性行为没得关系。精虫和卵子结合时，就有一股力量加入，三缘凑合就构成这个生命。受身的时候一定含识，含藏心识的作用。这还是粗浅的现象。严格地讲，受身，男性精虫与女性的卵子本身也是阿赖耶识的功能，这个研究起来就很麻烦了，要讨论到心物一元哲学的中心去了，必须结合各种学问来研究，包括自然科学、宗教哲学，等等，是很复杂的一件事，但也是很有意义的事。

通常，人受身中即含有识。实际上，人老了，生理机能老化，两眼蒙眬看不见，耳朵也重听，这时，前五识逐渐丧失生命的功能，已经慢慢走入死亡的状态。讲死亡太难听，以中国《易经》的"盈虚消长"来讲，即已处于消散的状态。那么，这个时候的前五识就像花瓣一样，慢慢凋谢，但花还是存在，只是没有那么新鲜。在第二个生命快要开始以前，生命的功能收缩了。其间的道理，说起来很多，我们现在大约提个头，没有详细说完，等于只列了几个纲要、课题，大家去研究，主要的就是说明"受身含识"这四个字。

觉受为修道大障

受，感受有这个身体，这又要谈到佛法的十二因缘。因为有了身体，就产生了触与受。譬如大家坐在这里，身旁有人坐过来，你感觉好热，这就是触。感觉空气舒服不舒服也是触。受，一部分是生理，一部分是心理，由生理的受引起心理的感受舒服与不舒服。我们有了这个身体，自己一天到晚在玩弄觉受作用而不知，感觉身体舒服不舒服，健康不健康，乃至近视，难过不难过，等等，都是在玩弄觉受。把佛学这个道理搞清楚，回到心理实验，你能把自己心理上觉受的功能解脱、拿开，身上的病就好了！因为这个身体本来就具有生命本能的治疗力量。你越握着觉受不放，就越糟糕。

实际上，我们一天到晚都在这个生理觉受上打转，所以十二因缘由触缘受，由受缘爱，爱就是喜欢自己。我们照镜子，越看自己越可爱。爱就取，自己抓得很牢；取缘有；有缘生；生缘老死。这十二因缘讲起来有先后程序，实际上是一系列错综复杂、几乎同时发生的身心功能。现在有很多人学禅、学佛，打坐、做功夫，实际上都在玩弄觉受，没有解脱。坐在那里，今天昏昏沉沉，背脊骨又不舒服；明天，哎呀清净一点，有进步。这全在玩弄觉受，自己被身体困住了，此即

"将心取心,以幻缘幻"。

大家注意哦!千万不要玩弄觉受。能够把觉受解脱了,你差不多得定了。所以觉受境界不是定,这个千万要搞清楚。诸位自己都可以做测验,我站在这里,诸位坐在那里听讲,你自己反省一下,感觉的情况多?还是听话、思想多?这是两件事。大部分坐在那里都是在感觉自己的身体,一会儿注意听,一下子又放下腿,觉受困扰非常厉害,这个东西在你生命当中,困住你十分之七;思想困扰你十分之三。今天觉得舒服不舒服,对劲不对劲,都在觉受里打转,然后以为通了奇经八脉,哪里这样简单!督脉任脉通了,不需要戴眼镜了,这是就单项生理机制可以有的效能,还有很多其他的征象。

就算奇经八脉通了,仍在觉受的范围里,并没有脱离觉受,只能说,你用功修行有境界,有一点功夫了。功夫很简单,一听这两个字就没有什么特别价值。人家问我:"什么叫功夫?"方法加上实验,再加上时间就等于功夫,没有什么稀奇。这道理是"将心取心,以幻缘幻"来的。

精神在肉体中轮回

所以,不管修密宗、显教,一般人多半在玩弄觉受,自己不知道。有病的人,学佛打坐却没有好转,为什么?佛为大医王能医众生病,学佛以后吃这帖静坐的药没有好,就因为你始终被觉受所困。觉受的解脱很难,觉受能够解脱,就差不多了。嘿!那才可以吹牛,赤条条来去无牵挂。

换句话说,八识,心的作用被觉受困绞住,其力量之大,始终脱不开。我们的精神就好比一只蚂蚁在快速转动如电扇的轮回圈子里,你怎么样都跑不出去。我们的精神意识在肉体中轮回,血液的循环快得很呢！快得你跑不出来。所以静坐帮你慢慢澄清一点，有时心识偶然脱出来一下，蛮好的样子。

所以，我们从"受身，含识已来"，始终困在三界（欲界、色界、无色界），"居三界尘劳之内"。一般说到三界，就想到六道轮回的三界。其实我们的身体本身就具足三界：欲界从肚脐以下到下部；色界从肚脐以上到喉咙；喉咙以上到头顶则属无色界。在中医里，也有三焦（上焦、中焦、下焦）的说法，跟道教神祇结合起来，又自成另一套系统。总之，这股含识的觉受惯性力量，你始终解脱不掉。

是非圈多幻想狂

"居三界尘劳之内，犹热病见鬼"，脑神经部位高烧时容易看到鬼、看到很多可怕景象，这都是假的，这种幻境属非量境界。我们现在坐在这里，以为自己是清醒的，既没有高烧，也没有发疯；实际上，如果从佛眼来看，我们的心性本来无事的，可是我们现在感觉有那么多事，还是在高烧、在发疯喔！这种非量境界，等于"热病见鬼"。

"非怨处认怨"，我们人活着，一天到晚都在是非恩怨中。古人有两首诗：

> 广知世事休开口，纵会人前只点头。
> 假若连头俱不点，一生无恼亦无愁。

> 独坐清寮绝点尘，也无挠杂扰闲身。
> 逢人不说人间事，便是人间无事人。

这是佛家从一边的角度来讲修养，以儒家看，是消极一点，但还是有它的道理。一个人世故人情通达了，"广知世事休开口"，少说是非，别人跟你说好说坏，点点头。"假若连头俱不点，一生无恼亦无愁"。第二首是和尚作的。一个人坐在清净寮房（出家人称普通睡房为寮房），碰到人没有是非可说，真是个修道人，这才叫人世间无事之人。这就说明，人生都在是非恩怨中。在佛法眼中看人世间的是非恩怨有没有标准？没有绝对的，因时间、空间而异。下一句也是同样的道理。

爱来怨去　死去活来

"若瞖眼生华"，眼睛有病，就容易产生眼冒金花的现象。"向无爱中起爱"，为什么佛法常提到"怨亲平等"？怨和亲是两个反义词，一是怨，一是爱，爱的就要亲，亲的一定爱。西方人写信称亲爱的，亲当然爱，爱一定亲，没有亲怨的。以佛法看，这是讲恩怨是非的心理状况，以及处理事情的各种情绪作用。

"妄生妄死，空是空非"，这些是非、生死现象，都是个别假的现状，不是心的本体功能，必须把这些假现状参通视透了，才能证得心的本体和大用。所以永明寿禅师感叹一切凡夫"都不觉知，莫能暂省"，偶然清醒一下都做不到。所以现在他警告我们，这一生若不能成道，更待何时？

慧舟能渡生死海

生死海深，匪慧舟而不渡；尘劳网密，非智刃而莫挥。

这些好文章都不须解释，尤其学中文、学文学的，这些都是好句子。学佛成道是靠智慧，不是靠功夫；但是不做功夫，哪里来的真智慧？因此他强调"尘劳网密，非智刃而莫挥"。

其四分三量，诸多义门，下当广辩。

下面要讨论的是关于唯识的道理。到此是一节，接下来又是另外一节，可定个小题为："定慧圆融"，自此始提出假设问题。①

文殊骂阿难

问：祖佛大意，贵在心行。采义徇文，只益戏论。所以文殊诃阿难云："将闻持佛佛，何不自闻闻？"争如一念还原，深谐遗旨？

永明寿禅师讲到这里，有人提出问题。真正的佛法，真正的禅宗、密宗、各宗祖师真正的宗旨，贵在心行，从自己的心行做起。"采义徇文"，问的人说，永明寿大师啊！你现在写这部书，专门采用经典上摘下来的道理，"义"就是道理。"徇文"，摘下经典的文章加以解释。"只益戏论"，学问越好，做功夫越没有用，有什么意思？这的确是个好问题。

所以佛经上记载，文殊有一次骂了阿难。阿难在佛弟子中多闻第一，佛的演讲都是他记录下来，脑筋很好，懂得很多道理。我们今天能看到佛经要感谢阿难，他不记录就完了！但是文殊骂阿难"将闻持佛佛"，他说，你拿你的功夫、脑筋、耳朵，专门保持佛说的那个佛的作用，光是向外追求道理。"何不自闻闻"？不如回转来用功，观察自己能够听到人讲话的那个功能，那个东西是什么？自己问自己的本性多好呢！这两句是文殊菩萨责问阿难的话，现在引用这两句经文作为问题的结论。"争如一念还原，深谐遗旨"？你何必写《宗镜录》？只要一念回机，心里一念不起，就掌握到佛法的宗旨。这是所提的问题，接着是永明寿禅师的答辩。

知行合一无心迹

答：此为未知者说，不为已知者言；为未行者言，不为已行者说。若已知已行之者，则心迹尚亡，何待言说？

他说，你要知道，教育、教化的目的是普及大众，你懂了可以，还有人没有懂。何况还有不认识字的人呢！佛经很多，尽管你们懂了，后来的人还有不懂的呢！这是为未知者说，你已经知道了不用管。其次，为没有做到的讲，已经做到的不须要讲。不过，"若已知已行之者，则心迹尚亡，何待言说"？真是做到要四个字，什么字？"心迹尚亡"。明心见性、大彻大悟的人，同未悟一样，那可以说是心迹已经没有了。如果还有悟的境界在，俨然有道之士，那没有彻底。②

所以古人说，悟了的人同未悟一样。那悟了同未悟一样，我何必悟呢？嘿！这可不一样，这个道理拿佛法禅宗来说明很麻烦。翻开《大学》《中庸》两部书看看就知道，"大学之道在明明德，在亲民……"，"天命之谓性，率性之谓道……"一路下来，中间都是讲修养做功夫，讲完了，最后大圆满成就了："上天之载，无声无臭"，不正与"则心迹尚亡，何待言说"同一旨趣？

虫画符

接着又答复：

今只为初学未知者，已眼不开，圆机未发，须假闻慧，以助

初心；为未行者，但执依通，学大乘语，如虫食木，犹奴数钱。

他说，我为初学的人写这本书。初学的人如同刚生下来的婴儿，眼睛还没有张开。"圆机未发"，什么都不懂，所以必须传播佛学的知识，以助初发心者。这是讲，为初学的人要写这部书。再说也为未行者，有许多人研究佛学、听佛理是一回事，行为却又是另一回事。佛理真能配合心理行为起修行作用，那才是真功夫。

那些没有做到的人，"但执依通，学大乘语"。依通是佛学名词，包含两重意义。首先要知道，证了道的人有神通；至于算命卜卦灵得很，乃至有些人眼睛看光或靠鬼神传音，等等，都叫依通。像这种靠一个东西来推测未来的事，不是真正的神通，第二，像我们靠读书、看经懂了佛学的道理，也是依通，是人家的，不是我们的。我们的佛法知识是老板的，释迦牟尼佛是这方面知识的老板，我们只是依之而通。他老人家把垃圾倒出来，我们捡一点如获至宝，这种人修行没有达道。"学大乘语，如虫食木"。怎么说"如虫食木"？下面还可有四个字："偶尔成文"。虫子吃木头，有时看似成了文字，让人越看越像。有人说，学道的人，在山里搭茅篷，看啄木鸟啄木食虫，如果把啄成之形画符般学会后，指头一画就成就了。

蛤蟆神功

还有人说，端午节五月初五正午时，所有的虫都躲开了，如果在那时抓到一只蛤蟆，赶紧盖在地上，它会画符、地遁。把蛤蟆文字学好，你就会土遁。这类说法，事出有因，查无实据。一般学道的专门搞这个玩意的很多。好多年前我还住在基隆山边，有一次端午节，有个学生抓着一只蛤蟆拼命跑来，一身大汗："老师！我抓到一只蛤蟆，十二点整盖起来。""好，盖起来。"等一下一打开却没有了，"怎么没有了？"我说："刚才你把它盖上，我就把它放掉了！""老师你怎么了？"我说："万一它不画个符，你打开来多失望呢！早点放了不是蛮好？"他说："哦！我等了好久，好几年都抓不到。"

"如虫食木，偶尔成文"，就是前面比方的"瞎猫撞上死老鼠"，那不算数。永明寿禅师说这般学佛的，或拾人牙慧，或偶然也撞到一点境界，以为自己对了，这靠不住！

"犹奴数钱"，给老板管账。佛学讲得高明，那是老板的；孔孟之道讲得好，那是四书五经的，同我们不相干。所以他要写这本书《宗镜录》。

智光如日耀大千

乃至尘沙教门，皆为此之二等。因兹见谛，如说而行。

他说，再者佛法如恒河沙之数。一粒沙代表一个法门，而世界上有数不尽的尘沙。所有软化的目的，就是为这两种人，一个是圆机未发，见地、知识不到的；一个是心行、行为功夫不到的。有些人功夫做得好，智慧没有开，那个功夫没有用；有些人理论、学问知识非常好，一点功夫都没有，也没有用。他说，世界上一切教育就是为这两种人。"因兹见谛，如说而行"，希望他们懂得这些道理，照着去修行。

且智慧之光，如日普照。多闻之力，犹膏助明。

智慧非常重要，佛法是智慧之学，不是聪明知识。"智慧之光"像太阳普照一切一样；后天的智慧则如二百、三百烛光的电灯泡，范围有限。聪明一点的人，电灯光亮一些，小聪明小亮光。佛的智慧、悟道之人的智慧则不然，不是一点一点的照，而是如同太阳出来一样，整个大地普放光明，是同时的。也就是说，一悟百悟，一了百了。年轻同学注意！禅宗所谓明心见性悟道，是一悟百悟统统懂。如果你说见山不是山、见水不是水，那还差远了！"如日普照"是太阳普照，统统明白了。

多闻如烛助道明

"多闻之力，犹膏助明"，但是你不要忘了学问，学问有同等的功能，学问即多闻，犹如蜡烛脂肪，油越多越亮。《大般若经》专讲空性智慧，即有如此的比方。按照佛教的比丘戒，出家人不准看闲书，只准学佛看佛经，而只准学一门修道、成道，不要乱七八糟浪费时间。然而依照大乘菩萨戒律，要无所不知、无所不通，二者不是矛盾？有人提出问佛，佛说，大乘菩萨的智慧像孔雀一样，孔雀喜欢吃毒，像蛤蟆、蛇、蜈蚣……毒品吃得越多，孔雀开屏越漂亮。大乘菩萨多闻的智力像孔雀一样，毒越吃越多，越学得多，智力开得越大。但是小乘根器的人，一点毒药就吃死了。

> 以劣解众生，从无始来，受无量劫洞然之苦。只为迷正信路，失妙慧门。狂乱用心，颠倒行事。

永明寿禅师说，我们一般人在佛看来都是劣解众生，智慧见解（不论世间、出世间学问）不够。从无始以来，受无量劫的洞然之苦。人世间生命、生活过程如同火烧一般煎熬痛苦，因为他找不到自己心性本体的正信道路，失去真正大智慧、妙慧的门路，一切都在狂乱当中用心。我们自认一切作为是正常、是真理，在佛眼看来是狂乱、颠倒。"颠倒"两字用得非常妙！人是颠倒得很厉害，颠倒的事更不可胜数，这里不去发挥了；要发挥起来，有许多滑稽的事可谈。

何乃盲无智照，翻嫌真实慧光；贫阙法财，更怯多闻宝藏。

嘿！我们这位大禅师最后结论都在骂人，因为上面有人提出问题，禅宗明心见性多简单，你这么啰嗦，还把佛经拿来注解。他说，我们这些人同瞎子一样，没有智慧照明，"翻嫌真实慧光"！我花那么大的精神，集中所有的佛经的精华跟你讲，你反觉讨厌。真正光明给夜行人，夜行人却反而讨厌。"贫阙法财"，无知得不得了，我送那么多无上法宝给你，"更怯多闻宝藏"，你看到反而怕了！

下面开始引用大乘佛经重要理论，等于佛学大纲。学佛的人光靠打坐做功夫，不深入佛经教理，禅定功夫做不好的；光靠佛学教理，没有真实禅定功夫，也没有用的。

编　案：

① 阿赖耶识染净同源，生灭和合，而具有四分。四分者：

一、相分：即形相，谓此识能变现根身世界及诸法名义相状，皆由第八识此分而生。如镜中所现之影像。

二、见分：见即照了之义，谓此识能照烛一切诸法及了诸法义理。如镜中之明，能照万像。

三、自证分：自证所具之法，谓此识能持见分、相分，亲证无碍。如镜之圆体，能持其明，能含众像。

四、证自证分：证即能证之体，自证即所具之法。能持前自证分、见分、相分，皆不离此分，是第八识本体。如镜之背。

量即量度，是楷定之义。三量另有依因明而立者：

1. 现量：现即显现，谓眼识乃至身识，对于显现五尘之境，而能度量，楷定法之自相。

2. 比量：比即比类，谓以比类量度而知有故。如远见烟，知彼有火。

3. 圣教量：谓于圣人所说现量、比量之言软，皆不相违，定可信受。

② 吕纯阳祖师尝曰："凡印心无碍，苟于真常活流时，犹自知自觉，则无碍之体段，尚未尽全。必到此莫知其然，方为无碍上品。"可供并参。

南怀瑾先生著述目录

1. 禅海蠡测 （一九五五）
2. 楞严大义今释 （一九六〇）
3. 楞伽大义今释 （一九六五）
4. 禅与道概论 （一九六八）
5. 维摩精舍丛书 （一九七〇）
6. 静坐修道与长生不老 （一九七三）
7. 禅话 （一九七三）
8. 习禅录影 （一九七六）
9. 论语别裁（上） （一九七六）
10. 论语别裁（下） （一九七六）
11. 新旧的一代 （一九七七）
12. 定慧初修 （一九八三）
13. 金粟轩诗词楹联诗话合编 （一九八四）
14. 孟子旁通 （一九八四）
15. 历史的经验 （一九八五）
16. 道家密宗与东方神秘学 （一九八五）
17. 习禅散记 （一九八六）
18. 中国文化泛言（原名"序集"） （一九八六）
19. 一个学佛者的基本信念 （一九八六）
20. 禅观正脉研究 （一九八六）

21. 老子他说　（一九八七）

22. 易经杂说　（一九八七）

23. 中国佛教发展史略述　（一九八七）

24. 中国道教发展史略述　（一九八七）

25. 金粟轩纪年诗初集　（一九八七）

26. 如何修证佛法　（一九八九）

27. 易经系传别讲（上传）　（一九九一）

28. 易经系传别讲（下传）　（一九九一）

29. 圆觉经略说　（一九九二）

30. 金刚经说什么　（一九九二）

31. 药师经的济世观　（一九九五）

32. 原本大学微言（上）　（一九九八）

33. 原本大学微言（下）　（一九九八）

34. 现代学佛者修证对话（上）　（二〇〇三）

35. 现代学佛者修证对话（下）　（二〇〇四）

36. 花雨满天　维摩说法（上下册）　（二〇〇五）

37. 庄子諵譁（上下册）　（二〇〇六）

38. 南怀瑾与彼得·圣吉　（二〇〇六）

39. 南怀瑾讲演录　二〇〇四—二〇〇六　（二〇〇七）

40. 与国际跨领域领导人谈话　（二〇〇七）

41. 人生的起点和终站　（二〇〇七）

42. 答问青壮年参禅者　（二〇〇七）

43. 小言黄帝内经与生命科学　（二〇〇八）

44. 禅与生命的认知初讲　（二〇〇八）

45. 漫谈中国文化　（二〇〇八）

46. 我说参同契（上册）　（二〇〇九）

47. 我说参同契（中册）　（二〇〇九）

48. 我说参同契（下册）　（二〇〇九）

49. 老子他说续集　（二〇〇九）

50. 列子臆说（上册）　（二〇一〇）

51. 列子臆说（中册）　（二〇一〇）

52. 列子臆说（下册）　（二〇一〇）

53. 孟子与公孙丑　（二〇一一）

54. 瑜伽师地论　声闻地讲录（上册）　（二〇一二）

55. 瑜伽师地论　声闻地讲录（下册）　（二〇一二）

56. 廿一世纪初的前言后语（上册）　（二〇一二）

57. 廿一世纪初的前言后语（下册）　（二〇一二）

58. 孟子与离娄　（二〇一二）

59. 孟子与万章　（二〇一二）

60. 宗镜录略讲（卷一至五）　（二〇一三至二〇一五）

61. 南怀瑾禅学讲座（上）　（二〇一七）

打开微信，扫码听南怀瑾著作有声书

《论语别裁》有声书

《易经杂说》有声书

打开微信，扫码看南怀瑾著作电子书

《金刚经说什么》电子书

《老子他说》电子书

购买南怀瑾先生纸质图书，请打开淘宝，扫码登陆复旦大学出版社天猫旗舰店

打开微信,扫码观看
《复旦大学出版社南怀瑾著作出版纪程》视频

打开微信,扫码观看
南怀瑾先生授课原声视频

图书在版编目(CIP)数据

宗镜录略讲(卷一)/南怀瑾著述. —上海：复旦大学出版社，2017.10(2024.5重印)
(太湖大学堂丛书)
ISBN 978-7-309-13169-7

Ⅰ.宗…　Ⅱ.南…　Ⅲ.禅宗-佛经-研究　Ⅳ.B946.5

中国版本图书馆 CIP 数据核字(2017)第 187001 号

宗镜录略讲(卷一)
南怀瑾　著述
出 品 人/严　峰
责任编辑/杜怡顺

复旦大学出版社有限公司出版发行
上海市国权路 579 号　邮编：200433
网址：fupnet@fudanpress.com　http://www.fudanpress.com
门市零售：86-21-65102580　团体订购：86-21-65104505
出版部电话：86-21-65642845
上海崇明裕安印刷厂

开本 787 毫米×960 毫米　1/16　印张 19.75　字数 255 千字
2017 年 10 月第 1 版
2024 年 5 月第 1 版第 9 次印刷

ISBN 978-7-309-13169-7/B·628
定价：38.00 元

如有印装质量问题,请向复旦大学出版社有限公司出版部调换。
版权所有　侵权必究